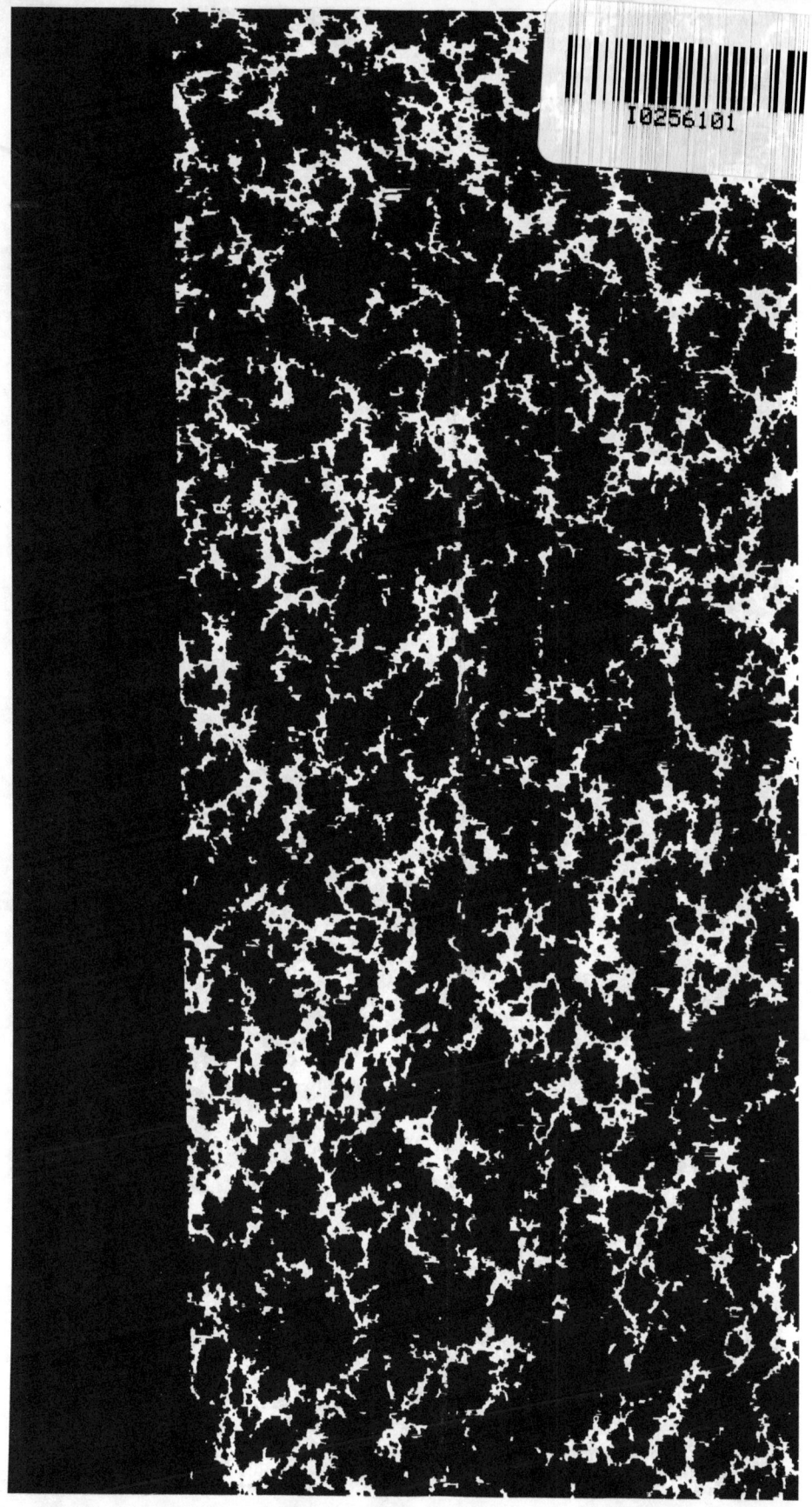

HISTOIRE
DES
MARIONNETTES
EN EUROPE.

Paris. — Imp. Gerdès, rue St-Germ.-des-Prés, 14.

HISTOIRE
DES
MARIONNETTES

EN EUROPE

DEPUIS L'ANTIQUITÉ JUSQU'A NOS JOURS

PAR

CHARLES MAGNIN

Membre de l'Institut.

PARIS
MICHEL LÉVY FRÈRES, LIBRAIRES-ÉDITEURS
RUE VIVIENNE, 2 bis
LEIPZIG, CHEZ MICHELSEN
—
1852

HISTOIRE
DES
MARIONNETTES.

COUP D'ŒIL GÉNÉRAL.

Voilà, dira-t-on peut-être, un titre bien solennel pour un sujet bien frivole. Mérite-t-elle donc l'honneur d'une histoire en forme, cette petite scène ambulante, parodie de la vie humaine, grotesque antithèse de deux exagérations, dont l'une rapetisse à l'excès les proportions de l'espèce, et l'autre grossit sans mesure les défauts de l'individu? A-t-elle le moindre droit à l'attention de l'homme sensé, cette stridente et poudreuse Thalie des champs de foire et des carrefours, joie de l'enfant hors de l'école et du peuple hors de l'atelier? — Eh! pourquoi non? Dans ce qu'on est convenu d'appeler les *choses sérieuses de la vie*, y a-t-il, au fond, tant de gravité et de réelle importance, qu'on doive bien vivement regretter quelques heures occupées ou perdues à suivre, à travers les âges, les vicissitudes d'un divertissement original qui a fait, ou peu s'en faut, le tour de notre planète et a réjoui, depuis bientôt trois mille ans, les deux tiers du genre humain?

Si pourtant on insistait, et qu'à toute force je dusse fournir une excuse pour le choix de ce sujet anormal, je pourrais aisément alléguer l'exemple de tant de profonds ou charmans esprits, qui n'ont pas craint de compromettre leur bonne renommée de savans, de poètes, voire de théologiens et de philosophes, dans l'intimité de ces mignonnes et agiles merveilles. Combien ne pourrais-je pas rappeler de traits piquans, de hautes leçons, de pensées frappantes de raison, de caprice ou de poésie, inspirés par les marionnettes aux plus grands écrivains de toutes les contrées et de tous les temps? J'étonnerai, je crois, quelques-uns de ceux qui me lisent, en inscrivant en tête de cette liste de glorieux patronage Platon, Aristote, Horace, Marc-Aurèle, Pétrone, Galien, Apulée, Tertullien, et, parmi les modernes, Shakspeare, Cervantes, Ben Jonson, Molière, Hamilton, Pope, Swift, Fielding, Voltaire, Goethe, Byron. Enfin (et ces récens souvenirs m'auraient suffisamment protégé), on sait quelles fines et riches arabesques ont tracées à l'envi sur ce léger canevas quelques-uns de nos plus spirituels contemporains, et à leur tête Charles Nodier, l'ingénieux secrétaire de la Reine des songes, l'assidu *dilettante* du boulevard du Temple, l'ami déclaré, que dis-je? le compère, l'admirateur passionné de Polichinelle. Mais, en réveillant, un peu à l'étourdie, ces trop brillans et trop poétiques souvenirs, ne vais-je pas m'attirer une objection plus forte, ou du moins plus spécieuse que celle que j'ai cru devoir d'abord écarter? Ne va-t-on pas me taxer d'outrecuidance, pour oser porter la vue sur un sujet aussi élevé, et sur lequel des écrivains d'une si rare distinction ont laissé la fraîche empreinte de leur passage? Aussi me garderai-je bien, soyez-en sûr, de m'aventurer sur leurs traces. Je n'ai point la fatuité de vouloir *mettre* (comme auraient dit les Grecs) *le pied dans la danse de ces beaux génies* (1). Je sais trop ce qui me manque pour agiter après eux avec succès les grelots de cette marotte. A lui seul, notre inimitable ami, le docteur Néophobus, si proche parent du spirituel Jonathan Swift, a épuisé tout ce que la fantaisie moderne pouvait répandre de fine et souriante ironie sur les marionnettes petites et grandes. Force était donc de me tracer un plan tout autre et plus mo-

(1) Cette énergique locution proverbiale témoigne de toute l'importance qu'on attachait en Grèce à la choragie. Voyez Plutarch., *Sympos.*, liv. V, quæst. 3, Op. t. II, p. 673, D.

deste. Je me propose tout uniment d'écrire, à l'exemple du bon père Lupi (1), mais sur un plan moins restreint, l'histoire des comédiens de bois, non-seulement chez les anciens, mais au moyen-âge et chez les nations modernes, histoire qui ne peut, je le sais, avoir quelque chance d'intéresser sous ma plume qu'autant qu'elle sera conçue et exécutée, comme je vais tâcher de le faire, en toute sincérité, simplicité et bonne foi.

Prendre ainsi ce sujet par son côté sévère et didactique, c'est, je ne l'ignore pas, lui enlever tout à coup l'avantage des allusions, le piquant des saillies, la ressource des digressions, enfin tout le *brio* traditionnel auquel il s'est si bien prêté jusqu'ici; mais ne peut-on pas espérer de lui faire regagner, en revanche, un sérieux et solide intérêt de curiosité par l'imprévu des faits, la nouveauté des recherches, la grandeur singulière des noms et des choses, auxquels une destinée bizarre a presque continuellement associé ce petit théâtre? Oui, les marionnettes touchent, par une foule de points peu remarqués, à tout ce qu'il y a au monde de plus grave et de plus considérable, aux sciences, aux beaux-arts, à la poésie, aux cérémonies du culte, à la politique. Prestigieuses petites créatures, douées à leur naissance des faveurs de plusieurs fées, les marionnettes ont reçu de la sculpture, la forme; de la peinture, le coloris; de la mécanique, le mouvement; de la poésie, la parole; de la musique et de la chorégraphie, la grâce et la mesure des pas et des gestes; enfin, de l'improvisation, le plus précieux des priviléges, la liberté de tout dire (2). Et, quand on vient à songer qu'au xvie siècle des mathématiciens aussi éminens que Federico Commandino d'Urbin et Gianello Torriani de Crémone, qu'au xviiie des écrivains dramatiques aussi justement célèbres que Lesage et Piron, et

---

(1) Le savant jésuite Mariantonio Lupi a écrit une bonne, mais trop brève dissertation sur les marionnettes des anciens : *Sopra i burattini degli antichi*, insérée dans le tome second du recueil de ses *Dissertazioni, lettere ed altre operette*, publié en deux volumes in-4° par Zaccaria, p. 17-21. Cette dissertation a été traduite dans le *Journal étranger*; vol. de janvier 1757, p. 195-205.

(2) Elles n'ont pas joui, cependant, de cette liberté dans tous les pays. Nous verrons les marionnettes censurées en France et proscrites dans le royaume de Prusse, en 1794, ainsi que dans quelques autres états du Nord.

d'aussi sublimes musiciens que Haydn, ont travaillé pour les marionnettes, on est obligé de convenir que l'histoire littéraire et la critique auraient bien mauvaise grace de croire déroger, en accordant à ces honnêtes comédiens sans subvention ni cabale un peu de cette attention bienveillante qu'elles ont plus d'une fois prodiguée à des machines moins intelligentes. Il s'agit, j'en conviens, d'un spectacle en miniature : *In tenui labor;* mais qu'importe l'exiguïté du cadre, si, entre ce châssis de six pieds carrés, sur le plancher de ce théâtre nain, il se dépense, bon an mal an, autant et plus peut-être d'esprit, de malice et de franc comique, que derrière la rampe de beaucoup de théâtres à vaste enceinte et à prétentions gigantesques? Pour moi, dans la prévision de mes futurs devoirs d'historiographe, j'ai recueilli tout ce que des lectures, entreprises pour d'autres études, m'ont pu fournir çà et là de renseignemens sur leurs annales. J'ai recherché leur origine, les divers procédés de leur mise en scène, la composition de leur répertoire, dans tous les lieux et dans tous les âges, mais plus particulièrement en France, où je l'ai trouvé plus riche, plus varié, et, à certains égards, plus littéraire qu'on ne le suppose; enfin, j'ai tâché de rétablir la série des hommes qui ont acquis dans cet art, si inférieur qu'il soit, profit et renommée, depuis l'Athénien Pothein, contemporain et presque rival d'Euripide (1), jusqu'à Jean et François Brioché, Robert Powel, l'infortunée Charlotte Charke, Alexandre Bertrand, Bienfait et leurs plus récens successeurs, Séraphin et Guignol. Cela dit, et les personnes qui, sur la foi du titre, auraient eu la velléité de me lire bien et loyalement averties de l'austérité de mon programme, il ne me reste plus qu'à lever le rideau, à saisir les fils de mes petits personnages, et à emprunter à Addison, qui a chanté sur le mode virgilien *Punch* et les *Puppet-shows* (qu'il appelle un peu sèchement *machinæ gesticulantes*), le premier vers de son poème, que je transcris ici comme épigraphe :

Admiranda cano levium spectacula rerum.

(1) Eustathe mentionne, à propos d'un vers du IVe chant de l'Iliade, le joueur de marionnettes Pothein, auquel il donne l'épithète de Περίνυστος, *connu de tous côtés.* Voy. *Comm. in Iliad.*, p. 457, édit. de Rome.

PREMIÈRE ÉPOQUE.

MARIONNETTES DANS L'ANTIQUITÉ.

I.

MARIONNETTES PRIMITIVES. — SCULPTURE MOBILE.
— TROIS FAMILLES DE MARIONNETTES.

Tout le monde sait que les marionnettes (je donnerai plus tard l'étymologie du mot, je ne m'occupe en ce moment que de la chose), tout le monde, dis-je, sait que les marionnettes sont des figurines de bois, d'os, d'ivoire, de terre cuite ou simplement de linges, qui représentent des êtres réels ou fantastiques, et dont les articulations flexibles obéissent à l'impulsion de ficelles, de fils métalliques ou de cordes de boyau dirigés par une main adroite et invisible. Charles Nodier, dans deux spirituels articles de la *Revue de Paris* (1), a posé en fait que la poupée est l'origine et le type évident de la marionnette. Il conclut de cette proposition hardie que les marionnettes sont contemporaines de la première petite fille, car celle-ci, avec son précoce instinct de maternité, a nécessairement inventé la première poupée. Rien n'est frais et gracieux comme l'analyse que l'ingénieux académicien a don-

(1) Novembre 1842 et mai 1843.

née de ce premier drame, qu'il appelle le *Drame de la poupée*, monologue, que dis-je? charmant dialogue à une seule voix, où l'enfant prend si naturellement le ton et le maintien de la mère, faisant la leçon à la petite paresseuse, à la petite gourmande, à la petite bavarde! C'est bien là, en effet, le drame à son début. Il est vrai qu'on peut en dire autant de tous les jeux de l'enfance dans lesquels éclatent, sous mille formes, les jets puissans de l'instinct d'imitation. Si j'osais émettre un avis dans cette grave question d'esthétique, je dirais que je n'admets pas que la poupée soit l'origine et encore moins le type de la marionnette. La poupée, faite d'abord d'étoffe, ne représente qu'une seule idée, l'idée de la configuration humaine; elle est molle et non pas mobile. L'idée que représente la marionnette est complexe : c'est l'idée de mouvement ajoutée à l'idée de forme. La poupée n'est pas même, à mon avis, le premier ni le plus simple produit de l'instinct plastique. Le bâton sur lequel chevauche le frère de la petite fille est une expression de cet instinct plus direct et plus rudimentaire.

Le premier produit de la plastique naissante, c'est le tronc d'arbre à peine dégrossi que le père de ces enfans a choisi pour idole. Ce fétiche, d'abord pur symbole, sera façonné peu à peu, et deviendra une sorte de statue massive, ce que les Grecs ont appelé un ξόανον. Puis cette idole sera coloriée, habillée, couverte de fleurs et de bijoux; et ce n'est point encore assez : l'art hiératique, après avoir imprimé à ce soliveau fait dieu quelques-unes des plus superficielles apparences de la vie, voudra y joindre le signe caractéristique, non-seulement de l'être, mais de la puissance, le mouvement. C'est de cette dernière prétention qu'est née la statuaire mobile, qui constitue une phase de l'histoire, ou, si l'on veut, de l'enfance de l'art, dont la critique n'a pas, ce nous semble, suffisamment tenu compte. On est en droit de s'étonner que cette singulière tentative, employée dans l'espoir de compléter l'illusion plastique, n'ait point fourni aux historiens de l'art les observations qu'elle devait si naturellement leur suggérer. A leur défaut, nous devons le dire, et d'ailleurs cela tient intimement à notre sujet : jusqu'au moment où la statuaire, échappée à la tutelle sacerdotale, eût trouvé dans ses propres forces et dans le génie des grands artistes le secret d'imprimer au marbre le mouvement et la vie, les simulacres des dieux reçurent de la mécanique, sinon le mouvement, du moins la mobilité.

Les appareils destinés à atteindre ce but furent de deux sortes : quelquefois c'étaient des ressorts cachés dans l'intérieur (les statues étaient alors automatiques), quelquefois c'étaient des fils de métal ou des cordes de boyau qui, attachés aux membres, les faisaient mouvoir à l'instar de nos muscles. Les Grecs, avec leur propriété ordinaire d'expression, nommaient les statues de ce genre ἀγάλματα νευρόσπαστα, c'est-à-dire figures mues par des fils, ce que nous appelons du mot d'abord religieux, puis quelque peu railleur et profane, de *marionnettes*. Ainsi, avant d'être devenues les jouets perfectionnés et chéris de l'enfance, la vie et la joie de nos places publiques, les marionnettes et les automates ont été les hôtes révérés des temples. Je me hâte même de le dire (afin d'aller, autant qu'il est en moi, au-devant de la surprise que la découverte inattendue de ce fait bizarre pourrait causer aux lecteurs) : la plastique a suivi dans l'art chrétien identiquement la même marche que dans le paganisme. A une époque analogue d'impéritie, elle a appelé la mécanique à son aide et associé cet insuffisant auxiliaire à la représentation des types les plus vénérés et les plus saints.

On le voit, les marionnettes imposent à leur historien des devoirs assez sérieux, et ce n'est pas la moindre singularité de ce modeste travail que de nous obliger à recourir pour son accomplissement aux mêmes classifications un peu pédantesques que nous avons appliquées autrefois à l'étude générale du théâtre. Chose surprenante! nous allons rencontrer dans l'histoire des acteurs de bois identiquement les mêmes phases de développement (hiératiques, aristocratiques et populaires), que nous avons autrefois signalées et dont nous nous sommes servis comme d'utiles jalons dans l'histoire du grand et véritable drame. C'est qu'en effet l'humble théâtre des marionnettes est comme une sorte de microcosme théâtral, dans lequel se concentre et se reflète en raccourci l'image du drame entier, et où l'œil de la critique peut embrasser, avec une netteté parfaite, l'ensemble des lois qui règlent la marche du génie dramatique universel.

En conséquence, et malgré la disproportion apparente qui éclate entre le sujet et le mode d'investigation, je crois ne pouvoir mieux faire que de suivre, dans la reconnaissance de cette petite contrée peu étudiée, les mêmes voies d'exploration que j'ai prises, à une autre époque, pour m'orienter dans le labyrinthe des diverses transformations du génie dramatique. J'envisagerai donc, dans le cours de ce travail, les marionnettes sous un triple point de vue : comme hiératiques, comme aristocratiques et comme populaires.

II.

MARIONNETTES HIÉRATIQUES CHEZ LES ÉGYPTIENS, LES GRECS ET LES ROMAINS.

C'est en Égypte, et dans les écrits du père de l'histoire, que nous trouvons mentionnées les plus anciennes marionnettes hiératiques. On lit dans le second livre d'Hérodote que les Égyptiens célébraient la fête de Bacchus, (qui n'est autre qu'Osiris (1), avec des rites à peu près semblables à ceux qu'on employait en Grèce. Seulement, « au lieu de phallus, les femmes, dit-il, promenaient de village en village des statuettes de la hauteur d'une coudée, dont la partie sexuelle, presque égale au reste du corps, se mouvait par des ficelles. Un joueur de flûte précédait, et les femmes suivaient en chantant (2). »

(1) Hérodote établit cette identification au chap. 42 du second livre, et plus formellement au chap. 144. Diodore la confirme (*Oper.*, t. I, p. 19). J'ajouterai qu'on a découvert dans une île voisine de la première cataracte, appelée dans l'antiquité l'*île de Bacchus*, une inscription du règne de Ptolémée Évergète II, qui contient une dédicace à plusieurs divinités locales, et sur laquelle on lit : « A Pétempamenthès (c'est un des surnoms d'Osiris), qui est aussi Bacchus. » Voyez Jablonski, *Opusc.*, t. I, p. 25.

(2) Chap. 48.

Nous trouvons plus tard en Syrie un autre exemple de cette pieuse et singulière mécanique (1). Lucien, ou l'auteur qui a écrit le traité *De Syria Dea*, raconte qu'il existait dans l'enceinte du temple d'Hiérapolis plusieurs énormes phallus, sur lesquels on avait coutume de poser de petits hommes de bois, construits comme ceux dont parle Hérodote (2).

La statue fatidique de Jupiter Ammon ne rendait ses oracles, suivant le témoignage des anciens, qu'après avoir été portée en procession dans une nacelle d'or, sur les épaules de quatre-vingts prêtres, auxquels elle indiquait *par un mouvement de tête* la route qu'elle voulait suivre. Diodore de Sicile exprime cette dernière circonstance par une expression qui ne peut laisser de doute (3).

Quelque chose de semblable se passait dans le temple d'Héliopolis (4). Lorsque le dieu, auquel le pseudo-Lucien donne le nom d'Apollon, bien qu'il ne fût ni jeune ni imberbe, voulait rendre ses oracles, la statue, qui était d'or, s'agitait d'elle-même; si les prêtres tardaient à l'enlever sur leurs épaules, elle suait et s'agitait de nouveau. Quand ils l'avaient prise et placée sur un brancard, elle les conduisait et les contraignait de faire plusieurs circuits. Enfin, le grand-prêtre se présentait devant la statue du dieu et lui soumettait les questions sur lesquelles on le consultait. Si Apollon désapprouvait l'entreprise, la statue reculait en arrière; s'il l'approuvait, elle poussait ses porteurs en avant et les conduisait comme avec des rênes. « Enfin, dit l'auteur auquel nous empruntons ces détails, le prodige que je vais raconter, je l'ai vu : les prêtres ayant pris la statue sur leurs épaules, elle les laissa à terre et s'éleva toute seule vers la voûte du temple (5). »

Callixène, dans le *Banquet* d'Athénée, a fait une curieuse relation de la pompe que Ptolémée Philadelphe célébra en l'honneur de Bacchus et d'Alexandre. On vit, après plusieurs autres singuliers spectacles,

---

(1) Grampré l'a rencontrée au Congo, Voyez *Voyage en Afrique*, t. I, p. 118.

(2) Pseud. Lucian., *De Syria Dea*, § 16.

(3) Νεῦμα, *nutus*. Voyez Diodor., lib. XVII, *Op.*, t. II, p. 199.

(4) Le pseudo-Lucien (*ibid.*, § 36) dit Hiérapolis; Macrobe (*Saturnal*, lib. I, cap. 23) dit mieux Héliopolis.

(5) Les anciens connaissaient les propriétés attractives de l'aimant sur le fer.

s'avancer un char à quatre roues sur lequel était assise la statue de la ville de Nyssa, où Bacchus recevait un culte particulier. Cette figure, haute de huit coudées, vêtue d'une tunique jaune brochée d'or et d'un manteau macédonien, se levait comme par sa propre volonté, versait du lait avec une coupe et se rasseyait, sans qu'il parût que personne l'eût touchée (1).

Dans l'Asie Mineure et dans la Grèce proprement dite, la sculpture à ressorts remonte au berceau des arts et se perd dans la nuit des âges mythologiques. Tout le monde a lu ce qu'Homère raconte des trépieds vivans de Vulcain, aux roues d'or, qui couraient d'eux-mêmes à l'assemblée des dieux et en revenaient (2). Ce fabuleux travail a inspiré à Aristote une réflexion bien étrange : « Entre l'esclave, instrument animé de travail, dit ce philosophe, et les autres instrumens inanimés, il n'y aurait pas de différence, si les instrumens pouvaient, sur un ordre donné, travailler et se mouvoir d'eux-mêmes, comme les statues de Dédale et les trépieds de Vulcain (3). » Quant aux statues de Dédale, c'est une question entre les antiquaires de savoir si la mobilité qu'on leur attribue était réelle, ou s'il faut voir seulement dans les passages qui les concernent de simples métaphores admiratives. Il est certain que Dédale, ou l'école que la Grèce a personnifiée sous ce nom, détacha le premier les bras et les jambes des statues, jusque-là réunis en bloc (4), qu'il leur donna le regard en accusant la forme des yeux, à peine indiqués avant lui par une faible ligne (5), et qu'en présence de ces heureuses innovations l'admiration publique a pu s'écrier qu'il avait donné à ses statues le mouvement et la vie (6); mais, d'une autre part, les témoignages les plus graves établissent qu'aux perfectionnemens tirés de la nature et du génie de l'art, l'école dédalienne voulut ajouter un degré de plus d'illusion, et demanda une mobilité réelle à

(1) Athen., lib. V, p. 197, seqq.
(2) Iliad., XVIII, v. 376. — Cf. Philostr. Oper., t. I, p. 117. id.; ed. Olear.
(3) Aristot., Politic., lib. I, cap. 2.
(4) Diodor., lib. I, § 98. — Cf. Gedicke, in Platon. Menon., p. 72, ed. Buttmann.
(5) Suid., voc. Δαιδάλου ποιήματα. — Schol. in Plat., p. 367, ed. Bekker.
(6) Voyez M. Quatremère de Quincy, Jupiter olympien, p. 170, 171.

la mécanique. Callistrate l'atteste dans un passage (1), où quelques critiques ont vu trop facilement, ce me semble, une allusion au groupe des danseurs de Gnosse (2), et Aristote n'hésite point à admettre (d'accord sur ce point avec le poète comique Philippe) que la fameuse Vénus de bois attribuée à Dédale se mouvait au moyen d'une certaine quantité de vif-argent versée dans l'intérieur (3). Malheureusement Aristote ne nous apprend pas quel agent l'artiste employait pour développer l'élasticité du fluide métallique. Était-ce par la chaleur d'une lampe ou celle d'un réchaud? Toujours est-il que, si l'on s'en fût reposé sur les seules variations atmosphériques, la statue de la déesse n'aurait éprouvé que les mouvemens à peine appréciables d'un thermomètre (4).

Quelques-unes des anciennes races de sculpteurs et de forgerons mécaniciens, particulièrement celles qui résidaient dans les îles, comme les Telchines de Crète et de Rhodes, s'attirèrent une assez mauvaise réputation par leurs équivoques créations, douées d'une sorte de vie factice que l'on appelait la *vie dédalique* (5). Pindare fait une allusion, d'ailleurs assez voilée, à ces égaremens des descendans de Vulcain et de Prométhée (6). Il est remarquable que tous ceux qui ont fabriqué des machines simulant la vie aient, chez les anciens, comme au moyen-âge, éveillé dans l'esprit des peuples l'idée de maléfices et de magie.

(1) Callistr., *Ecphrasis seu statuæ*, apud Philostr. *Oper.*, t. II, p. 899. Cf. Hom. *Iliad.*, XVIII, v. 730-736.
(2) *Stor. dell' Arte*, note de Carlo Fea, t. II, p. 99 et 163.
(3) Arist., *De anima*, lib. I, cap. 3.
(4) Les automates mus par le vif-argent ont été d'assez bonne heure communs chez les modernes. Kircher a indiqué la manière de faire rouler, comme de lui-même, un petit chariot au moyen du vif-argent dilaté par la chaleur d'une bougie. Voyez *Physiologia Kircheriana*, lib. II, exper. 52, p. 60. — Les Chinois font faire plusieurs culbutes à de petits pantins, au moyen d'un peu de vif-argent contenu dans l'intérieur, et qui, par sa fluidité et sa pesanteur, change leur centre de gravité. Musschenbroeck a très clairement décrit ce mécanisme dans son ouvrage intitulé : *Introductio ad philosophiam naturalem*, t. I, p. 143, pl. XI.
(5) Otfr. Müller, *Handbuch der Archäologie der Kunst*, § 70, t. I, p. 49, 2e édit.
(6) Pindar., *Olymp.*, od. VII.

En Étrurie et dans le Latium, où le génie sacerdotal a exercé, de tous temps, une si prépondérante influence, l'art hiératique n'a pas manqué d'employer, pour agir sur l'imagination populaire, les prestiges de la sculpture à ressorts. Les anciennes idoles de l'Italie ont été de bois, comme en Grèce, coloriées, richement vêtues, et de plus fort souvent mobiles. La statue fatidique des *Fortunes jumelles* d'Antium, comme celle de l'oracle d'Héliopolis, se remuait d'elle-même avant de rendre ses oracles, et indiquait à ses prêtres la direction qu'ils devaient prendre (1). A Préneste, le groupe célèbre de Jupiter et de Junon enfans, assis sur les genoux de la Fortune, leur nourrice, paraît avoir été mobile. Il semble résulter de quelques passages anciens que le petit dieu indiquait par un geste le moment favorable pour consulter les sorts (2). C'est une bien belle fiction que le mouvement attribué à la statue de Tullius Servius, qui porta, dit-on, la main devant ses yeux pour ne pas voir, après l'assassinat de Tarquin, rentrer dans son palais sa fille parricide (3). A Rome, on offrait aux statues des dieux des festins où elles ne jouaient pas un rôle aussi passif qu'on l'aurait pu croire. L'imagination religieuse ou l'adresse sacerdotale suppléait à leur immobilité. Tite-Live, décrivant le lectisterne qui fut célébré à Rome en 573, mentionne l'effroi du peuple et du sénat en apprenant que les images des dieux avaient détourné la tête des mets qu'on leur avait présentés (4). En se remémorant ces vieilles histoires de statues conviées à des repas et manifestant leur bon ou leur mauvais vouloir par des mouvemens de tête, on comprend par quel amalgame de souvenirs antiques et de légendes locales s'est formé, dans l'Espagne du moyen-âge, le conte populaire, si émouvant et si dramatique, du *Convidado de Piedra*.

Ajoutons que, dans la pompe religieuse qui précédait à Rome la célébration des jeux du cirque et quelquefois dans les triomphes, on portait soit en tête, soit à la suite du cortège, certaines mécaniques

---

(1) Macrob., *Saturn.*, lib. I, cap. XXIII.
(2) Cicer., *de Divinat.*, cap. XLI.
(3) Ovid., *Fast.*, VI, v. 613, seqq.
(4) Tit.-Liv., lib. XL, cap. LIX.

monstrueuses dont s'effrayait et se divertissait la multitude. On promenait ainsi, entre autres ridicules et formidables marionnettes (1), des *lamiæ*, goules africaines, que Lucilius appelle *oxyodontes* (2), c'est-à-dire *aux dents aiguës*, assez semblables aux papoires de nos processions. Puis s'avançait le *Manducus*, le mangeur d'enfants, monstre à tête humaine, type colossal du *Machecroute* lyonnais et du *Croquemitaine* parisien. Plaute (3), Varron (4) et Festus, merveilleusement interprétés par Rabelais et par Scaliger, nous le dépeignent « avecques amples, larges et horrificques maschoueres bien endentelées, tant au-dessus comme au-dessoubs, lesquelles avecques l'engin d'une petite chorde cachée,... l'on faisoyt l'une contre l'autre terrificquement clicqueter (5)... » *Magnis malis lateque dehiscens et clare crepitans dentibus.*

(1) *Inter cæteras ridiculas formidolosasque personas*, dit Pomp. Festus, voc. Manduci, ap. Paul. Diac., *Except.*, etc., p. 96, Edit. Lindmann.
(2) Lucil., *Satir.*, lib. XXX.
(3) Plaut., *Rud.*, act. II, sc. VI, v. 51.
(4) Varro, *de Ling. Latin.*, lib. VII, § 95, p. 372.
(5) *Pantagruel*, liv. IV, cap. 59.

III.

MARIONNETTES ARISTOCRATIQUES ET POPULAIRES EN ÉGYPTE.

L'usage de la statuaire mobile et des marionnettes hiératiques est indubitable en Égypte, en Grèce et en Italie; mais les habitans de ces contrées n'ont-ils employé la sculpture à ressorts qu'à augmenter l'impression religieuse des solennités du culte? N'ont-ils point songé à la faire servir à des amusemens privés ou à des récréations populaires? Voyons d'abord en Égypte.

Hérodote nous a appris la coutume établie chez les Égyptiens de faire passer de main en main dans les banquets une figurine de bois peint, représentant un mort dans son cercueil (1). Plutarque emploie, pour désigner cette figure, le nom de squelette (2), c'est-à-dire, en conservant au mot σκελετόν son acception antique, un corps desséché, une momie. Ces statuettes avaient, suivant Hérodote, une et quelquefois deux coudées de haut; mais ni lui ni aucun autre écrivain ne

---

(1) Hérod., lib. II, cap. LXXVIII.
(2) Plutarch., *Sympos. septem sapient.*, Oper., t. II, p. 248, B. — Cf. Id., ibid., *de Isid.*, § 15, p. 357, D, et le docteur Young, *Hierat. litter.*, p. 104.

nous apprend qu'elles eussent les membres articulés et mobiles. M. Wilkinson, dans son histoire des mœurs et des coutumes de l'Égypte ancienne et moderne, a fait graver trois de ces statuettes, et les collections d'antiquités égyptiennes en contiennent un assez grand nombre qui n'offrent aucune apparence de mobilité (1). Cependant d'autres monumens nous inspirent sur ce point quelque doute. Le même égyptiographe a publié les dessins de ce qu'il appelle deux poupées, qu'il a copiées dans la collection égyptienne du *British Museum* (2). Ces deux figures de femme, peintes et comme enveloppées de bandelettes, peuvent avoir eu une destination convivale. Cependant, dans ces deux statuettes et dans deux autres tout-à-fait semblables, dont l'une a été copiée dans le cabinet du docteur Abbott au Caire (3) et l'autre existe dans le musée du Louvre, le haut des bras est détaché du corps et semble avoir pu recevoir des avant-bras articulés. Une des figurines publiées par M. Wilkinson et celle qui appartient au Louvre sont acéphales, et, ce qui est bien remarquable, elles ont à la place du cou une sorte de pivot, qui semble avoir dû recevoir une tête mobile.

On ne peut douter que les Égyptiens n'aient amusé, comme nous, leurs enfans avec des pantins, des animaux et des machines à ressorts. Le Musée possède une petite barque égyptienne, montée par huit mariniers; deux sont debout, l'un à l'avant, l'autre à l'arrière; les six autres, assis de chaque côté de la barque, tiennent chacun un aviron des deux mains; les six rameurs ont les bras mobiles (4). La même collection renferme plusieurs jouets de bois, trouvés dans les tombeaux de Thèbes et de Memphis, et dont M. Mariette, attaché à l'administration du Musée, a eu l'obligeance de mettre les dessins sous mes yeux. Ces joujoux sont d'un travail fort grossier. Deux représentent ou ont

---

(1) Voy. *Manners and Customs of the ancient Egyptians*, London, 1837, t. II, p. 410.
(2) J.-G. Wilkinson, *ibid.*, p. 426.
(3) Ce petit monument a été publié d'abord par M. Prisse et ensuite dans la *Revue archéologique* de M. Leleu, t. II, p. 742.
(4) Cette barque a 80 centimètres de long, et les figures qui sont debout ont chacune vingt-cinq centimètres de hauteur.

la prétention de représenter des femmes nues. Les têtes, tout aussi informes que les membres, offrent le type égyptien le plus prononcé. Les bras sont articulés aux épaules par une cheville. Deux autres joujoux représentent, tant bien que mal, des hommes occupés de travaux manuels. L'un est accroupi, le bras gauche adhérent au corps, le droit cheville à l'épaule et tenant une sorte de couperet qu'un fil pouvait mettre en mouvement. L'autre ouvrier a les deux bras mobiles et démesurément longs; il les tient appuyés sur un objet demi-sphérique, que l'on pouvait lui faire hausser ou baisser à volonté, en tirant un fil. Le musée de la ville de Leyde possède un jouet de bois à peu près pareil et d'un travail presque aussi négligé; c'est également un ouvrier courbé, ayant les bras et les hanches à jointures mobiles. On pouvait, au moyen d'un fil, lui faire imiter le va-et-vient d'un buandier qui lave ou d'un mitron qui pétrit. Le même établissement conserve un petit simulacre de crocodile (1), dont la mâchoire inférieure pouvait s'ouvrir et se fermer, comme celle du *Manducus* romain ou de nos papoires. Ces simples hochets, tous découverts dans des cercueils d'enfans, et qui n'ont, au point de vue de l'art, pas plus de valeur que les joujoux d'Allemagne, dits de Nuremberg, peuvent cependant faire supposer qu'il existait en Égypte d'autres objets analogues et d'un meilleur travail, destinés à l'amusement des adultes. Je crois d'autant plus à la vérité de cette conjecture, qu'il existe et que j'ai pu voir quelques marionnettes de travail égyptien incomparablement moins imparfaites que les jouets dont je viens de parler. Je citerai, entre autres, une poupée de bois publiée par M. Wilkinson dont l'exécution est fort soignée (2); elle représente une femme nue; il lui manque les deux jambes, qui s'articulaient aux genoux, et qui seules, si la gravure est exacte, paraissent avoir été mobiles. Mais la plus jolie de toutes les marionnettes égyptiennes que j'aie vues est une figurine d'ivoire entièrement nue et du sexe féminin. M. Charles Lenormant l'a rapportée de Thèbes, où il l'a achetée en 1829 de la femme d'un fellah; elle a été trouvée à Gourna, dans le tombeau d'un enfant, avec d'autres

(1) M. Wilkinson (*Manners and Customs*, etc., p. 427) a fait graver ces deux joujoux.
(2) Id., *ibid.*, p. 426.

objets d'une très haute antiquité (1). Le bras, la jambe et la cuisse qui subsistent sont finement articulés à l'épaule, à la hanche et au genou. Cette charmante statue aurait été certainement très digne de figurer à Thèbes parmi les jeux d'une fête aristocratique, et même sur la scène plus étendue d'un théâtre public; mais je dois convenir qu'aucun texte, ni même aucune des nombreuses peintures sépulcrales qui nous ont révélé tant de curieuses particularités sur la vie et les coutumes des anciens habitans de l'Égypte ne nous autorise à penser qu'ils aient jamais eu de théâtres de marionnettes, soit dans les réunions privées, soit dans les réjouissances publiques. Nous ne trouvons donc, avec certitude, la statuaire à ressorts employée en Égypte que dans les cérémonies du culte et les jeux de l'enfance.

(1) M. Lenormant a rapporté encore une autre petite poupée égyptienne, faite d'étoffe, trouvée aussi à Gourna dans un cercueil d'enfant.

IV.

MARIONNETTES ARISTOCRATIQUES ET POPULAIRES EN GRÈCE.

Il n'en a pas été de même en Grèce. Dans cette contrée, patrie véritable des arts, la statuaire mécanique, promptement déchue de tout sérieux prestige, et presque aussitôt remplacée dans les temples par les vivantes et expressives statues des artistes d'Égine et d'Athènes, a été réduite de bonne heure à n'être qu'un amusement pour les riches et un passe-temps pour le peuple. On conserva sans doute avec respect, dans les anciens sanctuaires, les idoles à ressorts de Dédale et des sculpteurs de son école; mais on cessa d'en façonner de nouvelles dans ce système. Les statuettes que l'on appela plus tard *dédaliennes* étaient tout autre chose. Ces petites figures avaient, dit-on, besoin d'être attachées et retenues par un lien pour ne pas se mettre d'elles-mêmes en mouvement et s'échapper. Socrate, dans l'*Euthyphron*, les compare aux écarts évasifs et aux divagations sans règles d'une philosophie dépourvue de principes fixes et arrêtés (1). Ces petits objets, sortes de

---

(1) Plat., *Euthyphr.*, p. 8 et 11, edit. Francofurt.

lares populaires, devinrent si communs, que du temps de Platon il n'y avait presque aucune demeure athénienne qui n'en possédât quelques-uns (1).

Lorsque, affranchies de la tutelle sacerdotale, la géométrie et la mécanique eurent pris rang parmi les sciences, elles ne dédaignèrent pas de payer tribut à la passion des Grecs pour les jeux et les plaisirs. Deux illustres mathématiciens, Archytas de Tarente et Eudoxe, se plurent, suivant l'expression de Plutarque, à égayer et à embellir la géométrie en lui faisant produire quelques applications usuelles et même récréatives (2). Le philosophe Favorinus d'Arles, contemporain d'Hadrien, très judicieux appréciateur des travaux de l'antiquité, nous a transmis, avec de précieux détails, le souvenir d'une invention d'Archytas, laquelle était bien propre à étonner et à divertir la foule. C'était une colombe de bois qui volait. L'impulsion, dit Favorinus, était donnée à ce volatile artificiel par une certaine quantité d'air qui le remplissait intérieurement; mais, quand il était tombé, il ne reprenait plus son vol, ne pouvant se soutenir que pendant un temps déterminé, ni parcourir au-delà d'un certain espace (3). La cause motrice est encore ici fort difficile à deviner. Faut-il voir dans cet air qui remplissait l'intérieur de la colombe, sinon un gaz, au moins, comme dans nos premières mongolfières, de l'air raréfié par la chaleur, et qui, rendu ainsi plus léger que l'atmosphère, déterminait l'ascension? Dans tous les cas, il était dans le tour et la nature du génie grec de donner à ce premier essai des aérostats les formes et les apparences de la vie avec une sorte d'intérêt merveilleux et dramatique.

Quant aux marionnettes proprement dites, c'est-à-dire aux statuettes mues par des fils, νευρόσπαστα, les hypogées de toutes les contrées helléniques nous en ont fourni de très nombreux échantillons qui, la plupart, sont de terre cuite; presque toutes les collections de l'Europe en

---

(1) Plat., Men., p. 426.
(2) Plutarch., Marcell., cap. 14.
(3) Aulus Gell., Noct. Attic., lib. X, cap. XII. — Il est question de la colombe volante d'Archytas dans une dissertation de Schmidt von Helmstadt (De Archyta, Iena, 1682) que je n'ai point vue.

possèdent : une entre autres, privée de ses extrémités, se trouve dans le Cabinet des médailles et antiques de la Bibliothèque nationale. Il existe un grand nombre de ces poupées à Catane, dans le musée du prince Biscari, qui en a découvert un magasin tout entier sous les ruines de l'antique Camarina. Cet archéologue a fait graver une de ces marionnettes d'une parfaite conservation, dans son excellent mémoire sur les jouets d'enfans chez les anciens (1). Elle est, comme tous les objets grecs de ce genre, de sexe féminin, et vêtue d'une tunique peinte et très juste, tombant sur les jambes. Les bras sont articulés aux épaules, les cuisses le sont aux hanches : la tête est d'un assez bon travail; le reste est très négligé. Le prince Biscari a fait graver sur la même planche la jambe d'une autre poupée mobile, beaucoup plus grande et d'un travail plus délicat. Une marionnette intacte, recueillie en Crimée aux environs de la moderne Kertsch par M. Aschik, directeur du musée de cette ville, appartenait à un tombeau d'enfant, découvert dans les ruines de l'antique Panticapée. M. Raoul-Rochette a publié cette statuette dans le tome XIIIe des Mémoires de l'Académie des Inscriptions et Belles-Lettres (2), d'après un dessin communiqué par M. Aschik. Elle est vêtue d'une tunique rouge clair, qui se termine à la ceinture. La tête est d'un travail assez fin; mais, comme il arrive presque toujours, les membres sont à peine ébauchés. J'ai sous les yeux le dessin de plusieurs autres poupées antiques qu'a bien voulu me communiquer M. Muret, attaché au département des médailles de la Bibliothèque nationale. Une d'elles, qui a fait partie de la collection de M. Dubois, sous-directeur du musée du Louvre, est entièrement nue. Deux, ce qui est fort rare, sont complètes : l'une vient de Milo et est semblable à celles de Camarina. Toutes ces statuettes ont la tête ceinte d'une *stéphané*, ou coiffure basse, en forme de couronne, à laquelle les antiquaires donnent, je crois, le nom particulier de *polos*. Le portefeuille de M. Muret vient encore de s'augmenter d'une marionnette trouvée à Panticapée;

(1) Voy. Ignazio Paterno' Castello, principe di Biscari, *Ragionamento sopra gli antichi trastulli*, etc., p. 20, tav. v, n. 1, 2.

(2) Voy. t. XIII, seconde partie, p. 625, pl. VIII, fig. 4.

elle est nue, les épaules sont disposées pour recevoir des bras mobiles. Les jambes, qui sont intactes, présentent un système d'articulation fort remarquable: elles se joignent aux cuisses au moyen d'un pivot qui s'y emboîte; la mobilité était communiquée par un fil qui traversait un trou pratiqué latéralement dans chaque cuisse. Enfin, M. Vattier de Bourville a rapporté tout récemment de son voyage scientifique dans la Cyrénaïque plusieurs poupées de terre cuite qui vont enrichir la collection du Musée de plusieurs variétés. Une dont j'ai vu le dessin offre une rare particularité : elle est assise et n'a point d'articulations aux genoux ni aux hanches; les épaules seules offrent des trous préparés pour l'engrenage des bras. D'ailleurs, les statuettes dont nous venons de parler, quoique d'un assez bon style dans quelques parties, sont (il ne faut pas l'oublier) de simples hochets, des παίγνια, ou plutôt des κορικόσμια (poupées de jeunes filles). Rien ne nous autorise à considérer aucune d'elles comme ayant concouru à l'exécution d'une scène dramatique quelconque.

Mais, à défaut de monumens figurés, les textes prouvent péremptoirement que, dans les beaux temps de l'art grec, les marionnettes ont eu accès dans les maisons des riches, et qu'elles égayaient notamment la fin des repas à Athènes. Xénophon, dans le récit du fameux banquet de Callias, nous montre, parmi les divertissemens que cet hôte attentif avait préparés pour ses convives, un Syracusain, joueur de marionnettes. Il est vrai qu'à la demande de Socrate, il laissa reposer ses comédiens de bois, et fit jouer à leur place, par un jeune acteur et une jeune actrice réels, un gracieux ballet de *Bacchus et Ariane* (1); mais il n'est pas moins prouvé, par la présence d'un joueur de marionnettes dans ce cercle élégant, que d'ordinaire, et devant des convives d'un goût moins sévère, ce genre de spectacle était ordinairement bien accueilli.

La passion des marionnettes, poussée jusqu'à la manie, jeta de la déconsidération sur plusieurs grands personnages, entre autres sur Antiochus de Cyzique. Non-seulement ce prince, à peine monté sur le trône, s'entoura de mimes et de bouffons, dont il étudia le métier avec

(1) Xénoph., *Sympos.*, cap. IV, § 55.

une application peu convenable à son rang; il s'éprit encore d'un amour extravagant pour les marionnettes : sa principale occupation était de faire mouvoir lui-même, avec des cordes, de grandes figures d'animaux recouvertes d'or ou d'argent, et, « pendant qu'il s'amusait ainsi puérilement à faire manœuvrer des mannequins, son royaume, dit l'historien auquel nous empruntons ces détails, était dépourvu de toutes les machines de guerre qui font la gloire et la sûreté des états (1). »

Le peuple, en Grèce, prit aussi une grande part au spectacle des marionnettes. Le Syracusain que nous venons de rencontrer au festin de Callias nous apprend qu'outre les représentations qu'ils allaient donner chez les gens riches, les hommes de sa profession (les *névrospastes*, comme on les appelait) avaient encore des théâtres, soit à demeure, soit ambulans, d'où ils tiraient de bonnes recettes. A un des convives qui lui demandait de quoi il pensait avoir le plus à se réjouir, « c'est, répondit le joueur de marionnettes, de ce qu'il y a des sots dans le monde, car ce sont eux qui me font vivre en venant en foule au spectacle de mes pantins (2). »

Et non-seulement il y avait à Athènes, du temps de Sophocle, des théâtres de marionnettes, où courait le peuple, comme il y en eut à Paris du temps de Corneille et de Molière, et à Londres du temps de Shakspeare et de Ben Jonson; mais les Athéniens s'éprirent d'un tel engouement pour ce spectacle, surtout après la décadence de la choragie et la compression du théâtre par la faction macédonienne, que les archontes autorisèrent un habile névrospaste à produire ses acteurs de bois sur le théâtre de Bacchus. Athénée, dans son *Banquet des Sophistes*, fait honte au peuple d'Athènes d'avoir prostitué aux poupées d'un certain Pothein la scène où naguère les acteurs d'Euripide avaient déployé leur enthousiasme tragique (3).

(1) Diodor., *Excerpt. de virtut.*, t. II, p. 606, seqq.
(2) Xénoph., *Sympos.*, cap. IV, § 55.
(3) Athen., cap. XVI, p. 19, E.

V.

MARIONNETTES ARISTOCRATIQUES ET POPULAIRES CHEZ LES ROMAINS.

A Rome, où dominait le goût de la réalité en tous genres, nous ne trouvons pas un penchant aussi vif pour cet ingénieux et idéal passe-temps. On peut, sans doute, recueillir dans les auteurs latins d'assez nombreuses allusions aux marionnettes, mais ces allusions sont moins détaillées, moins bien senties, moins affectueuses, si je l'ose dire, que celles qui se trouvent si fréquemment dans les écrivains grecs. La langue latine n'a pas même un mot propre pour désigner les marionnettes; il faut, pour parler de ce petit peuple, recourir à des périphrases : *Ligneolæ hominum figuræ... Nervis alienis mobile lignum...* Lorsqu'un auteur latin veut n'employer qu'un mot, il hésite entre plusieurs, qui tous ont une acception primitive mieux accréditée et plus générale, tels que *pupæ, sigilla, sigillaria, sigilliola, imagunculæ, homunculi* (1). Cependant on ne peut douter que les Romains, surtout

---

(1) Lorsque Marc-Aurèle, qui fait de si fréquentes allusions aux marionnettes, emploie le mot *sigillaria* pour les désigner, il l'écrit en lettres grecques, et en détermine le sens par l'addition du mot νευροσπαστούμενα. Lib. VII, § 3.

depuis qu'ils se furent mis en contact avec les civilisations étrusque et grecque, n'aient appliqué la statuaire mobile à des récréations populaires et domestiques. Dans toutes les contrées de l'Italie où l'on a fouillé des tombeaux d'enfans, on y a rencontré, parmi d'autres jouets, des pantins mobiles d'os, d'ivoire, de bois et de terre cuite. A Corneto (l'antique *Tarquinia*), un hypogée a fourni six de ces sarcophages, où se trouvaient plusieurs marionnettes de terre cuite (1); mais ce qui est vraiment remarquable, c'est que la coutume toute païenne, ainsi qu'on peut le voir dans Plaute (2), Vitruve (3) et Perse (4), d'enterrer avec les enfans les jouets et les poupées qu'ils auraient consacrés aux dieux, s'ils fussent devenus adultes, ait survécu à l'extinction du paganisme : la plupart des jouets de ce genre, qui ornent les cabinets d'antiquités et les musées de l'Europe, proviennent de sépultures chrétiennes; on en a recueilli un grand nombre, par exemple, dans le tombeau de Marie, fille de Stilicon et femme d'Honorius, lequel fut découvert intact, en 1544, dans le cimetière du Vatican (5).

Buonarotti cite, comme les ayant vues dans le musée Carpegna, des poupées d'os ou d'ivoire provenant des cimetières de Saint-Calliste et de Sainte-Priscille, et dont le tronc, les bras et les jambes détachés se rajustaient au moyen d'un fil de laiton (6), Boldetti a publié quatre de ces poupées, ou fragmens de poupées à ressorts, qui sont conservés dans le *Musée chrétien* du Vatican. Une de ces figurines est complète et d'un bon travail (7). A Paris, le Cabinet des médailles et antiques de la Bibliothèque nationale renferme quatre marionnettes romaines

(1) Voy. Melch. Fossati, *Annal. dell' Instit. archeolog.*, t. I, p. 122, et M. Raoul-Rochette, *Troisième mémoire sur les antiquités chrétiennes des catacombes*, dans le XIIIe volume des *Mémoires de l'Académie des Inscriptions et Belles-Lettres*, 2e partie, p. 625.
(2) Plaut., *Rud.*, act. IV, sc. IV, v. 37 seqq. et 110 seqq.
(3) Vitruv., lib. IV, cap. I.
(4) Pers., *Sat.* II, v. 70.
(5) Voir pour ces objets, aujourd'hui dispersés : Paul. Aringhi, *Roma subterranea*, lib. II, cap. IX, n° 11, p. 279, et Cancellieri, *De secretar. Basilic. Vatic.*, t. II, p. 995-1000.
(6) Buonarruotti (sic), *Vetri antichi*, præfut., p. IX.
(7) Boldetti, *Osservazioni sopra i cimiteri di santi martiri ed antichi cristiani di Roma*, lib. II, cap. XIV, p. 496, seq., tav. 1, n° 1-4.

d'os et d'un style fort grossier; deux ont appartenu au comte de Caylus, qui les a fait graver (1). L'une est complète, et a les bras et les jambes mobiles. M. de Caylus parle, de plus, d'une figurine de bronze de sa collection, comme d'une marionnette (2). Il existe à Rome, au musée Kircher, une très petite *larve* de bronze dont les bras et la tête sont articulés. Enfin, le musée de la ville de Rouen possède deux jolies marionnettes romaines de terre cuite; toutes deux sont nues jusqu'à la ceinture; une draperie cannelée descend sur les cuisses; l'une d'elles porte dans ses cheveux une couronne de lierre. Les bras et les jambes n'existent plus; mais on voit, par les trous pratiqués aux épaules et aux cuisses, que les genoux et les bras devaient s'y emboîter.

Les comparaisons et les allusions que le jeu des marionnettes fournit en si grand nombre aux poètes et aux philosophes de l'ancienne Rome ne permettent pas de douter que ce divertissement ne fût, du moins sous l'empire, d'un usage très répandu. Perse a dit, avec sa concision habituelle :

« Je suis libre. — Toi, libre, forcé de subir tant de jougs! La dure servitude ne te contraint pas; rien, au dehors, n'a le pouvoir d'*agiter les fils qui te meuvent*. Qu'importe? Si des maîtres naissent au dedans de toi et au fond de ton foie malade, ta condition en est-elle meilleure? »

..........Servitium acre
Te nihil impellit, nec quidquam extrinsecus intrat,
Quod nervos agitet; sed si intus et in jecore ægro
Nascuntur domini, qui tu impunitior exis (3)?

Les marionnettes ont été, surtout pour l'empereur Marc-Aurèle, le sujet de réflexions très remarquables. Dans six ou huit de ses pensées, il exhorte l'homme à opposer sa ferme volonté aux passions qui le tirent et le font mouvoir *comme par des fils* (4). Je suis surtout frappé d'un passage où il fait au sujet de la mort cette remarque toute chré-

(1) Caylus, *Recueil d'Antiquités*, etc., t. IV, p. 261, pl. 80, n° 1, et t. VI, p. 90, n° 3.
(2) Le même, t. VII, p. 164. Cette pièce n'a point passé au Cabinet des médailles.
(3) Pers., *Sat.* V, v. 128-131.
(4) Marc. Anton., *De se ipso*, lib. II, § 2; — lib. III, § 16; — lib. VI, § 16; — lib. VII, § 29; — lib. X, § 38; — lib. XII, § 19.

tienne : « La mort met fin à l'agitation que les sens communiquent à l'ame, aux violentes secousses des passions et à cette triste condition de marionnette où nous réduisent les écarts de la pensée et la tyrannie de la chair (1). »

Pétrone, dans le tableau si vivement tracé du fameux festin de Trimalcion, introduit, vers la fin de l'orgie, un esclave qui expose sur la table une larve d'argent si habilement travaillée, que ses souples vertèbres et la chaîne de ses articulations mobiles (*catenatio mobilis*, comme il le dit si bien) permettaient de lui faire prendre, quitter et reprendre toutes les attitudes d'un acteur pantomime (2). Il est impossible de ne pas reconnaître, dans la présence de cette marionnette lémurique, un double souvenir des momies convivales égyptiennes et de l'admission de la *névrospastie* dans les fêtes et les banquets d'Athènes. Mais Pétrone n'a-t-il voulu présenter dans cet épisode qu'un fait exceptionnel, un caprice de Trimalcion? ou devons-nous voir dans ce passage l'indice d'une coutume établie dans les réunions aristocratiques de Rome? Je n'oserais le décider. Je n'éprouve point la même hésitation à reconnaître l'existence, à Rome et dans les provinces, des marionnettes populaires. Les témoignages à cet égard ne manquent point. C'est dans la bouche d'un homme de la dernière classe, dans celle de son propre esclave, qu'Horace a placé ces deux vers si souvent cités, et où, quoi qu'en aient dit des commentateurs trop subtils, il est évidemment question des marionnettes :

> Tu, mihi qui imperitas, aliis servis miser, atque
> Duceris, ut nervis alienis mobile lignum (3).

« Toi qui me commandes si impérieusement, tu es aussi le misérable esclave de plus d'un maître; on te mène comme le bois mobile qui obéit à des fils étrangers. »

Plus tard, Favorinus, combattant les erreurs de l'astrologie judi-

---

(1) Marc. Anton., *De se ipso*, lib. VII, § 28.

(2) Petron., *Satyric.*, cap. XXXIV.

(3) Horat., lib. II, *Sat.* VII, v. 82. Le père Lupi, dans la dissertation que j'ai citée, réfute très bien, suivant moi, l'opinion de ceux qui voient dans ces deux vers une allusion au jeu du sabot, qu'on fait tourner à coups de lanières.

cicéron, dit dans un passage qu'Aulu-Gelle nous a conservé : « Si les hommes ne faisaient rien de leur propre mouvement et par leur libre arbitre, s'ils n'étaient dirigés que par la fatale et irrésistible influence des astres, ce ne seraient point des hommes, et, comme nous disons, des êtres doués de raison (ζῶα λογικά), ce seraient de ridicules marionnettes, *ludicra et ridicula quædam nevrospasta* (1). Enfin Marc-Aurèle place la *névrospastie* au dernier rang de l'échelle des frivolités. Voici ses propres paroles, qui sont d'un tour bien remarquable : « Vaquer à la pompe du cirque et aux jeux de la scène, c'est prendre un soin frivole. Ces représentations, dans lesquelles on montre au peuple une longue suite de grands et de petits animaux ou des combats de gladiateurs, ont-elles plus d'intérêt que la vue d'un os qu'on jette au milieu d'une troupe de chiens, ou que le morceau de pain qu'on émiette dans un vivier plein de poissons? En quoi valent-elles mieux que le spectacle des fourmis qui travaillent à charrier de petits fardeaux, que celui des souris effrayées qui courent çà et là, ou même que celui des marionnettes (2) ? » Toutefois, si ces diverses mentions nous autorisent à admettre l'existence à Rome de marionnettes populaires, je dois confesser que je n'ai rencontré aucun monument ni aucun texte qui présente, dans l'Italie ancienne, l'indice de représentations publiques pareilles à celles que les archontes d'Athènes permirent au *névrospaste* Pothein de donner sur le théâtre de Bacchus.

A présent que nous avons suffisamment constaté l'existence chez les anciens des marionnettes privées, populaires et même scéniques, il me paraît intéressant d'exposer ce que nous avons pu recueillir d'éclaircissemens relatifs à la disposition matérielle de leurs représentations, à la plus ou moins grande perfection de leur jeu, et enfin à ce qu'il est permis de conjecturer de la composition de leur répertoire.

(1) Aul. Gell., *Noctes Atticæ*, lib. XIV, cap. 1.
(2) Marc. Anton., *ibid.*, lib. VII, § 3.

VI.

DIMENSIONS ET STRUCTURE DES MARIONNETTES ANTIQUES.

Il est regrettable que les écrivains de l'antiquité ne nous aient pas transmis plus de détails sur les jeux de marionnettes, particulièrement sur les représentations données à Athènes dans l'hiéron de Bacchus. Faute de témoignages, nous sommes obligé, pour reconstruire ces spectacles dans notre pensée, de recourir à des inductions dont la meilleure n'a pas, nous le savons bien, la valeur du plus petit monument ou l'autorité d'une seule ligne de texte. Essayons cependant.

Lorsqu'on se rappelle que les acteurs d'Eschyle et de Sophocle étaient eux-mêmes à moitié de bois, montés sur des espèces d'échasses, ayant des avant-bras postiches et les mains agrandies par des rallonges de bois; quand on songe qu'après la défaite de Chéronée, la ruine des finances publiques et la détresse des particuliers obligèrent, suivant un habile archéologue (1), les magistrats à permettre aux choréges d'introduire quelques mannequins dans les chœurs, pour compléter à moins de frais le nombre voulu, on est un peu moins surpris

(1) Boettig., *Furien-maske*, num. X.

de voir les comédiens de bois tolérés en un lieu où l'on avait applaudi naguère tant et de si admirables chefs-d'œuvre. Ce ne fut pas d'ailleurs sur la scène, comme le dit Athénée, mais très certainement sur l'orchestre ou sur le thymélé que les marionnettes, à l'exemple des hilarodes, des éthologues et des mimes grecs de tous genres, ont dû donner leurs représentations; et encore, pour que du *conistra*, le point de l'orchestre le plus rapproché des gradins, la finesse de leur jeu pût être appréciée des spectateurs assis sur les bancs du *coilon*, fallait-il que leur taille fût à peu près de grandeur naturelle. Hérodote nous a appris que les statuettes funèbres qui figuraient dans les repas égyptiens avaient une et jusqu'à deux coudées de hauteur; mais aucun écrivain ne nous a rien appris, que je sache, sur les dimensions des marionnettes théâtrales. La plus grande des poupées grecques et romaines dont nous avons parlé, est une de celles qui ont appartenu au comte de Caylus, et que possède le Cabinet des médailles; elle a dix-huit centimètres de haut (1). Il est vrai que j'ai vu dans le portefeuille des dessins d'antiquités de M. Muret deux cuisses de poupée d'ivoire (trouvées dans un cimetière de Rome, et d'un assez bon travail) dont les dimensions supposent une marionnette supérieure de quelques pouces à la plus grande de celles qu'a possédées le comte de Caylus; mais il n'y a rien de certain à conclure des poupées d'enfans aux marionnettes de théâtre, et ces dernières même ont pu, à diverses époques, avoir, comme chez nous, des proportions très différentes.

Quant à la structure, j'ai une observation générale à faire sur toutes les poupées à jointures mobiles trouvées dans les tombeaux d'enfans. Boldetti, après avoir décrit avec soin les quatre figurines de ce genre qu'il a publiées, ajoute qu'on faisait mouvoir ces joujoux au moyen de ficelles, à peu près comme on meut les marionnettes de théâtre : *Con queste imaginette giucando i fanciulli, soleano divertirsi moviendole con fili, a guisa (dicamo cosi) di burattini teatrali* (2). Cette assimilation, à en juger par les monumens que j'ai eus sous les yeux, manque de

---

(1) La plus petite des poupées conservées au Cabinet des médailles a six centimètres.
(2) Boldetti, *Osservazioni sopra i cimiteri de santi martiri ed antichi cristiani di Roma*, lib. II, cap. xiv, p. 497, seq.

vérité. Aucune des poupées mobiles trouvées dans les tombeaux d'enfans n'aurait pu être employée sur un théâtre. Elles n'offrent point au sommet de la tête les traces de la tringle nécessaire pour les soutenir et les transporter d'une place à l'autre (1). Elles ont les bras, les jambes, les cuisses, percés d'un seul trou, destiné à recevoir l'attache de laiton qui forme la jointure; mais ces membres ne présentent pas, comme dans les marionnettes de nos jours, un second trou pour recevoir le fil moteur (2). On ne pouvait non plus attacher ce dernier fil, soit autour du poignet, soit au-dessus du cou-de-pied, car ces parties sont presque toujours si grossièrement modelées, qu'elles n'offrent aucune saillie. Cependant, dans une poupée d'os, d'un assez mauvais travail, trouvée dans un cimetière de Rome et dessinée dans le recueil de M. Muret, on voit au-dessus du cou-de-pied une assez profonde entaille qui pouvait recevoir un fil qui aurait rapproché ce pantin des conditions d'une véritable marionnette.

(1) La collection égyptienne du musée du Louvre possède cependant une poupée égyptienne, dans la tête de laquelle on remarque un trou qui aurait pu recevoir une tringle.
(2) Il faut excepter une marionnette trouvée à Panticapée, et dont j'ai parlé plus haut, mais dont je n'ai vu que le dessin dans les portefeuilles de M. Muret.

VII.

PERFECTION MÉCANIQUE DES MARIONNETTES ANTIQUES.

Nous savons, par un témoignage à la fois des plus sûrs et des plus imposans, que le mécanisme des marionnettes grecques, probablement de celles de Pothein, avait atteint un très haut degré de perfection. Voici en quels termes Aristote, ou l'auteur du traité *De mundo*, parle de ces petites merveilles : « Le souverain maître de l'univers, dit-il, n'a besoin ni de nombreux ministres, ni de ressorts compliqués, pour diriger toutes les parties de son immense empire; il lui suffit d'un acte de sa volonté, de même que ceux qui gouvernent les marionnettes n'ont besoin que de tirer un fil pour mettre en mouvement la tête ou la main de ces petits êtres, puis leurs épaules, leurs yeux et quelquefois toutes les parties de leur personne, qui obéissent aussitôt avec grace et mesure (1). » Apulée, qui, au second siècle de notre ère, a traduit et un peu paraphrasé le traité *De mundo*, qu'il croyait d'Aristote, a ajouté quelques traits à ce tableau et a enchéri sur ces louanges :

(1) Pseud. Aristot., *De mundo*, cap. vi, *Oper.*, t. II, p. 376.

« Ceux, dit-il, qui dirigent les mouvemens et les gestes des petites figures d'hommes faites de bois n'ont qu'à tirer le fil destiné à agiter tel ou tel membre, aussitôt on voit leur cou fléchir, leur tête se pencher, leurs yeux prendre la vivacité du regard, leurs mains se prêter à tous les offices qu'on en exige; enfin, leur personne entière se montre gracieuse et comme vivante (1). » Assurément, nous ne pourrons rien dire de plus, quand nous aurons à parler plus tard de la perfection des *burattini* de Rome, des *fantoccini* de Milan, et des prodiges de naturel et de souplesse opérés par les petits acteurs sortis des mains de Robert Powell, de la Grille, de Bienfait et de Séraphin.

Ces grands éloges d'Aristote et d'Apulée sont confirmés par un témoignage non moins hyperbolique, et qui vient d'un homme peut-être encore plus compétent. Galien, dans son traité d'anatomie *De usu partium*, voulant faire comprendre par quel ingénieux mécanisme la nature attache les muscles et les tendons extenseurs et fléchisseurs aux os des membres, a fait deux fois allusion aux statuettes mues par des fils, et n'a pas craint de comparer, dans un de ces passages, l'art divin du Créateur à celui que les constructeurs de marionnettes employaient, de son temps, pour assurer la justesse et la vivacité des gestes de leurs pantins (2). « On ne reconnaît, dit-il, nulle part aussi bien tout l'exquis artifice de la nature que dans l'insertion des muscles de la jambe, qui descendent tous au-delà de la jointure jusqu'à la tête du tibia. De même que ceux qui font jouer des marionnettes de bois par de petites cordelettes adaptent ces fils à la tête de la partie qui doit jouer au-delà du point où ces parties se rencontrent et se joignent, ainsi la nature, bien avant que les hommes se fussent avisés de cette subtilité, a construit de la même sorte les articulations de notre corps (3). »

---

(1) « Illi qui ligneolis hominum figuris gestus movent, quando filum membri, quod agitari solet, traxerint, torquebitur cervix, nutabit caput, oculi vibrabunt, manus ad omne ministerium præsto erunt, nec invenuste totus videbitur vivere. » (Appul., *De mundo*, t. II, p. 351, ed. Oudend.)

(2) Galen., *De usu partium*, lib. II, cap. XVI; *Op.*, ed. Kühn, p. 262, seq. — Cf. *Idem opus*, lib. I, cap. XVII.

(3) Traduction de Dalechamp, un peu retouchée.

Le rare degré de perfection qu'atteignirent les marionnettes dans l'antiquité explique comment des hommes tels que Platon, Aristote et Marc-Aurèle ont fait de si fréquentes allusions à ce spectacle et emprunté à cet emblème de l'homme, jouet de ses passions ou de la destinée, tant de sages conseils et d'éloquentes comparaisons. Voici, pour ne citer qu'un exemple parmi tant d'autres, un beau passage que j'extrais du premier livre des *Lois*; c'est un magnifique symbole de l'empire nécessaire que la raison et la loi doivent toujours conserver sur les actions humaines.

« Figurons-nous que chacun de nous est une machine animée, sortie de la main des dieux, soit qu'ils l'aient faite pour s'amuser, ou qu'ils aient eu en la faisant un dessein sérieux, car nous n'en savons rien. Ce que nous savons, c'est que les passions sont comme autant de cordes ou de fils qui nous tirent chacun de leur côté, et qui, par l'opposition de leurs mouvemens, nous entraînent vers des actions opposées, d'où semble résulter la différence du vice et de la vertu. En effet, le bon sens nous dit qu'il est de notre devoir de n'obéir qu'à un de ces fils, d'en suivre toujours la direction et de résister fortement à tous les autres. Ce fil est le fil d'or et sacré de la raison, appelée la loi commune de l'état; les autres sont de fer et raides. Celui-là est souple, parce qu'il est d'or; il n'a qu'une seule forme, tandis que les autres ont des formes de toute espèce. Et il faut rattacher et soumettre tous ces fils à la direction parfaite du fil de la loi, car la raison, quoique excellente de sa nature, étant douce et éloignée de toute violence, a besoin d'aide, afin que le fil d'or gouverne les autres (1). »

C'est faire une chute bien profonde que de redescendre d'une aussi grande élévation à l'humble étude de nos chétives poupées.

(1) Plat., *De legib.*, lib. I, p. 644. Traduction de M. Cousin, t. VII, p. 54, 55.

VIII.

MATÉRIEL DU THÉATRE DES MARIONNETTES DANS L'ANTIQUITÉ.

Nous avons dit que les petits acteurs de Pothein, admis dans l'hiéron de Bacchus, ont dû, comme les mimes, les hilarodes et tous les acteurs d'un ordre secondaire, donner leurs représentations non sur la scène, mais sur le thymélé ou l'orchestre. Il nous reste à éclaircir à présent un point plus difficile : en quel endroit de ce vaste théâtre, bâti à ciel ouvert, se plaçait la main invisible qui dirigeait les fils? Pothein, par un procédé inverse de celui qu'on emploie ordinairement de nos jours, se tenait-il, pour faire manœuvrer ses personnages, sous le plancher de l'orchestre, comme nous avons plusieurs fois essayé de le faire et comme on le fait dans les élégans théâtres de marionnettes à la Chine, où les fils qui font mouvoir les acteurs, au lieu de sortir de leur tête, sont disposés sous leurs pieds (1)? Je ne le pense point. Je crois plutôt, d'après certains indices, qu'on dressait sur l'orchestre une char-

(1) John Barrow, *Travels in China*, London, 1804, in-4°, p. 201. — Berton, *la Chine en miniature*, t. III, p. 173, et le *Magasin pittoresque*, année 1847, p. 273 et suiv. Nous avons un exemple de cette disposition dans nos petits pantins de carte.

pente à quatre pans, πῆγμα τετράγωνον (1), que l'on couvrait de draperies et dont le fond était assez élevé pour que, placé derrière ce retranchement, ou *episcenium* improvisé, le maître du jeu pût diriger, d'en haut et sans être vu, les mouvemens de ses comédiens. Cette construction était en effet le seul moyen d'obvier aux inconvéniens qu'opposait à ce spectacle la forme des théâtres anciens, tous construits, comme on sait, à ciel ouvert, excepté les odéons.

L'appareil que j'indique a dû, réduit à de moindres proportions et rendu ainsi plus portatif, servir en Grèce et en Italie aux joueurs de marionnettes ambulans. Platon me semble avoir désigné d'une manière assez précise ce mode de représentation. Au début du viie livre de *la République*, préludant à la grande allégorie de *la caverne et de la vision des ombres* : « Figurez-vous, dit-il, un chemin le long duquel s'élève un petit mur semblable aux cloisons que les charlatans (2) mettent entre eux et les spectateurs, et au-dessus desquelles on aperçoit les merveilles qu'ils nous montrent. Imaginez qu'il passe, le long de ce mur, des hommes portant des objets de toute sorte, figures d'hommes ou d'animaux, de bois ou de pierre, lesquels paraissent au-dessus du mur. » Cette disposition s'est, à peu de chose près, perpétuée jusqu'à nos jours, et l'on peut la reconnaître dans les loges de forme à demi antique de nos marionnettes en plein vent. Comme chez nous, le *névrospaste* antique, ame et intelligence unique de son spectacle, devait occuper le centre de ce *postscenium* étroit, sorte de petite forteresse que les Italiens nomment aujourd'hui *castello* (3), les Espagnols *castillo* (4) et nous *castellet*, probablement par suite de l'ancienne dénomination latine. Le savant jésuite Quadrio, trompé par un passage obscur d'Hesychius, où ce lexicographe mentionne un divertissement autrefois en usage en Italie (5), a cru reconnaître dans le mot κορυθαλλία le castellet des marionnettes actuelles, et dans

---

(1) Suid., voc. Ταλία.

(2) Θαυματοποιοί. Ce mot, très général, s'applique à tous les faiseurs de tours, y compris les joueurs de marionnettes.

(3) Quadrio, *Della Storia d'ogni poesia*, etc., t. III, parte 2a, 245-246.

(4) Seb. de Govarruvias, *Tesoro de la lengua castellana* au mot *Titeres*.

(5) Hesych., voc. Κυριττοί.

certains masques de bois, appelés κύριθρα, le nom particulier des marionnettes italiques. C'est tout un petit roman philologique, qui n'a pas la moindre réalité (1). Le jeu rustique dont il s'agit, consacré peut-être à Diane, consistait à se couvrir la tête d'un masque de bois, προ-σωπεῖον ξύλινον, et à s'entre-choquer le front à la manière des béliers. Il n'y a rien là qui ait rapport aux marionnettes. La raison qui me porte à croire que notre castellet vient en droite ligne des anciens, c'est que nous trouvons ce petit appareil théâtral employé (le nom et la chose) dans toutes les contrées qui ont gardé l'empreinte de la civilisation grecque ou romaine; l'Orient même l'a conservé; on le voit en Perse (2), à Constantinople (3), au Caire (4). Seulement, dans les boutiques de marionnettes ambulantes qui ont besoin d'être portatives, on a supprimé, dans les temps modernes, la plus grande partie du plancher, que les Espagnols appellent *retablo* (5), suppression qui a amené un autre changement. On ne montre plus dans ces petits théâtres les pantins qu'à mi-corps et avec la main. Le joueur, placé au-dessous de l'ouverture qui forme la scène, glisse le pouce et l'index dans les manches qui figurent les bras des acteurs, et les fait ainsi aisément mouvoir. De là les grands coups de bâton que Polichinelle assène à droite et à gauche avec tant de libéralité et de vigueur, ce que ne pourraient faire avec autant de dextérité les marionnettes, plus parfaites d'ailleurs, mues par des fils. L'appareil du castellet est encore plus simple en Chine que chez nous. Monté sur une petite estrade, le joueur de marionnettes ambulant est couvert jusqu'aux épaules d'une toile d'indienne bleue, qui, serrée à la cheville du pied et s'élargissant en montant, le fait ressembler à une statue en gaîne.

(1) C'est le jésuite Bisciola qui est le premier auteur de cette ingénieuse rêverie. Voy. *Horæ subsecivæ*, lib. V, cap. 12, p. 360.

(2) Chardin, *Voyage en Perse*, etc., Amsterd, 1735, t. III, cap. XII, p. 59 et 60, et sir H. Jones Brydge's, *Mission to the court of Persia*, t. I, p. 407. Ce sont ordinairement des Bohémiens qui montrent les marionnettes en Perse.

(3) Pietro della Valle, *Voyages en Turquie*, etc., t. I, p. 151.

(4) Niebuhr, *Voyage en Arabie*, t. I, p. 151, pl. XXVI, fig. T.

(5) Francisco de Ubeda, *Libro de entretenimiento de la pícara Justina*, etc., lib. I, cap. 2, n. 1, p. 60 et 61.

Une boîte, posée sur ses épaules, s'élève au-dessus de sa tête en forme de théâtre. Sa main, cachée sous les vêtemens de la poupée, présente les personnages aux spectateurs et les fait agir à sa volonté. Quand il a fini, il enferme sa troupe et son fourreau d'indienne dans la boîte, et emporte le tout sous son bras. En Espagne, du temps de Cervantes, il fallait qu'un *titerero*, ou joueur de marionnettes ambulant, fût pourvu d'une charrette et d'un mulet pour transporter son bagage théâtral de village en village, personnel et matériel réunis (1).

(1) Voyez *Don Quijote*, parte 2a, capit. 25 et 26, et le piquant ouvrage picaresque de Francisco de Ubeda, que nous avons déjà cité.

IX.

FORME, COSTUMES ET CARACTÈRES DES MARIONNETTES
DANS L'ANTIQUITÉ.

Il serait curieux, sans doute, de posséder quelques informations précises sur la forme et le costume des marionnettes anciennes. On aimerait surtout à savoir si elles ont affecté (comme ont fait chez nous dame Gigogne et le seigneur Polichinelle) des formes extravagantes et des vêtemens fantastiques. Cette recherche se lie si étroitement à la question de savoir de quelles pièces se composait le répertoire des marionnettes grecques et romaines, que nous croyons pouvoir réunir ici ces deux questions, qui, à vrai dire, n'en forment qu'une seule.

Les marionnettes sont, par leur nature même, la parodie des êtres vivans. Aussi est-ce principalement la parodie qui a dû, par tout pays, alimenter et varier leur répertoire. Soyez sûr qu'à Athènes ces petits acteurs ont enchéri de malice et de gaieté sur Aristophane lui-même, pour bafouer et poursuivre des charges les plus hyperboliques les sophistes, les démagogues, les poètes tragiques, en un mot, pour persifler l'enflure et le charlatanisme sous toutes les formes politiques, religieuses et philosophiques. Les marionnettes ont eu, de tout temps, pour texte favori, la moquerie de la profession dominante, la critique du vice régnant, du ridicule en vogue, et, quand d'aventure elles ne sont point satiriques, ce qu'elles préfèrent, c'est la représentation de l'événement le plus célèbre, de l'anecdote la plus récente, de la légende la plus populaire. Mais, me dira-t-on, les marionnettes modernes ont un répertoire tout semblable, et cependant l'extrême variété des sujets qu'elles traitent ne les a pas empêchées d'adopter un costume à peu près invariable, qui caractérise, sous une forme convenue et idéale, les positions diverses, les caractères et les âges des personnages. En a-t-il été ainsi des marionnettes grecques et romaines? Sur ce point encore, je l'avoue, les textes et les monumens sont muets. Il est très probable qu'à la sortie de la période hiératique, les premières marionnettes grecques conservèrent pendant quelque temps leur ancien costume sacré, lequel devint, comme on sait, le costume scénique, celui qu'Eschyle fut accusé d'avoir dérobé aux temples et aux mystères (1), et qu'il n'avait pris, en grande partie peut-être, qu'aux marionnettes, je veux dire aux ἀγάλματα νευρόσπαστα, ou statuettes religieuses, mues par des fils, lesquelles, comme nous l'avons vu, avaient été des idoles avant de devenir des pantins. Entraînées vers la parodie de la vie humaine, qui est leur nature même, les marionnettes ont dû déposer assez vite la *syrma* tragique pour endosser les fantastiques accoutremens de la comédie, ou, mieux encore, les grotesques costumes du drame satyrique et des chœurs phalliques. Portées par instinct vers les types les plus extravagans et les plus populaires, elles durent affectionner ceux des Pans et des Égipans aux pieds de chèvre, des satyres à la tête ou à la barbe de bouc, des bacchans monstrueusement ithyphalliques, enfin et surtout celui du chef de cette bande joyeuse, du chauve Silène, aux épaules courbées et à la panse arrondie en forme de vénérable bosse.

À Rome, par le même amour de burlesque popularité, les marionnettes ont probablement adopté les costumes et les caractères créés par le génie bouffon des Atellanes. Oui, dès que la vogue de ces types

---

(1) Voy. Ælian., *Var. hist.*, lib. V, cap. XIX. — Clement. Alexandr., *Stromat.*, lib. II, p. 461.

grotesques se fut répandue en Italie, les marionnettes durent revêtir à peu près exclusivement les traits du Pappus, du Casnar, du Bucco, du Maccus, créations impérissables de la fantaisie italienne, qui vivent encore aujourd'hui sous d'autres noms. De leur côté, les acteurs d'Atellanes firent quelques emprunts aux vieilles marionnettes des pompes religieuses et triomphales. Ils donnèrent place sur leur théâtre aux deux loquaces et joyeuses commères, *Citeria* (1) et *Petreia* (2); ils adoptèrent le Manducus, cette machine effrayante, *à la maschouere si bien endentelée*, qui montrait ses dents clicquetantes aux gradins de la *cavea* et faisait trembler le rustique enfant, et un peu sa mère :

In gremio matris formidat rusticus infans (3).

Ainsi s'établit à Rome une sorte d'échange entre les personnages des Atellanes et ceux du théâtre des marionnettes, à peu près comme on a vu chez nous se mêler et se doubler, pour ainsi dire, les masques de la comédie italienne et les acteurs de la troupe de Polichinelle, de sorte qu'il n'est pas aisé de savoir si, dans certains rôles, les marionnettes ont précédé les acteurs vivans, ou si les acteurs vivans ont précédé les marionnettes. Cette distinction, fort difficile dans les temps modernes, est, comme on le pense bien, impossible pour l'antiquité. Parmi tous les types grotesques que les peintures et les statuettes grecques et romaines nous font connaître, il serait assurément bien téméraire de décider ceux qui se rapportent aux acteurs vivans et ceux qu'on pourrait attribuer aux comédiens de bois. J'indiquerai néanmoins deux petits monumens, qui font partie des dessins de M. Muret, dans lesquels on pourrait voir peut-être deux personnages *névrospastiques*. Le premier est une figurine de terre cuite, appartenant à M. Comarmont, représentant un personnage accroupi, orné par derrière d'une bosse, et par devant, en guise de contre-poids, d'un phallus énorme; l'autre est une lampe de même matière et de travail romain, sur laquelle est peint une sorte de Maccus ithyphallique. Le visage pré-

(1) Voy. Festus, *voc. Citeria*.
(2) Id., *voc. Petreia*.
(3) Juven., *Sat.* III, v. 176.

sente le type consacré; mais le buste est pourvu d'une double bosse, tout autrement proéminente que celle du véritable Maccus osque, trouvée à Rome en 1727 (1), et c'est ici, je crois, sinon le seul, du moins un très rare exemple de cette monstruosité fantastique bien caractérisée (2). M. Muret a dessiné cette lampe parmi d'autres objets antiques appartenant à M. Rollin. Ce Maccus représente-t-il un Maccus acteur d'Atellanes, ou un Maccus-marionnette? Il est difficile de le dire. Cependant, lorsqu'on songe que les bosses du Maccus osque sont très peu apparentes, et que le *Pulcinella* napolitain (sorte de Pierrot à large vêtement blanc et à demi-masque noir) n'en a pas du tout, on est fort tenté de voir dans la peinture de cette terre cuite un type différent de celui du Maccus vivant des Atellanes, et peut-être un Maccus-marionnette.

(1) Cette statuette de bronze est gravée dans l'*Histoire du Théâtre italien* de L. Riccoboni, pl. 16. Les épanles et le *sternum* ne sont que légèrement arqués; la tunique est serrée à la taille. M. Muret a dessiné chez M. Comarmont à Lyon une autre figurine de bronze toute semblable, offrant même type, même forme, même vêtement.

(2) Il existe à Rome, dans le musée Campana, un petit Maccus de terre cuite, portant des traces de coloration et ayant à la fois les épaules et le ventre proéminens.

X.

MARIONNETTES PARLANTES, — MARIONNETTES PANTOMIMES CHEZ LES ANCIENS.

Voici la dernière et la plus importante question que présente à nos investigations l'étude des marionnettes antiques. Qui parlait pour les poupées de ce théâtre, et de quelle façon parlait-on pour elles? Enfin, le jeu des marionnettes grecques et romaines a-t-il toujours été accompagné de paroles?

Si nous avons exprimé tout à l'heure une idée vraie en disant que le petit spectacle qui nous occupe s'est toujours appliqué à la représentation de ce qu'il y a eu, en chaque pays, de plus bruyant, de plus populaire, de plus national, nous sommes en droit d'ajouter que, chez un peuple aussi amoureux de la parole que le peuple grec, il est à peu près impossible de supposer que les marionnettes aient été muettes. C'était, certes, une belle et heureuse occasion, pour un Hellène directeur de comédiens de bois, que d'avoir à parler lui seul pour sa troupe entière. Je crois, en effet, qu'il en a été ainsi en Grèce. Rien ne nous autorise à croire que, comme dans quelques salons italiens, notamment dans ceux de Rome, où l'on admettait assez volontiers naguère le jeu des *burattini*, chaque personnage ait eu un interprète particulier, donnant la réplique à l'impromptu, comme dans la *comedia dell' arte*. Nous avons vu à Athènes, dans le repas de Callias, le bateleur syracusain s'apprêter à faire jouer ses marionnettes sans le secours d'aucun auxiliaire. Mais alors, direz-vous, comment déguisait-il sa voix et l'accommodait-il à l'âge, au sexe, à la condition des divers interlocuteurs? Peut-être employait-il le procédé en usage de nos jours : on sait que, de temps immémorial, nos joueurs de marionnettes se servent d'un et quelquefois de plusieurs petits instrumens d'ivoire ou de métal, au moyen desquels ils changent leurs intonations, et donnent surtout une espèce d'éclat surnaturel et emphatique à l'organe du principal personnage. Je ne puis m'empêcher de faire remarquer la singulière ressemblance qui existe entre la forme, la matière et les effets de cet instrument (que nous appelons *sifflet-pratique*, ou plus simplement *pratique*) et l'espèce de bouche de cuivre dont Eschyle et ses successeurs ont pourvu les masques tragiques et comiques. Il est permis de supposer que le petit instrument dont je parle, et qui est sans analogie avec aucun des usages modernes, a été inventé par les *névrospastes* de l'antiquité, pour varier et égayer leurs intonations, pour communiquer à la voix supposée de leurs acteurs quelque chose de l'accent particulier que contractait l'organe des comédiens véritables en passant par le porte-voix des masques de théâtre, et reproduire ce timbre métallique auquel l'oreille des Grecs s'était accoutumée.

Mais si la Grèce a été, par sa faconde naturelle, la patrie des marionnettes parlantes, en a-t-il été de même de l'Italie? Je pense qu'en vertu de leur penchant à l'imitation des choses à la mode, les marionnettes, après avoir copié et exagéré à Rome les bouffonneries atellanesques, ont dû se porter à peu près exclusivement vers la copie sérieuse ou grotesque des pantomimes. Les seuls détails authentiques qui nous soient parvenus sur le jeu des statuettes mobiles à Rome sont le peu que nous avons rapporté de la *larve d'argent* du festin de Trimalcion. Eh bien! ce que cette larve imite, ce sont les figures de la danse pantomimique. D'ailleurs, si les histrions romains avaient renoncé au dialogue, c'est-à-dire (pour employer le mot technique) aux *diverbia*, le spectacle des pantomimes n'était pas pour cela absolument dépourvu de paroles. Il restait, comme je l'ai montré ailleurs (1), les *cantica*, c'est-à-dire l'exposition demi-épique et demi-lyrique des faits ou des sentimens que l'auteur développait pour les yeux sur la scène. Ces *cantica* étaient chantés par un coryphée sur le thymélé. C'est ainsi que, pour ne pas sortir du répertoire des pantins articulés, lorsque dans Pétrone la main de l'esclave fait exécuter à sa poupée d'argent une danse lémurique, Trimalcion chante à ses convives un *canticum*, élégie voluptueuse et mélancolique, qui fait comprendre et explique la pensée d'un si étrange spectacle :

> Heu, heu! nos miseros quam totus homuncio nil est!
> Quam fragilis tenero flamine vita cadit!
> Sic erimus cuncti, postquam nos auferet Orcus.
> Ergo vivamus, dum licet esse bene.

« Hélas, hélas! infortunés! combien ce peu qu'on appelle homme est voisin du néant! Un souffle léger suffit pour emporter notre vie fragile; nous serons tous comme cette larve, quand Pluton aura saisi sa proie. Vivons donc joyeux pendant que la joie nous est permise. »

Plus tard, le goût de la poésie et de la musique s'affaiblissant de plus en plus, on supprima, surtout dans les provinces éloignées, le chant des *cantica*, et l'on se contenta, comme à Carthage, au IV⁰ siècle, d'un crieur ou énonciateur scénique (*enunciator* ou *præco*), qui exposait à l'assemblée, non plus par le chant, mais par la simple parole, le sujet de la pièce et les incidens qu'on représentait sur l'orchestre. *Præco pronunciabat*, dit saint Augustin (2). Les marionnettes de la décadence ont dû, à leur tour, adopter cette forme du drame amoindri. Alors le personnel vivant de ce petit théâtre dut se composer de deux fonctionnaires : celui qui, caché aux yeux des assistans, gouvernait les fils moteurs, et le *præco* ou l'orateur, qui, debout sur un des côtés du théâtre, exposait le sujet représenté. Nous trouverons bientôt, au

---

(1) *Origines du théâtre moderne*, Introduction, p. 486 et suiv.
(2) August., *de Doctrin. christ.*, lib. II, cap. xxv.

moyen-âge et dans les temps modernes, l'usage successif et quelquefois simultané de ces deux procédés, c'est-à-dire les marionnettes parlantes et les marionnettes pantomimes. Ces dernières sont les plus anciennes. Il était naturel, en effet, que l'art moderne commençât au point où finissait l'art de l'antiquité.

XI.

INDULGENCE DES PÈRES ET DES THÉOLOGIENS POUR LES MARIONNETTES.

Je termine cette première partie de mon travail relative aux marionnettes dans l'antiquité par une observation toute à la louange des acteurs mécaniques. Les marionnettes des cinq premiers siècles de notre ère (quoiqu'on puisse difficilement supposer qu'elles aient eu un répertoire beaucoup plus chaste et plus édifiant que celui des mimes et des pantomimes de leur époque) paraissent pourtant n'avoir pas poussé la licence à d'aussi révoltans excès que les acteurs vivans. Les derniers témoignages que nous ayons recueillis sur les marionnettes anciennes nous viennent de Clément d'Alexandrie (1), de Tertullien (2), de Synésius (3). Eh bien! ces graves et austères propagateurs du christianisme, qui ont lancé tant et de si justes anathèmes contre les cruautés et les obscénités théâtrales de leur temps, se sont abstenus de toute invective et même de tout blâme contre les marion-

---

(1) Clément. Alex., *Strom.*, lib. II, p. 434, et lib. IV, p. 598.
(2) Tertull., *de Anima*, cap. VI, et *Adversus Valent.*, cap. XXVIII.
(3) Synesius, *de Provid.*, lib. I, *Oper.*, p. 98

nettes. Toutes les fois que ces vénérables personnages viennent à parler de nos petits acteurs, ce qu'ils ne font, au reste, qu'incidemment et pour tirer de leur mécanisme perfectionné quelques comparaisons ou réflexions morales, ils s'expriment sur leur compte avec une placidité presque bienveillante, qui contraste avec la réprobation dont ils frappent toutes les autres scènes. Quelque licencieux, en effet, que fussent les déportemens de nos comédiens de bois, leurs peccadilles, s'ils en commettaient, devaient, après tout, paraître infiniment moins coupables que les cruautés réelles et les impudicités flagrantes que pratiquaient ouvertement dans les arènes et sur les théâtres les comédiens vivans. Le seul fait de la substitution de personnages fictifs aux personnages réels constituait une importante diminution de culpabilité et de scandale, et l'église paraît avoir judicieusement tenu grand compte aux marionnettes de cette notable amélioration.

D'ailleurs, voici le moment venu de montrer, comme je l'ai annoncé, la part considérable que l'art chrétien a prise à son tour aux essais de la statuaire mécanique; mais, avant d'entrer dans cette seconde et difficile partie de notre tâche, il est bon de jeter l'ancre et de faire une courte relâche à la pointe du cap que notre frêle radeau vient d'atteindre, entre le monde ancien et le monde moderne.

SECONDE ÉPOQUE.

MARIONNETTES AU MOYEN-AGE.

I.

L'ART NOUVEAU. — DÉDALE ET SAINT LUC.

Lorsqu'on passe de la civilisation antique et de l'art païen à l'étude de la société chrétienne du moyen-âge, une des plus vives surprises que l'on éprouve est de voir, au milieu de la transformation universelle, l'art nouveau suivre un mode de développement exactement semblable à celui de l'art ancien. Voyageur à la poursuite d'un autre idéal, on s'étonne de lui voir parcourir la même route. Comme les caravanes du désert s'arrêtent au même puits, aux mêmes palmiers, aux mêmes oasis, l'art chrétien traverse aussi les mêmes espaces, s'arrête aux mêmes lieux, fournit les mêmes étapes que son devancier. Cela est vrai, mais en général et vu à distance. Quand on y regarde de plus près, les déviations deviennent très appréciables, et l'on est alors autant et peut-être plus frappé des disparités qu'on ne l'avait été des ressemblances.

Ces disparités sont surtout fort considérables en ce qui touche celui des arts d'imitation qui nous occupe. Nous avons vu dans les temps antiques la statuaire mobile (origine et principe des marionnettes) prendre naissance dans les temples de l'Égypte, de la Grèce et de l'Italie;

nous pouvions être certains dès-lors de la voir, à un moment donné, naître et grandir dans nos basiliques, sous la main et à la voix du sacerdoce. En effet, il en a été ainsi, mais avec des circonstances tout-à-fait particulières et qui demandent quelques instans d'examen.

La nécessité du secret et l'opposition systématique à la matérialité païenne portèrent les premiers chrétiens à ne figurer les objets de leur culte que sous le voile d'images symboliques. Lorsque le christianisme sortit des catacombes pour prendre la direction du monde, il resta plus d'un siècle encore fidèle à ces erremens. Ce ne fut qu'un peu plus tard qu'on se hasarda à remplacer les allégories par quelques représentations réelles, et à peine cette voie eut-elle été ouverte aux arts d'imitation, qu'il se forma au sein de l'église deux grandes écoles, qui n'ont pas cessé de rester profondément divisées sur le plus ou moins d'influence qu'il convient d'accorder aux beaux-arts dans la célébration des rites : les uns soutenant, comme Arnobe, Tertullien, Origène, Agobard, les premiers abbés de Cîteaux, saint Bernard, etc., qu'il est plus conforme à la spiritualité du dogme évangélique de n'admettre qu'avec une extrême réserve dans les liturgies la peinture, la sculpture et la musique; les autres, comme saint Ambroise, saint Jean Damascène, saint Grégoire-le-Grand et enfin saint Thomas, dont l'opinion a prévalu à peu près sans partage jusqu'à la réformation de Luther, pensant qu'il est légitime et louable d'employer tout ce que Dieu a mis de puissance dans quelques génies privilégiés pour élever la faible intelligence du vulgaire à la connaissance, en quelque sorte intuitive et palpable, des vérités éternelles. On ne s'attend pas à trouver dans ces pages frivoles l'histoire, même en raccourci, de cette longue lutte : il me suffira d'indiquer ici qu'à la fin du VIIe siècle un concile rejeté, mais valable en ce qui touche les images (1), hâta la révolution qui commençait à poindre dans l'art, en ordonnant de substituer les représentations réelles aux allégories et aux ombres, dont on s'était contenté jusque-là. « On devra dorénavant, dit le quatre-vingt-deuxième canon, représenter Jésus-Christ, non plus sous la figure symbolique de *l'agneau* ou du *bon pasteur*, mais sous ses *traits humains*. » La croix, dont la vue

(1) Concil. quinisext., in Trullo, ann. 692, can. 82.

n'avait été offerte aux premiers fidèles que comme un symbole de rédemption et d'espérance, presque toujours ornée de fleurs, de couronnes et de pierreries, la croix, qui n'avait reçu qu'au milieu du IV° siècle la figure du Christ peinte seulement *en buste*, et un peu plus tard son effigie entière (vêtue d'abord, puis nue, comme sur le crucifix de Narbonne (1) que l'évêque de cette ville tenait couvert d'un rideau), la croix, dis-je, après le concile de 692, reçut l'image du Sauveur en relief. Ce n'est qu'à la fin du VIII° siècle, sous le pontificat de Léon III, qu'on vit apparaître, après une vive opposition, le crucifix complet avec le corps du Christ sculpté en ronde bosse.

La plastique, comme on le voit, n'a point été la base et le principe générateur de l'art chrétien, ainsi qu'elle l'avait été de l'art hellénique. La peinture a devancé chez les modernes, et a constamment primé la statuaire. Cette différence s'explique par la contrariété des doctrines. La sculpture, expression directe et saillante de la beauté des formes, était la langue naturelle du sensualisme païen. La peinture, moins matérielle, plus transparente en quelque sorte, plus apte à refléter la beauté intérieure et à traduire les impressions morales, est un langage plus compréhensif et mieux approprié à la spiritualité de nos croyances. Ainsi, tandis qu'en Grèce l'artiste initiateur et mythique a été un sculpteur, Dédale; chez nous, un apôtre peintre, saint Luc, est honoré par la dévotion populaire comme le type idéal de l'artiste chrétien (2).

Cependant, quoique moins sympathique au christianisme que plusieurs autres arts, la plastique n'a point fait défaut à ce que l'église était en droit d'attendre d'elle. Au premier appel du clergé, elle a produit le crucifix de ronde bosse; mais l'école liturgique (j'entends celle qui se proposait de toucher l'âme par les sens), mécontente de la raideur des premiers simulacres, essaya, comme avait fait le sacerdoce en Grèce, de donner aux représentations sacrées, au crucifix lui-même, une mobilité artificielle.

(1) Voyez Grégor. Turonens., *De gloria Martyr.*, lib. I, cap. 23.

(2) Une tradition peu éclairée attribue à saint Luc une foule de petits portraits de Jésus-Christ et de la Vierge, qui sont, surtout à Rome, l'objet d'une superstitieuse vénération. Lanzi croit que ces images, de style archaïque, sont l'œuvre d'un ancien peintre florentin nommé Luca, qui vivait au XI° siècle, Voyez *Stor. pittor.*, t. I, p. 319.

II.

CRUCIFIX ET MADONES MUS PAR DES FILS.

Si je ne voulais éviter d'appuyer plus qu'il ne convient sur cette partie de mon sujet, je pourrais recueillir parmi les traditions qui ont cours, surtout en Italie et en Espagne, plusieurs histoires de crucifix et de madones, célèbres pour avoir fait des gestes et même pour avoir marché. Je pourrais citer le crucifix qu'on dit avoir incliné la tête pour approuver les décisions du concile de Trente, ou bien encore le crucifix votif de Nicodème, le *Voto santo,* qui, suivant la croyance admise à Lucques, traversa la ville pour se rendre de la chapelle de Saint-Frédien à la cathédrale, en bénissant sur son passage le peuple émerveillé, et qui, un autre jour, dit-on (car que ne dit-on pas à Lucques du *Voto santo?*), donna son pied à baiser à un pauvre ménestrel, peut-être joueur de marionnettes. Ce ne sont là, je le sais, que des légendes, qui font supposer, mais qui ne prouvent pas l'existence au moyen-âge de la sculpture mécanique. A titre de fait positif, je citerai un crucifix du monastère de Boxley dont non-seulement la tête, mais les yeux étaient mobiles, au témoignage de Lombarde, ancien et exact historien du comté de Kent (1). Enfin, pour ne laisser subsister aucun doute sur la réalité de cette phase singulière et peu observée jusqu'ici de l'art chrétien, je vais rappeler de quelle manière on représente de temps immémorial à Jérusalem, dans l'église du Saint-Sépulcre, les divers épisodes de la Passion le jour du vendredi saint. J'ai à choisir entre plusieurs relations de diverses époques, écrites par de pieux pèlerins de diverses communions. J'emprunte, en l'abrégeant, celle de Henri Maundrell, chapelain de la factorerie anglaise d'Alep, qui visita les lieux saints au temps de Pâques 1697 :

« Parmi plusieurs crucifix, dit-il, que l'on porte en procession dans l'église du Saint-Sépulcre, il en est un, d'une grandeur extraordinaire, sur lequel est posée l'image de notre Seigneur, très bien sculptée et de grandeur naturelle... Après plusieurs stations, la procession atteignit le Calvaire en montant plusieurs degrés; arrivée à une chapelle bâtie sur le lieu même où Jésus fut crucifié, on figura cette scène au naturel, en clouant sur une croix, avec de grands clous, l'image dont nous avons parlé; puis, à quelques pas de là, on dressa la croix... Ces cérémonies achevées, ainsi que le sermon du père gardien, deux moines, qui font les personnages de Joseph d'Arimathie et de Nicodème, arrachèrent les grands clous et descendirent de la croix le corps du Sauveur avec des gestes et une attitude qui répondaient à la solennité de l'action. L'image du Christ est faite de telle sorte que les membres sont aussi flexibles que s'ils étaient vraiment de chair. Rien n'étonna plus les assistans que de voir courber et croiser sur le cercueil les deux bras, de la manière dont on dispose ceux des véritables morts (2).

Un siècle auparavant, un Français, le père Boucher, de l'ordre des frères mineurs-observantins, avait assisté à ces mêmes cérémonies, et y avait pris une part importante. Son récit, d'une singulière naïveté, complète le précédent :

« ..... Nous montasmes, dit-il, au Calvaire, qui estoit tout tapissé de noir, et esclairé de soixante et quatorze lampes. Arrivés en ce lieu, en la partie du

---

(1) Voy. *Perambulation of Kent*.
(2) *A Journey from Alep to Jerusalem, at easter*, ann. Domini 1697; Oxford, 1740; p. 74.

crucifiement, qui estoit la mesme place en laquelle, à tel jour, le Sauveur du monde fut cloué en croix, estoit estendu un crucifix de bois très bien faict, couvert d'un drap noir. Le prédicateur (c'était le père Boucher lui-même) estoit arrivé au point de saint Luc : *Et postquam venerunt in locum qui vocatur Calvariæ, ibi crucifixerunt eum*, deux diacres vinrent lever le drap noir qui couvroit le crucifix. Et à ce moment, il faut l'avouer, ô lecteur! toute l'assemblée, voyant un si vif portrait du crucifiement douloureux, jeta des sanglots et des soupirs..... Ce deuil si juste servit de catastrophe et mit fin à mon sermon, à la suite duquel quatre religieux prindrent le crucifix enveloppé dans un beau drap de fin lin, et fut porté sur la pierre d'onction, où le corps précieux, à tel jour, avoit été embaumé par Nicodème et Joseph..... Et venus à la dicte pierre, le crucifix fut estendu sur icelle par les quatre pères qui le portoient..... (1). »

On ne se servit pas seulement, au moyen-âge, de la statuaire mobile pour représenter les scènes de la Passion; on l'employa encore dans les églises, tant séculières que monastiques, pour figurer, aux diverses fêtes de l'année, toutes les actions du Sauveur, celles de la Vierge, les vies des saints patrons et les légendes des martyrs. Cet emploi de la statuaire mécanique s'est perpétué dans les églises, particulièrement en Italie et en Espagne, presque jusqu'à nos jours, malgré les prescriptions canoniques contraires, et notamment celles du concile de Trente. Dans un synode tenu à Oriluela, petit évêché suffragant de l'archevêché de Valence, on fut obligé de renouveler, au commencement du XVIIe siècle, la défense d'admettre dans les églises les statuettes de la Vierge et les images des saintes frisées, fardées, couvertes de bijoux et vêtues de soie, comme des courtisanes. *Jubemus*, dit le chapitre 14, *imagunculæ parvæ, fictili opere confectæ et fuco consignatæ, si vanitatem et profanitatem præbeant, ad altare ne admoveantur in posterum* (2). On voit que la défense n'était que conditionnelle et laissait ainsi une large porte ouverte à l'abus, qui en effet continua. Que si quelqu'un de ceux qui me lisent doutait qu'il fût ici question des

---

(1) Le père Boucher a donné à son voyage le titre bizarre de *Bouquet sacré des plus belles fleurs de la Terre Sainte*. Notre citation est tirée du chapitre XIII.

(2) *Synodus Oriolana, celebrata anno* 1600; cap. 14, ap. *Collect. maxim. concilior. Hispaniæ et Novi Orbis*; Romæ, 1693; t. IV, p. 718-719.

marionnettes proprement dites, qu'on nommait en Espagne *titeres*, cet autre passage du même chapitre ferait cesser tous les doutes : « Nous défendons que dans les églises ou ailleurs on représente les actions du Christ, celles de la très sainte Vierge et les vies des saints, au moyen de ces petites figures mobiles, *imagunculis fictilibus, mobili quadam agitatione compositis*, que l'on appelle vulgairement *titeres, quas titeres vulgari sermone appellamus.* »

III.

LES SCULPTEURS MÉCANICIENS TAXÉS DE MAGIE AU MOYEN-AGE.

Dès le xi° siècle, plusieurs prélats et abbés s'étaient vivement, mais inutilement élevés contre la statuaire mécanique, qui, rappelant, pour ainsi dire, à la vie les saints et les martyrs, leur semblait une sorte de coupable évocation des morts et un acte de nécromancie. Un jour de l'année 1086, le saint abbé Hugues, étant venu en l'abbaye de Clugny pour donner l'investiture à cinquante-cinq novices, se détourna tout à coup d'un de ceux qu'on lui présentait, et lui refusa la bénédiction. Quand on lui demanda le motif de cette rigueur, il répondit que ce clerc était un *mécanicien*, c'est-à-dire un prestigiateur et un nécromancien : *Mechanicum illum, seu præstigiatorem* (1) *esse et necromantiæ deditum* (2).

De semblables accusations ont été fréquemment portées, durant cette période, contre les hautes intelligences qui s'adonnaient aux études

---

(1) On n'avait pas encore forgé l'abominable barbarisme *prestidigitateur*.
(2) Mabill., *Annal. ordin. Benedict.*, t. IV, p. 563.

mathématiques et physiques, à commencer par Gerbert, devenu pape au x⁰ siècle sous le nom de Sylvestre II. L'orgue hydraulique qu'il avait construit à Reims, l'horloge ou plutôt le cadran sidéral qu'il établit à Magdebourg pour Othon III (1), la prétendue tête d'airain parlante que lui attribue Guillaume de Malmesbury (2), le firent passer pour magicien. Cette même rêverie d'une tête d'airain parlante fut imputée encore à plusieurs savans personnages du xiii⁰ siècle, entre autres, à Robert Grosse-Tête, évêque de Lincoln (3), et à Albert-le-Grand. On disait à voix basse dans les écoles qu'Albert avait employé trente années d'efforts à fabriquer par les mathématiques ou par la chimie, d'autres disaient par certaines combinaisons astrologiques, une tête de bois ou d'airain qui répondait à toutes les questions (4). Quelques-uns allaient jusqu'à prétendre qu'il avait forgé un homme dont le cou, les bras et les jambes, façonnés en divers temps sous l'influence de certaines constellations, avaient été enfin réunis de manière à former un être artificiel complet, ce que Gabriel Naudé appelle un *androïde* (5). Et, comme il ne subsistait naturellement aucune trace de cette merveille, on expliquait sa disparution en disant que le jeune Thomas d'Aquin, son disciple, celui qui devait bientôt devenir une des lumières de l'église, piqué d'être toujours vaincu par le caquet syllogistique de cette créature équivoque, l'avait frappée d'un coup de bâton et mise en morceaux (6).

(1) Ditmar., *Chron.*, liv. VI, p. 399.
(2) Voyez Guill. Malmesbur., *De gestis regum Anglicor.*, lib. II, cap. 10, p. 36-37. Cf. *Hist. litt. de France*, t. VI.
(3) Joh. Gower., *Confessio amantis*; ap. Selden.
(4) Voy. Alph. Tostat., *Comm. in Exod.*, cap. 14. *Oper.*, t. II, pars Iª, p. 181. — *Comm. in Num.*, cap. 21, t. IV, pars IIª, p. 38. — *Paradox.*, t. XII, pars 23, p. 93.
(5) Voy. *Apologie pour tous les grands personnages qui ont été soupçonnés de magie.* 1653, p. 529 et suiv.
(6) Cervantes, qui a porté le dernier coup à toutes les rêveries du moyen-âge, n'a pas oublié les folles histoires de têtes d'airain parlantes. Voyez *Don Quijote*, part. IIª, cap. 62.

IV.

MARIONNETTES DEMI-RELIGIEUSES ET DEMI-POPULAIRES.

Les marionnettes mues ostensiblement par des fils n'exposaient pas ceux qui les fabriquaient ou qui les faisaient mouvoir à autant de calomnies et de périls, et demandaient pour leur construction moins de science que les automates dont le moteur restait caché. Aussi furent-elles d'un usage beaucoup plus fréquent. C'étaient de vraies marionnettes que les énormes mannequins, en forme de goules monstrueuses, qu'on menait en procession dans presque toutes les villes, soit aux Rogations, soit à la Fête-Dieu, soit aux anniversaires de certains patrons, braves chevaliers ou saints évêques, canonisés pour avoir délivré la contrée des monstres qui l'infestaient jadis, ou pour avoir (ce qui est tout un) dompté l'idolâtrie. Amiens, Metz, Nevers, Orléans, Poitiers, Saint-Quentin, Laon, Coutances, Langres, etc., ont vu, dans de solennelles processions, promener, presque jusqu'à la fin du dernier siècle, ces formidables machines, vulgairement appelées *papoires*. On distinguait surtout parmi ces simulacres, qui ébranlaient si vivement l'imagination populaire, la fameuse tarasque à laquelle une légende rattache le nom de Tarascon, la gargouille de Rouen, la grand'gueule de Lyon, l'hydre de l'abbaye de Fleury, dont les mâchoires ouvertes laissaient voir une ardente fournaise, enfin le grand dragon de Paris, tué par saint Marcel, et qu'on promenait, durant les Rogations, autour du parvis et dans tout le cloître de Notre-Dame, joie et terreur du peuple et des enfans de la vieille cité, qui jetaient dans son gosier béant, comme dans une large besace de quêteur, de la monnaie, des fruits et des gâteaux.

On n'introduisait pas seulement dans ces cérémonies des figures de dragons et de monstres; on y faisait figurer des géans tels que Goliath et saint Christophe, on y admettait même quelquefois des mannequins de femmes. Venise au xiv° siècle offrit un exemple notable de cette sorte de représentation. Il était d'usage, depuis le x° siècle, de célébrer dans cette ville une cérémonie nommée la *festa delle Marie* en mémoire de douze fiancées enlevées, en l'an 944, par des pirates venus de Trieste, et aussitôt reprises des mains des ravisseurs. Pendant huit jours, on conduisait en grande pompe dans la ville et dans les environs douze belles jeunes filles couvertes d'or et de bijoux. Elles étaient désignées par le doge et mariées aux frais de la Seigneurie. Avec les progrès du luxe, la dépense devint si considérable, que le nombre des *Maries* dut être réduit d'abord à quatre, puis à trois. Enfin, le choix de ces jeunes filles soulevant trop de brigues dans l'état, on prit le parti de les remplacer par des figures de bois. Ce changement fut très mal accueilli par le peuple. Il fallut, en 1349, venir au secours de ces pauvres *Marie di legno*, comme on les appelait, et les protéger contre les huées et les sarcasmes de la foule. Ce nom même de *Maria di legno* est demeuré à Venise une épithète désobligeante et moqueuse, qu'on applique aux personnes du sexe d'une tournure raide et peu avenante (1). Ces poupées de Venise nous ramènent naturellement aux véritables marionnettes.

(1) Voyez Giustina Renier Michiel, *Origine delle feste Veneziane*; Milano, 1829. T. I, p. 91-109.

V.

MARIONNETTES POPULAIRES AU MOYEN-AGE. — PANTOMIMES. — CANTIQUES EXPLICATIFS.

Les dernières marionnettes populaires que nous avons vues chez les Grecs et chez les Romains avaient subi la révolution accomplie dans le drame antique; elles étaient devenues pantomimes. Les peuples barbares, destructeurs et héritiers de la civilisation païenne, n'avaient guère pu entrevoir d'autres représentations théâtrales que celles des drames pantomimes; il faut entendre par là, comme je l'ai dit, non pas une action entièrement muette, mais une action exprimée par des gestes sur l'orchestre, tandis qu'un coryphée ou un simple *énonciateur*, placé en avant sur le thymelé, chantait ou récitait un *canticum*, traduction lyrique ou épique des sentimens ou des actions rendus par l'acteur. On voit pourquoi ceux des écrivains des VIIe, VIIIe et IXe siècles qui ont eu la prétention de continuer la tradition antique n'ont composé qu'un si petit nombre de drames dialogués. Ils durent naturellement s'appliquer à imiter ce qui avait frappé leurs yeux, et, à peu d'exceptions près, ils n'avaient vu sur les théâtres grecs et romains que des pantomimes accompagnées de *cantica* (1). Les écrivains du VII° au XI° siècle nous fournissent, en effet, un certain nombre de courtes chansons narratives (histoires bibliques, légendes de saints, récits profanes), dont je crois pouvoir considérer plusieurs comme de véritables *cantica* destinés à servir d'explication orale à de petites pièces pantomimes que des jongleurs ambulans et peut-être aussi des marionnettes représentaient dans les foires ou sous le porche des églises. J'ai cité en 1835, à la Faculté des Lettres, comme ayant pu avoir la destination que j'indique, le cantique de Judith et d'Holopherne, imprimé depuis cette époque par M. Édélestan Du Méril (2). Je crois que cinq ou six autres pièces également narratives, publiées par MM. Grimm, Ébert, Lachmann et Du Méril, telles que la légende de saint Nicolas, celles de l'enfant de la neige, du prêtre et du loup, etc., étaient aussi de véritables *cantica*, programmes en vers de petites pièces que des comédiens vrais ou feints représentaient pour les yeux. Je suis tenté d'en dire autant de plusieurs *élégies* tragiques ou comiques composées aux XII° et XIII° siècles dans les écoles, notamment le *Geta* et l'*Aulularia* de Vital de Blois (3), la *Lydia* et le *Milo* de Matthieu de Vendôme, l'*Alda* de Guillaume de Blois, le *Miles gloriosus* (4), etc. Peut-être ces narrations, qui tiennent à la fois du drame et du fabliau, étaient-elles les *cantica* explicatifs de pantomimes jouées dans les écoles. La France a conservé long-temps l'usage de ces spectacles épico-lyriques, témoin ceux qui furent donnés dans les rues et sur les places de Paris à l'occasion de l'entrée de la reine Isabeau. Les Anglais ont conservé cette forme de représentation encore plus long-temps que nous, et ils ont même un mot exprès, encore en usage, pour désigner ces spectacles; ils les nomment *pageant*.

(1) Peut-être possédons-nous encore quelques-uns de ces *cantica* de l'antiquité. Il faudrait examiner à ce point de vue l'*Oreste*, tragédie épique, qui se trouve à Berne dans un manuscrit sur parchemin du XI° siècle. Voy. Sinner, *Codices Biblioth. Bern.*, t. I, p. 507.

(2) *Poésies populaires latines antérieures au douzième siècle*, p. 184.

(3) Ce sont les sujets de l'*Amphitryon* et de l'*Aulularia* de Plaute, accommodés aux mœurs des étudians du moyen-âge. Pour la patrie de Vital et le temps où il a vécu, voyez l'édition du *Geta* donnée par Car. Guil. Müller; Berne, 1840.

(4) Voy. M. Éd. Du Méril, *Origines latines du théâtre moderne*, p. 281.

5

Mais, pour être autorisé à dire que plusieurs des cantiques et des légendes rhythmiques des VII°, VIII° et IX° siècles ont servi d'explication et de texte à des représentations de marionnettes, il faut préalablement bien établir l'existence de ce genre d'amusement durant cette époque; essayons.

Plusieurs textes prouvent la persistance et la popularité de la *nèvrospastie* dans l'empire grec. Synesius, évêque de Ptolémaïde au v° siècle, voulant faire comprendre l'action incessante que Dieu exerce sur les démons et généralement les effets qui subsistent après que leurs causes appréciables ont cessé, compare ce phénomène à ce qui arrive dans le gouvernement des marionnettes, « qui se meuvent encore, dit-il, après que la main qui les dirige a cessé d'agiter les fils (1). » Un grammairien du VII° siècle, qui a commenté en grec plusieurs des ouvrages d'Aristote, Jean, surnommé *Philoponus* (2), ou plus simplement *Grammaticus*, donne, à propos d'un passage assez obscur d'un traité d'Aristote (3), des éclaircissemens tellement précis sur les marionnettes automatiques, qu'on peut en inférer que le jeu de ces petites machines lui était très familier. « Aristote, dit-il, appelle αὐτόματα θαύματα les petites figures de bois dont on donnait le spectacle dans les noces. » Ce trait de mœurs est remarquable. Puis il expose comment les diverses parties de ces figures conservent, lors même qu'elles sont au repos, la faculté d'être mues, sans que le mécanicien les touche. « Celui-ci, dit-il, met une pièce en mouvement, cette pièce transmet l'impulsion à une autre, et enfin la figure paraît s'agiter d'elle-même, ce qui est une illusion, et meut avec tant d'agilité qu'on la prendrait pour un danseur pantomime (4). »

Au XII° siècle, Eustathe, le savant archevêque de Thessalonique, en expliquant un vers du quatrième chant de l'Iliade, s'étend, à ma grande

---

(1) Ὄργανα νευρόσπαστα. *De Providentia*, lib. I, *Oper.*, p. 98.

(2) Ce savant était, suivant Abulpharadge, à Alexandrie en 640, quand les Arabes firent la conquête de l'Égypte.

(3) *De Generatione animalium*, lib. II; *Oper.*, t. V, p. 343, seq. Ed. Bekker. — *Idem opus, cum Philoponi comment., Venet*, 1526.

(4) Philoponus emploie le mot consacré ὀρχεῖσθαι. J'ai mis le commentaire dans la traduction.

satisfaction, quoique sans beaucoup d'à-propos, sur les joueurs de marionnettes (1); il s'étonne de la grande renommée que Pothein acquit en Grèce, au moyen d'une profession si puérile et si vulgaire. Néanmoins, tout en appréciant la *névrospastie* à sa valeur, il nous donne à entendre que cet *art* (il lui accorde ce nom) était fort répandu et très populaire de son temps dans l'empire grec.

En Occident, mes souvenirs ne me rappellent aucun texte qui, entre le vi° et le xiv° siècle, fasse mention de marionnettes; mais, par un bonheur singulier, nous avons, pour remplir ce vide, mieux qu'un texte; nous avons un monument figuré, d'une authenticité incontestable, et qui nous fournit les plus précieux renseignemens.

(1) Il s'agit de la corde de l'arc de Pandarus. Eustath., *Comm. in Iliad.*, iv, v. 122, t. I, p. 457; ed. Rom.

VI

UNE MARIONNETTE CHEVALERESQUE AU XIIe SIÈCLE.
— NOUVEAU MÉCANISME.

Il existe à Strasbourg un manuscrit de la fin du XIIe siècle, orné d'un grand nombre de curieuses miniatures, dont une, sous la rubrique assez bizarre de *ludus monstrorum*, représente un jeu ou *une montre* de marionnettes. Ce manuscrit, un des plus précieux joyaux de la bibliothèque de cette ville, renferme un ouvrage de la célèbre Herrade de Landsberg, abbesse de Hohenbourg. Cet ouvrage porte le titre de *Hortus deliciarum* et le justifie par l'agrément et la variété des enseignemens qu'il contient : c'est un parterre encyclopédique, composé de toutes sortes de fleurs poétiques, morales et religieuses (1). Parmi beaucoup de morceaux en prose et en vers (qui tous, à beaucoup près,

(1) Le manuscrit de Herrade de Landsberg a été décrit, et les vers qu'il contient ont été publiés en 1818 par M. Christ. Maurice Engelhard, en un vol. in-8°, avec un atlas in-f°, où les miniatures sont reproduites. M. Alexandre Le Noble a donné une nouvelle analyse de ce manuscrit dans le tome Ier de la *Bibliothèque de l'École des Chartes*, 3e livraison.

ne sont pas de la docte abbesse), on lit à la page 215 une sorte de glose du fameux verset de l'Ecclésiaste, *Vanitas vanitatum....*,

> Spernere mundum, spernere nullum, spernere sese,
> Spernere sperni se, quatuor hæc bona sunt.

« Mépriser le monde, ne mépriser personne, se mépriser soi-même, mépriser le mépris qu'on fait de soi, ce sont quatre choses bonnes. »

Le peintre, dirigé sans doute par la docte abbesse (car le manuscrit est du temps même où elle vivait), n'a pas cru pouvoir rendre par un emblème plus expressif la pensée de Salomon et de Herrade sur la vanité de l'homme qu'en nous montrant le roi de la création soumis à l'action d'un fil de marionnette. En effet, sur un étroit plancher sont posés deux petits hommes armés de pied en cap, que deux bateleurs font combattre et mouvoir à leur gré, au moyen d'un fil qui se croise et dont chacun tire un bout à soi. La pensée de cette miniature prouve non-seulement que le jeu des marionnettes existait durant l'époque féodale, mais qu'il était d'un usage assez commun pour offrir alors, comme chez les anciens et dans les temps modernes, un symbole parfaitement clair et intelligible à tous.

Quant aux personnages que l'artiste a mis en jeu, le choix qu'il a fait de deux chevaliers confirme mon opinion sur le répertoire habituel des marionnettes. Il était tout simple, en effet, qu'au XIIe siècle la peinture ou la parodie d'un duel ou d'un tournoi fût le spectacle le plus assuré de plaire aux châtelains et aux châtelaines, ainsi qu'à la foule de leurs vassaux.

Au-dessous de nos deux pantins, on lit cette seconde et plus mélancolique paraphrase du fameux verset de Salomon :

> Unde superbit homo, cujus conceptio culpa,
> Nasci pœna, labor vita, necesse mori?
> Vana salus hominis, vanum decus, omnia vana;
> Inter vana nihil vanius est homine.
> Post hominem vermis, post vermem fit cinis, eheu!
> Sic in non hominem vertitur omnis homo (1).

---

(1) Herrade, avant Bossuet, nous montre l'homme réduit à « ce je ne sais quoi qui n'a plus de nom dans aucune langue. »

Ces lugubres distiques, placés au-dessous d'une danse de marionnettes, ne sont-ils pas comme la contre-partie chrétienne du *canticum* lémurique du banquet de Trimalcion?

Quant au procédé mécanique que cette miniature nous révèle, il diffère entièrement de ce que nous avons vu jusqu'ici. Les mains qui font mouvoir les deux statuettes ne sont pas cachées; elles tirent les fils, non dans le sens perpendiculaire, mais dans la direction horizontale. C'est le premier exemple que nous ayons rencontré d'une pareille disposition. Nous ne savons si elle a commencé au moyen-âge; mais elle s'est assurément prolongée bien au-delà. En effet, dès les premiers pas que nous allons faire dans les temps modernes, nous trouverons un procédé fort semblable en possession de l'admiration du vulgaire et même des savans.

TROISIÈME ÉPOQUE.

MARIONNETTES DANS LES TEMPS MODERNES.

I.
MARIONNETTES EN ITALIE.

I.

MARIONNETTES PERFECTIONNÉES AU XVIᵉ SIÈCLE.

Un très habile homme, non moins célèbre par les bizarreries de son caractère que par son savoir universel, Jérôme Cardan, médecin et mathématicien, né à Pavie en 1501, est, sinon le plus ancien écrivain moderne qui ait mentionné les marionnettes, du moins le premier qui ait porté sur ce sujet une attention sérieuse et scientifique. Cardan s'est occupé deux fois du mécanisme des marionnettes, la première, dans son traité *de Subtilitate*, publié à Nuremberg en 1550; la seconde, dans une sorte d'encyclopédie, intitulée *de Varietate rerum*. Au livre XIII de ce dernier ouvrage, l'auteur, traitant des plus humbles produits de la mécanique (*de artificiis humilioribus*), cite parmi les *experimenta minima*, qui sont l'objet du chapitre LXIII, une espèce fort singulière de marionnettes qu'il décrit avec minutie, mais malheureusement avec l'obscurité qui lui est habituelle. Ce procédé, qu'il expose sans parvenir à l'expliquer, ressemble beaucoup à celui dont le manuscrit de Herrade de Lansberg nous a transmis la représentation graphique. Voici, d'ailleurs, le passage même de Cardan, que j'ai traduit le plus fidèlement qu'il m'a été possible :

« J'ai vu, dit-il, deux Siciliens qui opéraient de véritables merveilles au moyen de deux statuettes de bois qu'ils faisaient jouer entre elles. Un seul fil les traversait de part en part. Elles étaient attachées d'un côté à une statue de bois qui (1) demeurait fixe, et de l'autre à la jambe que le joueur faisait mouvoir. Ce fil était tendu des deux côtés. Il n'y a sorte de danses que ces statuettes ne fussent capables d'imiter, faisant les gestes les plus surprenans des pieds, des jambes, des bras, de la tête, le tout avec des poses si variées, que je ne puis, je le confesse, me rendre compte d'un aussi ingénieux mécanisme ; car il n'y avait pas plusieurs fils, tantôt tendus et tantôt détendus ; il n'y en avait qu'un seul dans chaque statuette, et ce fil était toujours tendu. J'ai vu beaucoup d'autres figures de bois mises en mouvement par plusieurs fils alternativement tendus et détendus, ce qui n'a rien de merveilleux. Je dois dire encore que c'était un spectacle vraiment agréable que de voir à quel point les gestes et les pas de ces poupées étaient d'accord avec la musique (2).

L'auteur, comme on le voit, n'indique pas l'office que remplissait le second Sicilien. La miniature du *Hortus deliciarum* nous montre, au contraire, les deux bateleurs occupés à concourir à une action commune. Dans l'appareil décrit par Cardan, un seul joueur semblerait pouvoir suffire, comme dans nos marionnettes du dernier ordre, celles que les petits Savoyards font danser dans les carrefours, au son d'un flageolet, d'une vielle ou d'un tambour de basque, en agitant avec le genou la ficelle attachée à leur poupée, qu'ils nomment

---

(1) Je lis ici *quæ* au lieu de *que*, que donne l'imprimé.
(2) Voy. *Hieron. Cardani Mediolanensis medici Opera*, p. 492. — Jérôme Cardan, natif de Pavie, exerçait la médecine à Milan, à l'époque de l'impression de ses œuvres.

Cathos ou Catherinette (1). Cependant, s'il n'eût été question que d'une chose aussi simple, l'esprit subtil de Cardan ne se serait pas tant émerveillé. Il me paraît vraisemblable que ce prétendu fil unique et toujours tendu était un petit tube par lequel passaient plusieurs fils très fins, réunis dans l'intérieur de la poupée et dont le jeu était ainsi soustrait aux regards. Nous verrons tout à l'heure un procédé à peu près semblable (2).

Le second passage de Cardan, celui qui fait partie du traité *de Subtilitate*, n'a trait qu'aux marionnettes ordinaires; mais l'auteur est si frappé de l'illusion qu'elles produisent, qu'il n'hésite pas à les placer dans la partie de son ouvrage qui traite *de mirabilibus et modo representandi res varias præter fidem* (3) : « Si je voulais, dit-il, énumérer toutes les merveilles que l'on fait exécuter, par le moyen de fils, aux statuettes de bois vulgairement appelées *magatelli*, un jour entier ne me suffirait pas, car ces petites figures jouent, combattent, chassent, dansent, sonnent de la trompette et font très artistement la cuisine. »

On voit, entre autres choses, dans ce passage, que vers l'année 1550 on appelait, dans l'Italie du nord, les marionnettes du nom latinisé de *magatelli*, que je ne trouve dans aucun vocabulaire. Il se pourrait que *magatelli* (par le changement fort naturel des labiales *b* et *m*) ne fût qu'une variante de *bagatelli*, et cela me semble d'autant plus probable qu'on appelle en Italie *bagatelle* les amusemens de la place publique et *bagatellieri* tous les saltimbanques, y compris les joueurs de gobelets et de marionnettes (4).

Un contemporain de Cardan, Federico Commandino d'Urbin, né en 1509, grand mathématicien et *second Archimède* (5), n'a pas dédaigné

(1) Ce petit spectacle des rues a été souvent gravé. Voy. une vignette de Charlet, en tête d'un quadrille pour piano de J. Klemczynsky, intitulé *les Marionnettes*; Paris, 1842.
(2) Il est vrai que, dans cette hypothèse, le joueur devait s'aider de la main.
(3) *De Subtilitate*, lib. XVIII; Nuremberg, 1550, p. 542, et *Opera*, t. III, p. 686.
(4) Le voyageur Pietro della Valle compare les gens qui montraient de son temps la lanterne magique, les ombres chinoises et les marionnettes dans les rues de Constantinople, aux *bagatellieri* qui remplissaient le même office sur le *largo di Castello* à Naples et sur la place *Navone* à Rome.
(5) C'est le titre que lui décerne Boldetti, *Osservazioni sopra i cimiteri*, etc., lib. II, cap. XIV, p. 407.

non plus de s'occuper des statuettes à ressorts. Son élève le plus habile et son compatriote, le géomètre poëte Bernardino Baldi, adressa, vers 1575, un sonnet à sa mémoire dont voici le tercet final :

> O còme l'arte imitatrice ammiro,
> Onde con modo inusitato e strano
> Muovesi il legno, e l'uom né pende immoto (1).

Quelques critiques ont inféré de ces vers que Federico Commandino avait apporté quelques notables perfectionnemens aux marionnettes. Je dois confesser que, dans ce que j'ai parcouru de ses écrits, je n'ai rien trouvé qui eût clairement rapport aux statuettes mues par des fils. Ce qui a particulièrement occupé ou, si l'on veut, récréé ses veilles, c'est l'application de la mécanique à la construction des automates hydrauliques, dont on faisait de son temps un très fréquent et très ingénieux emploi, surtout en Italie et en Allemagne. Quelques années après, Baldi, devenu abbé de Guastalla, mentionne, dans la préface placée devant sa traduction des *Automata* de Héron (2), plusieurs de ces créations hydrauliques qui animaient le marbre et l'airain dans les jardins et les palais princiers, sortes de drames aquatiques dont Montaigne a mentionné quelques particularités dans le *journal* de son voyage en Italie, notamment à Tivoli, à Florence et à Augsbourg. De plus, Baldi parle dans cette préface, avec une singulière admiration, des simples et vraies marionnettes, qu'il définit avec une précision technique qui ne permet pas de douter qu'il ne les connût à merveille. Il affirme non-seulement qu'une grande adresse manuelle est nécessaire pour les faire mouvoir, et beaucoup d'esprit pour les faire parler, mais que la connaissance des mathématiques est indispensable à leur construction, et il allègue sur ce point le témoignage de Pappus et d'Athénée, témoignage que le vague de sa citation ne

(1) Ces vers sont imprimés en tête de la traduction des *Automata* de Héron d'Alexandrie : *De gli automati overo machine se moventi, libri due*.

(2) Baldi avait composé cette traduction avec l'intention de la dédier à son maître Feder. Commandino; mais la mort de ce géomètre, arrivée en 1575, l'en empêcha. La dédicace à Giacomo Contarini porte la date de 1589. Bernardino Baldi a composé un poème estimé sur la navigation.

m'a pas permis de vérifier dans leurs œuvres. Il regrette de voir les jolies statuettes animées par le génie de la mécanique devenir de futiles jouets d'enfant; il compare la décadence de cet art ingénieux à celle du grand art des Æsopus et des Roscius, tombé des hauteurs de la véritable scène sur les tréteaux des charlatans, et déplore qu'un si noble exercice ne soit bientôt plus pratiqué que par un ramas de bateleurs grossier, ignorant et sordide, *abietto, volgare e sordido* (1). Depuis lors, en effet, le goût des marionnettes est devenu et est demeuré si populaire en Italie, que des baraques de *burattini* (c'est le nom que les Italiens donnent généralement aux marionnettes) couvrent les places publiques de toutes les cités, sans préjudice des théâtres à demeure et des représentations dont les particuliers se donnent chez eux le plaisir.

(1) Baldi, *De gli automati*, etc., p. 10 et 11.

II.

MARIONNETTES ITALIENNES EN PLEIN AIR.

Voulez-vous, sans passer les Alpes, faire connaissance avec les marionnettes ambulantes de Florence et de Rome? Suivez Lorenzo Lippi, l'auteur d'*Il Malmantile Racquistato*, sur la grande place de Florence, sans négliger de consulter son annotateur, Paolo Manucci (1). Ou bien ouvrez le poème si populaire à Rome de Giuseppe Berneri, *Il Meo Patacca* (2), illustrée par le crayon naïf de Bartolomeo Pinelli (3). L'ingénieux artiste a dessiné un épisode du troisième chant, dont l'action se passe sur la place Navone; il a indiqué, au second plan, les jeux populaires qui animent cette place. Les *castelli di legno dei burattini* n'y manquent point. Faites mieux encore : feuilletez un autre re-

---

(1) *Il Malmantile*, cant. II, st. 46. Lippi décrit agréablement dans un autre passage (cant. I, st. 34) les *fantoccini* des rues qu'un petit paysan fait danser avec le pied ou le genou.

(2) Ce poème en douze chants contient la description des fêtes données à Rome pour la délivrance de Vienne et la victoire remportée par Jean Sobieski sur les Turcs.

(3) Rome, 1823. In-4° oblong, avec 53 planches. L'approbation de la première édition de ce poème porte la date du 6 décembre 1696.

cueil du même artiste, *Raccolta dei cinquanta costumi pittoreschi;* vous y trouverez une planche, la dixième, je crois, qui offre la représentation exacte et complète d'un *casotto dei burattini*. La toile est levée; *Pulcinella* (Polichinelle) occupe bruyamment la scène. Un loup, ou demi-masque noir, lui couvre le haut du visage; sa taille droite est serrée dans une casaque blanche; sa tête est surmontée d'un bonnet blanc en mitre : c'est pour nous un type tout-à-fait nouveau et sans analogue, demi-arlequin et demi-pierrot. Pinelli a groupé autour de la baraque les dilettanti les plus ordinaires de ces théâtres plébéiens. Voici deux belles et robustes Romaines; près d'elles, deux moines, plus occupés, disons-le, de Pulcinella que de leurs jolies voisines; en face, quelques enfans, dont un se hausse sur un pavé, puis quelques vigoureux et basanés *Trasteverini;* enfin un paysan attardé, qui jouit, assis sur son âne, de ce spectacle délectable et des *lazzi* qui l'assaisonnent. Souvent à cette foule se mêlent des personnes d'un rang ou d'un mérite considérable. On raconte, par exemple, que le célèbre Leone Allacci, bibliothécaire de la Vaticane sous Alexandre VII, auteur de plusieurs grands ouvrages de théologie et de la *Dramaturgia*, allait se délasser tous les soirs aux marionnettes. J'ignore malheureusement la source de cette tradition si honorable pour les tréteaux de Polichinelle.

Passons, à présent, sur la *gran piazza* de Milan, aux jeux des *fantoccini*, autre nom des marionnettes. Le savant père Francesco Saverio Quadrio, auteur estimé d'une histoire générale de la poésie, ne dédaignera pas de nous servir de *cicerone*. Il nous révèle, en effet, avec une rare compétence, dans un chapitre spécial (1), les divers secrets de Pulcinella et toutes les ficelles qu'emploient les joueurs qui le font gesticuler et parler. Parmi ces dupeurs d'yeux et d'oreilles, celui qui, au témoignage du savant père de la compagnie de Jésus, attirait de son temps et retenait autour de ses tréteaux la plus belle et la plus nombreuse compagnie, était Massimino Romanini, Milanais, dont le nom lui a paru digne d'une honorable mention.

C'était presque toujours un seul joueur qui faisait mouvoir tous les personnages, et qui en même temps récitait ou improvisait toute la

---

(1) *Storia e ragione d'ogni poesia.* Milano, 1744; vol. III, part. 2e, p. 247 et 248.

pièce. Ce maître Jacques des marionnettes avait soin de varier ses intonations, suivant les rôles, au moyen du *sifflet-pratique*, appelé en Italie *fischio* ou *pivetta* (1). Quelquefois cependant deux personnes se partageaient la besogne; l'une récitait ou improvisait la pièce (*la burletta*), tandis que l'autre ne s'appliquait qu'à régler la marche et les gestes des pantins.

Les choses se passaient ainsi au XVIIe siècle, et se passent encore à peu près de même, non-seulement dans les rues et sur les places de Rome, de Florence et de Milan; mais dans celles de toutes les villes d'Italie. A Venise sur la rive des Esclavons, à Naples sur le *largo di Castello*, à Turin, à Gênes, à Bologne, partout on est assuré de trouver un grand nombre de *castelletti* en plein air, entourés par un auditoire toujours attentif, toujours amusé, toujours content.

(1) Diminutif de *piva*, cornemuse. Voy. Quadrio, ouvrage cité, et *Il Malmantile*, cant. II, st. 46, la note de Paolo Manucci.

III.

GRANDS THÉATRES DE MARIONNETTES.

Outre les *Puppi* en plein air, il y a dans toutes les villes d'Italie des marionnettes plus élégantes, ayant élu domicile dans de vrais petits théâtres, où les amateurs du genre peuvent aller les applaudir, assis commodément sur les banquettes d'un parterre dont le prix varie de trois à six sous. Ces *fantoccini* d'un ordre supérieur diffèrent totalement de leurs confrères ambulans. Ils ne sont pas, comme les *pupazzi* des places publiques, mus simplement par la main du joueur, cachée sous leurs habits; ils obéissent à des fils ou à des ressorts. Ils ne sont pas non plus taillés dans le bois de la tête aux pieds. Leur chef est ordinairement de carton; leur buste et leurs cuisses sont de bois, leurs bras de cordes; leurs extrémités (à savoir, les mains et les jambes) sont de plomb ou garnies de plomb, ce qui leur permet d'obéir à la moindre impulsion donnée, sans perdre leur centre de gravité. Du sommet de leur tête sort une petite tringle de fer qui permet de les transporter aisément d'un point de la scène à un autre. Pour dérober aux spectateurs la vue de cette tringle, ainsi que le mouvement des fils, on a imaginé de placer devant l'ouverture de la scène un réseau, composé de fils perpendiculaires très fins et bien tendus, qui, en se confondant avec ceux qui font agir les pantins, déroutent l'œil le plus attentif. Par une autre invention plus ingénieuse encore, on fait passer tous les fils, hormis ceux des bras, par l'intérieur du corps; ils en sortent par le haut de la tête, où ils se réunissent dans un mince tuyau de fer creux, qui sert en même temps de tringle. Enfin, un système tout différent a été introduit plus tard par Bartolomeo Neri, peintre et mécanicien distingué. Ce procédé consiste à établir sur le plancher de la scène des rainures dans lesquelles s'emboîte le support de chaque marionnette. Des contre-poids ou un machiniste placé sous le théâtre dirigent ces supports et font jouer les fils (1). Ces divers systèmes, quelquefois combinés ensemble, sont arrivés à obtenir les tours de force les plus surprenans.

Passant à Gênes en 1834, un de nos compatriotes se fit conduire aux *burattini* établis rue des Vignes (au *teatro delle Vigne*). Il vit représenter dans une salle un peu fanée, mais d'ailleurs assez jolie, un grand drame militaire, *la Prise d'Anvers*, où le maréchal Gérard et le vieux général Chassé luttaient de phrases ronflantes, de *roulemens d'yeux* et d'héroïsme (2).

A Milan, les *fantoccini* du théâtre *Fiando* sont aussi célèbres et aussi visités des étrangers que le dôme, l'arc du Simplon ou la châsse de saint Charles. Dès 1823, un correspondant du *Globe* nous en avait donné des nouvelles : « Telle est, disait-il, la justesse des mouvemens de ces petits acteurs; leur corps, leurs bras, leur tête, tout marche avec tant de mesure et dans un si parfait accord avec les sentimens exprimés par la voix, qu'aux dimensions près j'aurais pu me croire dans la rue de Richelieu. Outre *Nabucodonosor*, tragédie classique,... on représenta un ballet anacréontique dessiné à la Gardel. Je voudrais que les danseurs de l'Opéra, si fiers de leurs bras et de leurs jambes, pussent voir ces danseurs de bois copier toutes leurs attitudes et se donner leurs grâces (3). » Cependant, comme il est impossible de contenter tout le

---

(1) Quadrio, ouvrage cité.
(2) Voy. *De Paris à Naples*, par M. Jal, t. I, p. 234-237.
(3) *Globe*, n° du 7 août 1827.

monde, un autre touriste (belge, je crois) ne sortit pas entièrement satisfait de cette représentation. Que reprochait-il à ces excellentes marionnettes? Il les trouvait encore un peu raides.

M. Jal a vu en 1834 les *fantoccini* de Milan jouer un drame romantique en six tableaux, *le Prince Eugène de Savoie au siège de Temeswar*, avec autant d'aplomb que nos acteurs de la Porte-Saint-Martin; mais ce qui l'étonna le plus, ce fut le ballet exécuté pendant les entr'actes. « La danse de ces Perrot et de ces Taglioni de bois, dit-il, est vraiment inimaginable : danse horizontale, danse de côté, danse verticale, toutes les danses possibles, toutes les *fioritures* des pieds et des jambes que vous admirez à l'Opéra, vous les retrouvez au théâtre *Fiando;* et quand la poupée a dansé son pas, quand elle a été bien applaudie, et que le parterre la rappelle, elle sort de la coulisse, salue en se donnant des airs penchés, pose sa petite main sur son cœur, et ne se retire qu'après avoir complétement parodié les grandes cantatrices et les fiers danseurs de la *Scala* (1). »

(1) *De Paris à Naples*, t. II, p. 43-45.

IV.

ANCIENS ET NOUVEAUX PERSONNAGES DU RÉPERTOIRE DES BURATTINI. — LE GRAND OPÉRA AUX MARIONNETTES.

A une époque reculée, et qu'il serait téméraire à un étranger de vouloir préciser, le personnage favori, le héros des marionnettes d'Italie fut un célèbre masque de la *Comedia dell' Arte*, Romain ou Florentin d'origine, nommé *Burattino*. Ce personnage acquit une si grande vogue, qu'il fut admis sur les théâtres de marionnettes, et que celles-ci furent appelées de son nom *burattini*. Je pourrais citer plusieurs comédies imprimées dans lesquelles Burattino joue le principal rôle. Voici le titre d'une pièce imprimée à Rome en 1628 : *Le disgrazie di Burattino, comedia di Francesco Gattici*. La renommée de Burattino s'est étendue hors de l'Italie. Je trouve ce personnage mentionné à Paris, parmi les autres masques de la comédie italienne, dans un petit écrit de 1622 intitulé : *Discours de l'origine et mœurs, fraudes et impostures des ciarlatans*, dédié à Tabarin et à Desiderio de Combes. On voit par le mot *ciarlatans* que l'auteur (qui ne s'est pas nommé) était partisan du *françois italianisé*, dont s'est moqué si finement Henry

Estienne. On lit au chapitre III : « Nous comprenons sous ce mot *ciarlatans* les docteurs Gratian, les Zani, Pantalons, *Buratins*, et ces gens qui, sur un théâtre, représentent le Sicilien, le Néapolitain, l'Espagnol, le Bergamasque, etc. »

Il y a peu d'années, les caractères les plus en vogue en Italie sur les théâtres de marionnettes étaient *Cassandrino* à Rome, *Girolamo* à Milan et *Gianduja* à Turin. A Naples, *Pulcinella* et *Scaramuccia* ont toujours régné sans partage.

Girolamo remplit à Milan le premier rôle dans toutes les farces, dans toutes les parodies, dans toutes les petites pièces à allusions satiriques, triple source dont s'alimente la fortune des *fantoccini*. On a vu Girolamo jouer Pirithoüs, dans une parodie d'*Alceste*, poudré à blanc, avec ailes de pigeon et bourse (1). Dans cette farce, il accompagne Hercule aux enfers, et ses frayeurs pendant la route rappellent un peu les poltronneries qu'Aristophane prête, en pareille occasion, à Xanthias dans *les Grenouilles*. M. Bourquelot, en 1841, a trouvé Girolamo très amusant dans une pièce en cinq actes, *le Terrible Maino, chef de brigands*, mélodrame avec accompagnement de poignards, d'évanouissemens et de coups de pistolet. Le voyageur raconte agréablement qu'il eut pour 25 centimes une belle place au parterre, dans une jolie petite salle à trois rangs de loges; qu'il se prélassa sur un large banc de bois muni d'un dossier de même matière, qu'il entendit des airs d'opéra exécutés avec un certain ensemble, enfin qu'il vit une pièce à grand spectacle, ayant un ballet pour intermède, comme à la *Scala* (2). Ajoutons que le plastron le plus ordinaire des plaisanteries de Girolamo est un Piémontais qu'on a grand soin de supposer parfaitement stupide, gracieuseté de bon voisinage que les *fantoccini* de Turin ne manquent pas de renvoyer à leurs petits confrères de Milan.

A Rome, le théâtre des *burattini* est privilégié; on lui permet de continuer de jouer pendant la clôture obligée des autres théâtres, laquelle dure depuis les derniers jours du carnaval jusqu'aux fêtes de Noël. Ce théâtre, le meilleur qui existe peut-être en ce genre, occupe

---

(1) Lettre de M. Viguier dans *le Monde dramatique*, 1835, t. II, p. 35.
(2) Voyez *les Marguerites*, nouveau keapsake; Moulins, 1844, p. 75 et suiv.

sur la place *San Lorenzo in Lucina* une salle basse du palais *Fiano*. Nous avons pour nous y introduire un des esprits les plus fins de ces derniers temps, l'auteur de *Rome, Naples et Florence*. Pouvons-nous mieux faire que de le suivre et de l'écouter?

« Hier, vers les neuf heures, dit M. Beyle, je sortais de ces salles magnifiques, voisines d'un jardin rempli d'orangers qu'on appelle le *café Rospoli*. Vis-à-vis se trouve le palais *Fiano*. Un homme à la porte d'une espèce de cave disait : « *Entrate, ó signori!* entrez, messieurs! voilà que ça va commencer ! » J'entrai en effet dans ce petit théâtre pour la somme de 28 centimes. Ce prix me fit redouter la mauvaise compagnie et les puces. Je fus bientôt rassuré; j'avais pour voisins de bons bourgeois de Rome..... Le peuple romain est peut-être celui de toute l'Europe qui aime et saisit le mieux la satire fine et mordante.... La censure théâtrale est plus méticuleuse que celle de Paris; aussi rien de plus plat que les comédies. Le rire s'est réfugié aux marionnettes, qui jouent des pièces à peu près improvisées.... J'ai passé au palais *Fiano* une soirée fort agréable; le théâtre sur lequel les acteurs promènent leur petite personne peut avoir dix pieds de large et quatre de hauteur.... Les décorations sont excellentes et soigneusement calculées pour des acteurs de douze pouces de haut. »

Après cette description flatteuse du matériel, M. Beyle passe aux acteurs et à la pièce :

« Le personnage à la mode parmi le peuple romain, dit-il, est *Cassandrino*. Cassandrino est un vieillard coquet de quelque cinquante-cinq à soixante ans, leste, ingambe, à cheveux blancs, bien poudré, bien soigné, à peu près comme un cardinal. De plus, Cassandrino est rompu aux affaires, et brille par l'usage du monde le plus parfait; ce serait, en vérité, un homme accompli, s'il n'avait le malheur de tomber régulièrement amoureux de toutes les femmes qu'il rencontre... Vous conviendrez qu'un pareil personnage n'est pas mal inventé pour un pays gouverné par une cour oligarchique, composée de *célibataires*, et où le pouvoir est aux mains de la vieillesse... Il va sans dire qu'il est séculier; mais je parierais que dans toute la salle il n'y a pas un spectateur qui ne lui voie la calotte rouge d'un cardinal, ou tout au moins les bas violets d'un *monsignore*. Les *monsignori* sont, comme on sait, les jeunes gens de la cour du pape, les auditeurs de ce pays; c'est la place qui mène à toutes les autres... Rome est remplie de *monsignori* de l'âge de Cassandrino, qui n'ont pas fait fortune et qui cherchent des consolations en attendant le chapeau. »

La pièce que vit représenter ce soir-là notre spirituel narrateur était *Cassandrino allievo di un pittore*, Cassandrino élève en peinture. C'est, comme on va voir, ce que nous appellerions une pièce hardie. Un peintre de Rome a beaucoup d'élèves et une fort jolie sœur. Cassandrino, dont vous connaissez la *position* et l'humeur, s'introduit chez cette jeune dame, et, n'osant à cause de son âge hasarder une déclaration trop claire, la prie de lui permettre de chanter une cavatine qu'il a entendue dans un concert. La cavatine exécutée ce soir-là devant M. Beyle était un des plus jolis morceaux de Paësiello, et fut chantée à merveille dans la coulisse par la fille d'un savetier. L'amoureux entretien est troublé par le frère de la belle, le jeune peintre, qui porte des favoris énormes et des cheveux bouclés fort longs; c'est le costume obligé des gens de génie. Cassandrino est rudement congédié, et la demoiselle vertement semoncée pour avoir reçu en tête-à-tête un homme *qui ne peut pas l'épouser*. Ce trait est applaudi à toute outrance. Au second acte, Cassandrino revient chez le peintre, mais habillé en étudiant : il a mis des favoris noirs, seulement il a oublié ses boucles poudrées à blanc sur l'oreille. Il emploie cette fois près de sa maîtresse les argumens irrésistibles : il est riche, et lui offre de partager sa fortune. « Nous vivrons heureux, lui dit-il, *et personne ne connaîtra notre bonheur*. » Rire général et bravos pendant deux minutes. Cependant le futur *porporato* est surpris par une tante de la jeune fille, vieille connaissance qu'il a courtisée jadis à Ferrare. Pour lui échapper, il se sauve dans l'atelier, où les rapins lui font une réception peu fraternelle. Le peintre le tire de leurs mains, mais pour lui faire sentir là la pointe d'un poignard. Cassandrino, qui ferait peut-être bonne contenance devant le péril, mais qui craint par-dessus tout *de faire un éclat*, consent, bon gré mal gré, à épouser la tante. Cependant, comme il est optimiste et prend toutes choses par leur bon côté, il s'approche de la rampe, et dit en confidence aux spectateurs : « Je renonce au rouge; mais je deviens l'oncle de l'objet que j'adore, et..... ! » Il feint alors que quelqu'un l'appelle, fait une pirouette et disparaît, suivi des applaudissemens de toute la salle.

Chaque soir ce sont, au théâtre du palais *Fiano*, de nouvelles petites pièces, où Cassandrino est accueilli avec la même faveur. M. F. Mercey, qui a inséré dans la *Revue des Deux Mondes* d'intéressans articles sur *le Théâtre en Italie*, nous a fait connaître quatre ou cinq petits chefs-d'œuvre de ce répertoire lilliputien. Je rappellerai seulement le *Voyage à Civita Vecchia*, où Cassandrino, célibataire ennuyé qui cherche à se distraire de la trop monotone tranquillité de son coin du feu, tombe dans une suite de mésaventures et de burlesques catastrophes; puis, *Cassandrino dilettante e impresario*, autre jolie petite pièce, où Cassandrino, amateur trop passionné de la musique et du beau sexe, se trouve aux prises avec le *tenor*, le *basso cantante*, le *basso buffo*, et surtout avec la *prima donna*, sa maîtresse, et le *maestro*, son rival. Ce *maestro* est dans la fleur de la jeunesse; ses cheveux sont blonds, ses yeux bleus; il aime le plaisir et la bonne chère; son esprit est encore plus séduisant que sa personne, et il porte de plus un bel habit de vigogne. A tous ces avantages, et surtout à la vue de cet habit de vigogne, si fameux depuis la première représentation du *Barbiere*, toute la salle éclate en applaudissemens; on a reconnu Rossini (1).

Mais quel est, nous demandera-t-on, le Théodore Leclerc ou le Henry Monnier de ces amusantes bagatelles? M. Mercey nous apprend que tous ces petits chefs-d'œuvre de franche gaieté et de fine satire sont dus à un certain M. Cassandre, joaillier sur le *Corso*, et homonyme de son héros par pur hasard, qui ne dédaignait pas de mettre lui-même en scène ses petits acteurs. Malheureusement, depuis quelques années, ce charmant et naïf observateur a cessé d'exister, et Cassandrino n'est déjà plus aujourd'hui à Rome qu'un souvenir qui s'efface, comme chez nous celui de Potier et de Tiercelin. Pulcinella est revenu et règne en ce moment au palais *Fiano* dans toute sa gloire séculaire. Il y chante aujourd'hui sa vieille chanson, toujours nouvelle. Un jeune amateur de mélodies nationales, M. Ed. Leblant, l'a entendue en 1848. Il a noté l'air sur place, et a bien voulu me le communiquer. C'est une mélodie très gaie, dont les trois premières mesures me semblent rappeler un peu (*si parva licet*, et si ce n'est point de ma part une illusion)

(1) Voyez *Revue des Deux Mondes*, livraison du 15 avril 1840.

la première phrase de la barcarolle qui a donné son nom à un des opéras de M. Auber (1).

Les *burattini* du palais *Fiano* jouent, comme les *fantoccini* de Milan, des mélodrames et de grandes pièces fantastiques entremêlés de charmans ballets, tels que le *Puits enchanté*, tiré des *Mille et une Nuits*. Ils jouent même des tragédies improvisées, qui ne manquent ni d'invention ni de pathétique. Un correspondant anonyme du *New-Monthly Magazine*, que je crois n'être autre que M. Beyle, donne de grands éloges à une pièce de ce genre, intitulée *Temisto* (2).

Quant à la perfection des entrechats et des ronds de jambe de mesdames les marionnettes de Rome, je ne citerai qu'un fait, qui me dispensera de tout autre éloge. Les pudiques scrupules de l'autorité ont astreint ces innocentes sylphides à porter des caleçons bleu de ciel, tant on a craint les dangers de l'illusion!

Cette illusion, en effet, est si complète au palais *Fiano*, qu'elle a suggéré à un habile critique, M. Peisse, d'excellentes réflexions sur la réalité en peinture et les lois de l'illusion matérielle, tant recherchée des artistes qui peignent des *dioramas* : « J'ai eu, dit-il, l'occasion de me convaincre de cette facilité d'illusion au spectacle des *burattini* à Rome. Les burattini sont de petits mannequins dirigés par un homme placé dans les frises de la scène, qui est absolument disposée comme celle de nos théâtres... Au lever du rideau, et pendant quelques minutes, ces petits bons hommes conservent leur véritable dimension; mais ils ne tardent pas à s'agrandir pour l'œil, et, au bout de peu de temps, ils font l'effet d'hommes véritables. L'espace où ils se meuvent, les meubles et tous les objets qui les entourent étant dans une rigoureuse proportion avec leur stature, l'illusion s'établit et se

---

(1) Nous croyons faire plaisir à quelques-uns de nos lecteurs en transcrivant ici cet air du *Pulcinella* de Rome :

(2) Voyez *Souvenirs d'Italie*, dans la *Revue Britannique*, 1re série; 1827; tome XV, p. 317-337.

maintient, tant que l'œil n'a pas de point de comparaison; mais si, comme il arrive de temps en temps, la main du machiniste débordant les frises qui la cachent apparaît au milieu de ce petit monde, cette main semble une main de géant!... S'il arrivait qu'un homme se mêlât subitement aux marionnettes, cet homme paraîtrait un *Gargantua* (1). »

L'ingénieuse supposition de M. Peisse s'est réalisée. M. Beyle raconte qu'après la représentation de *Cassandrino élève en peinture*, un enfant s'étant avancé sur le théâtre pour arranger les lampes, deux ou trois étrangers firent un cri; cet enfant leur avait produit l'effet d'un géant.

Ce qui me reste à dire du répertoire des *burattini* de Rome sera une preuve singulière et bien remarquable de la mélomanie de la population romaine. Le croirait-on? les marionnettes du palais *Fiano* jouent et chantent tout le répertoire de Rossini. Ce fait m'est attesté par M. Peisse, qui a bien voulu m'adresser, à ce sujet, une note que je transcris : « Les *burattini* de Rome ne jouent pas seulement des farces et des pièces comiques; ils jouent encore des *opera seria*, *Otello*, par exemple, *Semiramide*, etc., tout entiers, avec les ballets, le chant, l'orchestre (composé de cinq ou six instrumens). Il m'est arrivé de m'amuser et de m'émouvoir à ce spectacle, avec le bon peuple romain, comme si j'étais à *San Carlo* ou à l'Opéra de Paris. Les gestes et les mouvemens des figures, quoique peu variés, ont leur justesse et leur force, même dans les situations pathétiques et tragiques. »

J'ajouterai que, dès les premières années du xviiie siècle, l'abbé Du Bos avait vu représenter en Italie de grands *opéras* par une troupe de marionnettes de quatre pieds de haut que l'on appelait *bambocchie* (2). La voix du musicien qui chantait pour elles sortait par une ouverture pratiquée sous le plancher de la scène. L'abbé Du Bos nous apprend même qu'un cardinal illustre, étant encore jeune, fit représenter ainsi, pendant quelque temps, des opéras dans son hôtel.

(1) Feuilleton du journal *le Temps*, n° du 2 septembre 1835.
(2) *Réflexions sur la Poésie de la Peinture*, t. III, p. 244, éd. de 1755.

V.

MARIONNETTES CHEZ LES PARTICULIERS.

Le goût des marionnettes chantantes, dansantes et babillantes est trop vif et trop généralement répandu en Italie pour que la haute société et même la bourgeoisie n'aient pas songé à se procurer ce plaisir à huis-clos. On ne sait nécessairement que peu de chose de ces divertissemens intimes. On peut supposer néanmoins, autant qu'il est permis d'en juger par quelques indiscrétions, que ces pièces jouées en petit comité ne sont ni très prudes ni très charitables. Un soir, à Florence, M. Beyle fut introduit dans une société de riches marchands, où il y avait un théâtre de marionnettes : « Ce théâtre, dit-il, est une charmante bagatelle qui n'a que cinq pieds de large, et qui pourtant offre la copie exacte d'un grand théâtre. Avant le commencement du spectacle, on éteignit les lumières du salon...... Une troupe de vingt-quatre marionnettes de huit pouces de haut, qui ont des jambes de plomb, et qu'on a payé un sequin chacune, joua une comédie *un peu libre*, abrégée de *la Mandragore* de Machiavel. »

A Naples, c'est encore M. Beyle qui va nous faire assister à une représentation de ce qu'il appelle les *marionnettes satiriques*. Après un serment fort sérieux d'être à jamais discret, il fut admis à prendre part à une de ces petites débauches de malice, dans une famille de gens d'esprit, ses anciens amis. La pièce était intitulée : *Si fara si o no un segretario di stato? Aurons-nous un premier ministre?* Le ministre en charge (par conséquent le ministre à remplacer) est don Cechino, autrefois libertin fort adroit et grand séducteur de femmes, mais qui maintenant a presque tout-à-fait perdu la mémoire. Une scène dans laquelle don Cechino donne audience à trois personnes, un curé, un marchand de bœufs et le frère d'un carbonaro, qui lui ont présenté trois pétitions différentes qu'il confond sans cesse, rappelle, en la surpassant peut-être, la scène du drap et des moutons que brouille si plaisamment M. Guillaume dans la farce de *Patelin*. Ici son excellence parle au marchand de bœufs de son frère, qui a conspiré contre l'état et qui subit une juste punition dans un château-fort, et au malheureux frère, de l'inconvénient qu'il y aurait d'admettre dans le royaume deux cents têtes de bœufs provenant des états romains. On conçoit les rires!

Dans les marionnettes de société, il y a, pour faire parler les acteurs, autant de prête-voix, si je puis m'exprimer ainsi, que de rôles dans la pièce. Les gens d'esprit qui se plaisent à ce badinage, et qui servent d'interprètes aux personnages considérables que l'on met en scène, les ont vus souvent la veille ou le matin, et peuvent ainsi imiter, à s'y méprendre, leur accent, leurs tics et la tournure de leurs idées. M. Beyle a raison de dire que cette raillerie fine, naturelle et gaie, contenue dans les bornes des convenances et du bon goût, est un des plaisirs les plus vifs qu'on puisse se procurer dans les pays despotiques.

Avec une passion aussi prononcée, aussi générale et aussi persistante pour les marionnettes, il ne faut pas s'étonner que les Italiens aient porté ce genre de spectacle presque à sa perfection dans leur pays, et l'aient propagé, comme nous allons le voir, dans presque toutes les contrées de l'Europe.

II

MARIONNETTES EN ESPAGNE.

I.

INFLUENCE ITALIENNE.

Le premier nom qui s'offre à nous dans l'histoire des marionnettes espagnoles est celui d'un habile mathématicien d'Italie, Giovanni Torriani, surnommé Gianello, né à Crémone, et célèbre dans toute l'Espagne pour plusieurs grands travaux de mécanique et d'hydraulique (1). Un des plus doctes critiques de cette contrée, Covarruvias, nous apprend, dans son *Tesoro de la lengua Castellana* (2), que cet illustre étranger (*gran matematico y secundo Arquimedes*) apporta de notables perfectionnemens à la construction des *titeres*; c'est, comme nous avons dit, le nom qu'on donne aux marionnettes de l'autre côté des Pyrénées. Cet emploi des éminentes facultés de Giovanni Torriani pourrait paraître invraisemblable, si nous ne rappelions à quelle occasion ce grand homme a donné pendant quelque temps cette direction

---

(1) Tiraboschi, *Stor. della letterat. Italiana*, t. VIII, part. 1ª, p. 169 et 468; part. 2ª, p. 463. Roma, 1784, in–4°.
(2) Madrid, 1611. Voce *Titeres*.

à son génie. L'empereur Charles-Quint ayant un goût très vif pour les applications de la mécanique, les meilleurs mathématiciens de l'Allemagne et de l'Italie s'ingénièrent à renouveler, pour lui plaire, les merveilles d'Eudoxe et d'Archytas. Je ne rappellerai pas tout ce qu'on raconte de l'aigle artificiel qu'on fit, dit-on, voler à sa rencontre lors de son entrée à Nuremberg (1), ni le prodige de la mouche de fer que lui présenta Jean de Montroyal, et qui, comme l'a dit du Bartas en d'assez mauvais vers :

> Prit sans ayde d'autruy sa gaillarde volée,
> Fit une entière ronde, et puis d'un cerceau las,
> Comme ayant jugement, se percha sur son bras (2).

Giovanni Torriani gagna la faveur de Charles-Quint par l'invention d'une horloge admirable, suivant l'expression de Tiraboschi. Il suivit l'empereur en Espagne, et quand ce prince se fut retiré, en 1556, au monastère de Saint-Just, il partagea pendant deux ans le silence de cette demi-sépulture. Là il s'efforçait chaque jour de relever par d'ingénieuses inventions les esprits de son mélancolique protecteur, fatigué du poids de son insolite inaction. L'historien de la guerre de Flandre, Flaminio Strada, a consigné dans le premier livre de son histoire plusieurs de ces détails intimes. « Charles-Quint, dit-il, s'occupait, dans la solitude du monastère de Saint-Just, à construire des horloges dont il gouvernait les roues plus aisément que celles de la Fortune (3). Il avait pour maître en ce métier Gianello Torriani, l'Archimède de ce temps-là,... qui, chaque jour, inventait de nouvelles mécaniques pour occuper l'esprit de Charles, avide et curieux de toutes ces choses. Souvent, après le repas, Gianello faisait paraître sur la table du prince de petites figures de chevaux et d'hommes armés. Les

---

(1) Baldi, dans la préface de sa traduction des *Automates* d'Héron, parle de cet aigle et de cette mouche comme honorant la mécanique. Bayer et d'autres les traitent de fables. Voyez *Mémoires de Trévoux*, juillet 1710.

(2) *La Première Semaine*, 6e jour.

(3) Ce trait prétentieux porte à faux. Après de nombreux essais, au contraire, Charles-Quint reconnut qu'il lui était impossible de faire marcher deux horloges parfaitement d'accord; il réfléchit alors à la folie qu'il avait eue d'employer tant de soins et de temps à tâcher d'amener les volontés humaines à une désirable, mais chimérique uniformité.

uns battaient le tambour, les autres sonnaient du clairon; on en voyait qui s'avançaient au pas de course les uns contre les autres comme des ennemis, et s'attaquaient avec des lances. Quelquefois l'ingénieux mécanicien lâchait dans la chambre de petits oiseaux de bois qui volaient de tous côtés, et qui étaient construits avec un si merveilleux artifice, qu'un jour le supérieur du couvent, qui se trouvait présent par hasard à ce spectacle, parut craindre qu'il n'y eût en tout cela de la magie (1). »

Toutefois il ne faut pas croire que le génie même déclinant de Charles-Quint ne cherchât dans l'étude de la mécanique que d'ingénieux passe-temps. Il agitait et résolvait avec Torriani de plus utiles et plus sérieux problèmes, entre autres, un projet hardi et gigantesque que Gianello mit à exécution après la mort du prince, et qui consistait à faire monter les eaux du Tage jusque sur les hauteurs de Tolède.

Les améliorations apportées au mécanisme des marionnettes par l'habile mathématicien de Crémone ne tardèrent pas à s'introduire dans la pratique journalière des *titereros* (2); car les marionnettes n'étaient pas alors en Espagne seulement un jeu de prince, elles avaient droit de station sur toutes les places publiques et tous les champs de foire, et leur entrée même dans presque toutes les églises.

(1) Fl. Strada, *De la guerre de Flandre*, livre I, décade 1re; traduction de du Ryer retouchée.

(2) *Titerero* était le nom qu'on donnait aux joueurs de marionnettes du temps de Cervantes; on dit aujourd'hui *titiritero*. *Titerista* se trouve aussi, mais rarement. Voyez Salvador Jacinto Polo de Medina, *Obras en prossa* (sic) y verso, p. 194.

II.

MARIONNETTES RELIGIEUSES EN ESPAGNE.

La prescription du xiv⁰ chapitre du synode d'Orihuela, qui excluait les *titeres* des cérémonies ecclésiastiques, n'a pas été, comme il était aisé de le prévoir, fort exactement observée. Les statuettes de saints à jointures mobiles et les madones frisées, fardées et à ressorts ont continué long-temps à stimuler la piété des fidèles par des moyens qui, en d'autres contrées, auraient produit un effet contraire. Nous trouvons, soixante ans après le synode d'Orihuela, une preuve manifeste de l'inexécution de ses défenses. Nous citons cette preuve de préférence à plusieurs autres, parce qu'elle se lie à des souvenirs français. Une des victimes de Boileau, Matthieu de Montreuil, assez spirituel d'ailleurs, du moins en prose, accompagna le cardinal Mazarin à l'île de la Conférence, et assista aux préliminaires du mariage de l'Infante et de Louis XIV. Il vit à Saint-Sébastien, le jour de la Fête-Dieu, défiler une procession où d'énormes marionnettes donnèrent à la cour d'Espagne et à la foule des étrangers réunis dans cette ville un bien singulier spectacle. Je laisse parler Montreuil :

« Après que la messe fut finie, le roy d'Espagne fut plus d'un quart d'heure sans pouvoir sortir de l'église, ni toute la procession. La raison étoit qu'il falloit attendre que les danseurs et les machines qui font partie de cette procession fussent passés. Je pris ce temps pour m'en aller à un balcon de la maison où j'avois couché, à vingt pas de l'église..... Je vis d'abord environ cent hommes habillés de blanc, dansant avec des épées et des sonnettes aux jambes. Après cela, dansoient cinquante petits garçons avec des tambours de basque, et ceux-ci et ceux-là avec des masques de parchemin ou de tavaïolles à claire-voie. Ensuite marchoient sept figures de roys maures, chacun sa femme derrière luy, et un saint Christophe, le tout de la hauteur de deux piques, de sorte qu'on voyoit des têtes grosses comme un demi-muy, qui alloient du pair avec les toits. Il sembloit que vingt hommes n'eussent pas pu porter la moins lourde; cependant deux ou trois personnes cachées dedans les faisoient danser. Elles sont d'osier et de toile peinte, mais si estrangement que cela donne d'abord de la frayeur. Dix ou douze petites et grosses machines suivoient pleines de *marionnettes*. Entr'autres, je remarquay un dragon gros comme une petite baleine, sur le dos duquel sautoient deux hommes avec des postures et des contorsions si extravagantes, qu'ils sembloient estre possédez..... (1). »

Ces singulières dévotions se sont certainement prolongées dans toute la Péninsule bien au-delà de cette époque, et probablement jusque dans le cours du XIXe siècle; mais cet échantillon me paraît suffire.

(1) *Œuvres* de M. de Montreuil; Paris, Barbin, 1671, p. 272-274.

III.

MARIONNETTES POPULAIRES AMBULANTES EN ESPAGNE ET EN PORTUGAL.

Dès le temps de Covarruvias (1611), les joueurs de marionnettes qui promenaient leurs théâtres de bourgs en bourgs étaient presque tous étrangers (1). Il en est encore de même aujourd'hui. Quand je dis *aujourd'hui*, je n'entends parler que des premières années de ce siècle, ne connaissant pas assez bien, je l'avoue, les *progrès* qui s'accomplissent chaque jour dans les mœurs de la Péninsule. En Portugal, ce sont surtout des Italiens qui montrent l'optique et la lanterne magique, ce qu'on appelle vulgairement au-delà des Pyrénées *tote li mondi* (2), et ce que nous appelons la *curiosité*. En Espagne, parmi ces artistes nomades, on compte bon nombre de bohémiens. D'ailleurs, nous trouvons dans ces deux contrées des traces de toutes les variétés connues de marionnettes. Il y en a qu'on ne montre qu'à mi-corps et qu'on ne fait jouer qu'avec la main; il y en a qui se meuvent par des fils, d'au-

(1) *Tesoro de la lengua Castellana*, au mot *Titeres*. Cf. Figueroa, *Plac.*, disc. 92.
(2) Ou *tutti li mondi*, ce qui indique une origine italienne.

tres par des contre-poids ou par des ressorts. Les plus anciennes, si je ne me trompe, celles qui se rattachent directement à l'antiquité, ce sont les marionnettes muettes, celles que le *titerero*, retranché derrière la scène, fait agir, pendant qu'un aide, placé en vue des spectateurs, explique dans le plus grand détail l'action représentée. Nous avons sous la main une charmante description de ce genre de spectacle tracée par Michel Cervantes; nous ne ferons que la rappeler.

Un *titerero* de passage dans une hôtellerie de la Manche, maître Pierre, après avoir dressé et découvert son théâtre, qu'une infinité de petits cierges allumés rendent magnifique et resplendissant, se glisse dans le réduit ménagé derrière la toile du fond, pour faire de là mouvoir sa troupe de comédiens artificiels. Sur le devant vient se placer un jeune garçon, son valet, chargé d'interpréter et d'expliquer tout ce qui va se passer de mystérieux sur la scène. Il tient à la main une baguette, pour désigner chacune des figures qui paraîtront. Quand tous les gens de l'hôtellerie se sont rassemblés devant le théâtre et que don Quichotte et Sancho se sont installés dans les meilleures places, le *truchement*, ainsi que l'appelle Cervantes, commence sur le ton épique le récit très circonstancié de l'aventure mise en action par la petite troupe de carton peint (1).

Cette manière de représenter les marionnettes, que je crois avoir été en usage et peut-être même la seule en usage au moyen-âge, continue de l'être quelquefois encore, et a donné lieu, en Portugal et en Espagne, à une coutume remarquable. Les aveugles, par tous pays, vont chantant sur les chemins des romances et des complaintes. Dans la Péninsule, les pauvres aveugles, qu'aucune institution publique ne recueille, joignent très souvent à leurs chansons un petit théâtre de marionnettes. Un enfant fait, tant bien que mal, agir les poupées, pendant que l'aveugle chante ou récite l'aventure représentée, qui est presque toujours une victoire gagnée sur les Mores ou une légende de saint.

(1) *Don Quijote*, part. 2ª, cap. 25 et 26.

IV.

THÉÂTRES DE MARIONNETTES DANS LES VILLES D'ESPAGNE ET DE PORTUGAL.

Outre les marionnettes qu'on promène de villages en villages, il y a dans toutes les grandes cités de petits théâtres de *titeres*, installés les uns dans des salles closes, les autres en plein air, sur les placés publiques. La première mention que je rencontre d'un théâtre de ce genre en Espagne se trouve dans l'histoire, très amusante et fort utile pour l'histoire des vieilles mœurs espagnoles, de *la picara Justina*, qui raconte quelques particularités de la vie de son bisaïeul, joueur de marionnettes à Séville au milieu du xvie siècle (1). Dans ces théâtres, d'un ordre plus relevé que ceux qui parcourent les campagnes, on employait de préférence, dès le temps de Covarruvias, le mode de représentation qui a prévalu, et dans lequel le joueur, placé dans l'intérieur de sa baraque (*castillo*) et retranché derrière le *repostero*, fait

---

(1) Voyez *El libro de entretenimiento de la picara Justina*, compuesto por el licenciado Francisco de Ubeda, natural de Toledo; Brucellas, 1608, p. 60 et 61.

mouvoir tous ses acteurs et prête alternativement sa voix à tous, à l'aide du *sifflet-pratique* appelé *pito*. Cependant, en lisant avec attention un passage assez obscur de ce roman *picaresque*, je crois y voir l'indication d'un procédé de représentation qui tenait le milieu entre les deux systèmes, celui des marionnettes muettes et celui des marionnettes qui sont supposées parlantes. L'orateur des *titeres* de Séville, le *declarador*, comme dit Cervantes, ne se bornait pas à un récit, ni à ce que Francisco de Ubeda appelle une *arenga titerera*; il mêlait à sa narration des dialogues. Ces petits discours prêtés aux personnages et prononcés à l'aide du *pito*, se nommaient *la platica*, d'où nous avons probablement tiré notre mot *pratique* ou *sifflet de la pratique* (1).

Je traduis le passage de la *picara Justina*, quoiqu'il contienne quelques singularités pour lesquelles je demande grâce au lecteur : « Mon bisaïeul, dit-elle, a tenu à Séville un théâtre de marionnettes; jamais on n'en avait encore vu dans cette ville qui eussent une garde-robe aussi bien fournie et un mobilier de théâtre aussi complet. Ce brave homme était de petite taille, et pas beaucoup plus grand que du coude à la main, de sorte qu'entre lui et ses marionnettes toute la différence était de parler avec ou sans sifflet (*cerbatana*). Quant à prononcer la harangue et à fournir à la conversation des marionnettes (*la platica*), c'était tout une autre affaire. Il avait la langue bien affilée et vive comme un pinson; sa bouche était si grande, qu'on aurait cru que sa langue pouvait y faire le moulinet. On avait tant de plaisir à le *voir* débiter sa harangue de directeur de marionnettes (2), que, pour l'*ouïr*, les marchandes de fruits, de châtaignes et de gâteaux d'amandes (*turroneras*) couraient, entraînées à sa suite, ne laissant, pour garder leur boutique, que leur chapeau ou leur chaufferette (3). »

Depuis long-temps, toutes les villes d'Espagne de quelque importance ont un théâtre de marionnettes établi dans une salle ordinaire-

(1) Nous verrons, en France, Crébillon se servir de cette expression : *sifflet de la pratique*, en censurant une pièce faite pour les marionnettes, ce qui semble la traduction de l'espagnol : *el pito de la platica*.

(2) *El verle hazer la arenga titerera*. Il n'était donc pas toujours caché derrière le *repostero*.

(3) *El libro de entretenimiento de la picara Justina*, etc. Ibid.

ment assez grande et assez commode, où se réunit un auditoire composé des classes de la société les plus diverses. Dans ce pays d'extrême inégalité légale, il règne dans les mœurs tant de véritable égalité, que personne ne s'aperçoit du contraste. Un de nos plus illustres savans, conduit par d'importans travaux à Valence en 1808, assista un soir à une représentation de marionnettes où l'attitude passionnée et turbulente de l'assemblée, demi-aristocratique et demi-populaire, n'attira pas moins son attention que le jeu des petits acteurs. On représentait une pièce intitulée *la Mort de Sénèque*. Ce fameux philosophe, honneur de Cordoue, finissait, comme dans l'histoire, par s'ouvrir les veines dans un bain, par ordre de Néron. Les ruisseaux de sang qui jaillissaient de ses deux bras n'étaient pas trop mal imités par le mouvement d'un ruban rouge. Un miracle inattendu terminait le drame. Au bruit d'une pièce d'artifice, le sage païen était enlevé au ciel dans une *gloire*, du haut de laquelle il prononçait avec componction, et à la satisfaction générale, un acte de foi en Jésus-Christ.

V.

PERSONNAGES ET RÉPERTOIRE DES MARIONNETTES ESPAGNOLES
ET PORTUGAISES. — ROMANCES. — COMBATS DE TAUREAUX.

L'influence italienne n'a laissé de traces en Espagne et en Portugal que sur la partie matérielle et mécanique des théâtres de marionnettes. Quant aux caractères et aux sujets, ils sont restés parfaitement empreints de l'esprit national. On a admis pourtant Polichinelle, qui a reçu le nom de *don Cristoval Pulichinela*; mais, malgré ce brillant brevet de naturalisation, il n'a guère fait, si j'en crois Clémencin (1), que tenir compagnie aux singes savans des aveugles. Les Mores, les chevaliers, les géans, les enchanteurs, les conquérans des deux Indes, les personnages de l'Ancien et du Nouveau Testament, surtout les saints et les ermites, sont les acteurs ordinaires des marionnettes. Les *titeres* portent même si constamment l'habit religieux, surtout en Portugal, que cette circonstance a influé sur leur nom dans ce

(1) Voyez don Diégo Clémencin, sur un passage du 26ᵉ chapitre de la 2ᵉ partie de *Don Quichote*, t. V, p. 56; Madrid, 1836.

royaume; on y appelle plus volontiers les acteurs de bois *bonifrates* que *titeres* (1).

Après les légendes de saints, c'est le Romancero qui défraie le plus habituellement le répertoire des marionnettes en Espagne. Aussi quelle pièce maître Pierre fait-il jouer devant don Quichotte par sa petite troupe de carton? Un drame calqué sur la romance populaire de la *belle Mélisandre, tirée des mains des Mores par le brave don Gaïferos, son époux.* Enfin je trouve dans le répertoire des marionnettes espagnoles un genre de spectacle qui m'a fort surpris, quoique j'eusse dû m'attendre à l'y trouver. En effet, s'il est dans la nature des marionnettes de s'appliquer à reproduire en tous pays le genre de spectacle le plus en vogue, il est fort naturel qu'en Espagne les *titeres* aient fait entrer les combats de taureaux dans leurs exercices. Ainsi ont-ils fait, et c'est encore la *picara Justina* qui nous fournit cette curieuse indication.

A la suite du passage que nous avons cité et où elle raconte la vie orageuse du *titerero* son bisaïeul, on trouve une allusion au taureau des marionnettes (*toro de titeres*). Je traduis fidèlement ce passage, qui offre d'ailleurs quelques autres particularités non moins notables. Après avoir loué, comme on l'a vu, l'éloquence de son bisaïeul, si goûtée des marchandes de Séville, elle ajoute : « Par malheur, ce pauvre diable tenait beaucoup de la nature du moineau franc; il voulait continuellement s'appareiller, et il s'abandonna tellement aux femmes, qu'après lui avoir mangé son argent, ses mulets, ses marionnettes et jusqu'aux planches de son théâtre, elles lui mangèrent la santé et la vie, et le laissèrent aussi sec que ses marionnettes dans un hôpital. Quand il fut sur le point de rendre l'ame, il devint frénétique et s'abandonna à de si furieux accès de rage, qu'un jour il s'imagina être un *taureau de marionnettes*, et avoir à combattre une croix de pierre placée dans la cour de l'hôpital. Il l'attaqua donc en criant : Ah!

---

(1) La composition du mot *bonifrate* indique une origine italienne. Ce mot est ancien cependant et plus ancien peut-être que celui de *titere*. *Bonifrate*, quoique populaire, est employé par des écrivains élégans. Voyez Rodrigues Lobo, *Corte na Aldea*, cap. 8, fol. 71, verso; Lisboa, 1619.

chienne! je te nargue! (*A perra, que te ageno!*).,... Et la sœur hospitalière, qui était simple et bonne femme, le voyant ainsi mourir, disait : O le bienheureux homme! il est mort au pied de la croix et en lui parlant! »

Ne vous paraît-il pas étrange qu'on osât écrire en Espagne sur ce ton libertin en 1608? On croirait lire un conte de Bonaventure des Periers ou une historiette facétieuse de Henry Estienne.

Ainsi les marionnettes se modèlent constamment sur le génie des diverses nations qui les adoptent. En France, où nous allons les voir aimées et recherchées par le peuple et par le beau monde, elles se sont faites à notre image. Le modèle prêtait.

III

MARIONNETTES EN FRANCE.

III

ANIMAUX ARTICULÉS.

I.

ORIGINE DU MOT MARIONNETTE.

J'ai déjà beaucoup parlé des marionnettes, et je n'ai pourtant rien dit encore du sens ni de l'origine de leur nom. C'est que ce mot, étant tout-à-fait propre à la France, et différant absolument des dénominations données par les autres peuples aux comédiens de bois (1), j'ai cru devoir ajourner toute explication sur ce point jusqu'au moment où je traiterais de cette branche du théâtre en France. Il y a d'ailleurs tant de connexité entre le mot et la chose, que, quand nous aurons étudié l'un avec soin, nous aurons fait un très grand pas dans la connaissance de l'autre.

On pourrait croire, au premier coup d'œil, que le nom de marionnettes nous est venu des *Maries* de bois, *Marie di legno*, que nous avons vues à Venise remplacer, au xiv° siècle, les jeunes filles qui avaient fait jusque-là l'ornement de la fête annuelle *delle Marie*. Il y a en effet entre ces deux locutions une évidente analogie de formation; mais il

---

(1) Bien que les Allemands aient reçu le mot *marionnette* et ses composés *Marionetten-theater*, etc., le véritable mot germain est *Puppe*, d'où *Puppenspiel*, *Puppenspieler*, etc.

n'y a eu entre elles aucune filiation étymologique. Comme du nom latin *Maria* le moyen-âge avait formé *Mariola*, diminutif qui des jeunes filles passa aux petites figures de la Vierge exposées à la vénération publique dans les églises et dans les carrefours, de même à la naissance de notre langue nos pères ont dérivé du nom de *Marie* plusieurs gracieux diminutifs, *Marote, Mariotte, Mariole, Mariette, Marion*, puis *Marionnette* (1). Tous ces noms affectueux et caressans furent appliqués d'abord à de jeunes filles, comme on le voit dans nos anciennes poésies, notamment dans le *Jeu de Robin et Marion*, où abondent ces dénominations mignardes. Nous trouvons au XIII° siècle, dans une des pastourelles qui font partie de ce qu'on peut appeler le *cycle de Robin et Marion*, le joli nom de *Marionnette* donné à la jeune et gentille Marion :

Hé ! Marionnette, tant aimée t'ai (2) !

Ces douces et tendres dénominations ne tardèrent pas à être appliquées aux petites statues de la Vierge, que l'on offrait, bien attifées et couvertes de bijoux, à la dévotion de la foule, témoin ces vers d'un vieux poème :

Devant ne sai quel *Mariole*,
Ki tient un enfant et accole,
Toute jour s'aloit accroupant (3).

Plusieurs rues du vieux Paris, dans lesquelles on vendait ou dans lesquelles étaient exposées de ces petites images de la Vierge et des saints, furent appelées, les unes *rues des marmouzets*, les autres *rues des mariettes*, et un peu plus tard *rues des marionnettes*.

Cependant, comme l'ironie se glisse partout, on ne tarda pas à détourner le sens aimable ou religieux des mots *Marote, Mariotte* et *Marionnette*, pour leur donner un sens profane ou railleur. On fredon-

---

(1) C'est aussi l'avis de Gilles Ménage. Voy. *Dictionnaire étymologique de la langue françoise*, au mot *Marionnettes*. Ménage ajoute avec raison : « Bochard à mal rencontré en dérivant *marionnette* du latin *morio*. »

(2) Voyez la sixième des pastourelles publiées par M. Francisque Michel, à la suite du *Jeu de Robin et Marion*, dans le *Théâtre français au moyen-âge*, p. 35.

(3) Du Cange, *Glossar. mediæ et infim. Latinit.*, voce *Mariola*.

naît dans les rues et dans les tavernes, au xv⁰ siècle, un certain *chant Marionnette*, qui semble n'avoir été guère plus chaste que la chanson *Ouvrez votre huys, Guillaumette* (1). On appela et on appelle encore *marotte* le sceptre des fous à titre d'office, « à cause, dit Ménage, de la tête de marionnette, c'est-à-dire de petite fille, » qui le surmonte; enfin les bateleurs forains nommèrent irrévérencieusement leurs acteurs et leurs actrices de bois *marmouzets* et *mariottes*. Je lis dans la jolie pièce intitulée *Ballade par laquelle Villon crye mercy à chascun* :

> A fillettes monstrans tétins
> Pour avoir plus largement hostes,
> A ribleurs, meneurs de hutins,
> A bastelleurs traynans marmottes,
> A folz et folles, sotz et sottes
> Qui s'en vont sifflant cinq et six,
> A *marmouzets* et *mariottes*,
> Je crye à toutes gens merciz (2).

A la fin du xvi⁰ siècle et au commencement du xvii⁰, plusieurs écrivains de croyance protestante ou d'humeur sceptique se plurent à confondre dans une intention moqueuse le sens religieux et le sens profane des mots *marmouzets* et *marionnettes*. Henry Estienne, s'élevant, dans l'*Apologie pour Hérodote*, contre les châtimens infligés aux calvinistes pour la mutilation des madones et des figures de saints, s'écrie : « Jamais les Égyptiens n'ont fait si cruelle vengeance du meurtre commis en leurs chats, qu'on a veu faire, de nostre temps, de ceux qui avoient mutilé quelque *marmouzet* et quelque *marionnette* (3). »

Je dois mentionner ici, pour mémoire, une triste et singulière acception du mot *marionnette*, acception bien certaine, quoiqu'elle ne soit consignée dans aucun dictionnaire de la langue. Non-seulement

---

(1) Voyez dans les *Œuvres* de maistre François Villon, le *Grand testament*, CLIV⁰ huitain, p. 235, édit. Prompsault.

(2) *Œuvres* de Villon, ballade xv, p. 246. Du temps de Ménage, on nommait en Languedoc, et on y nomme peut-être encore nos marionnettes, *mariottes*. Voy. *Dictionnaire étymologique*, etc., au mot *Marote*.

(3) *Apologie pour Hérodote*, discours préliminaire, t. I, p. xvi, édit. de Leduchat.

on a nommé *marionnettes*, au XVIᵉ siècle, toutes sortes de statuettes à ressorts, sacrées ou profanes; mais, par une bizarre extension, on a donné ce nom aux poupées soi-disant surnaturelles et aux bestioles supposées malfaisantes, qu'on accusait les prétendus sorciers de nourrir et d'entretenir auprès d'eux comme démons familiers ou comme *idoles*. Dans un incroyable volume imprimé à Paris en 1622, Pierre de l'Ancre, conseiller du roi en son conseil (1), a rassemblé et commenté les extraits de dix à douze procédures criminelles, dirigées de 1603 à 1615 contre divers pauvres idiots accusés de magie, et à qui l'on imputait « d'avoir tenu à l'estroit et gouverné en leur maison des *marionnettes* (qui sont de petits diablotaux, ayant d'ordinaire forme de crapauds, aucunes fois de guenons, tousjours très hideuses...), qu'ils nourrissent d'une bouillie composée de laict et de farine, leur donnant par révérence le premier morceau, les consultant sur toutes leurs affaires, voyages et négoces, disant qu'il y a pour eux plus d'acquet en telles bestes qu'en Dieu; qu'ils ne gagnent rien à regarder Dieu, et que leurs marionnettes leur rapportent tousjours quelque chose, etc... » Ce qu'il y a de profondément triste au milieu de ces bouffonneries judiciaires, c'est que ces odieux et inconcevables procès étaient toujours accompagnés de la *question*, et se terminaient d'ordinaire par cette sinistre formule : « Condamnez par sentence à estre pendus et brûlez. » Hâtons-nous de clore cette lugubre digression, et de revenir à nos bonnes et innocentes marioles ou marionnettes.

(1) *L'incrédulité et mescréance du sortilège pleinement convaincues*; Paris, 1622, in-4°, p. 617, 791, 801, 803.

II

MARIONNETTES RELIGIEUSES EN FRANCE.

Les prestiges de la sculpture mobile, destinés à accroître sur les fidèles l'impression salutaire des cérémonies du culte, n'ont guère été moins usités dans les églises de France que dans celles d'Espagne et d'Italie. En quelques lieux même, l'emploi religieux de la statuaire à ressorts s'est prolongé bien au-delà du moyen-âge et n'a tout-à-fait disparu que dans les temps modernes. Je vais citer un échantillon de cette curieuse persistance. A Dieppe, comme partout où domine une population de marins, la Vierge est l'objet d'un culte passionné. La retraite des Anglais, obligés de lever le siége de cette ville en 1443, la veille de l'Assomption, augmenta encore cette disposition pieuse. En mémoire de ce succès, le dauphin, depuis Louis XI, offrit à l'église Saint-Jacques une statue de la Vierge en pur argent. Les Dieppois, de leur côté, instituèrent une confrérie, et le clergé, dans l'intérieur de Saint-Jacques, redoubla l'éclat dramatique des offices de l'Assomption, qu'on appelait, dans la langue du pays, les *mitouries de la mi-août* (1). Ces

(1) Ce nom n'est-il pas une corruption du mot *mysteries* employé par les Anglo-Normands?

jeux consistaient, dans l'intérieur de l'église, en une pantomime, dont les acteurs étaient quelques prêtres et plusieurs laïques, aidés de diverses figures mises en mouvement par des fils ou des ressorts. Je lis dans une histoire de Dieppe écrite au dernier siècle qu'on élevait chaque année dans Saint-Jacques, au-dessus de la contre-table du chœur, une tribune dont le haut touchait à la voûte de l'église, laquelle était parsemée d'étoiles sur un fond d'azur. Au sommet de cette espèce de théâtre, assis sur un nuage, apparaissait le Père éternel sous les traits d'un vieillard. Autour de lui voltigeaient des anges, allant, venant, prenant ses ordres, agitant leurs ailes; d'autres embouchaient la trompette avec tant d'à-propos, pendant certains jeux d'orgue, que les sons semblaient sortir de leurs instrumens. Ces anges-marionnettes, dit un plus récent historien, faisaient de vrais prodiges (1). Cependant la Vierge reposait au niveau du sol, étendue sur son lit mortuaire, entourée d'arbustes et de fleurs dans une sorte de grotte de Gethsemani. Deux anges, sur un signe du Père éternel, venaient la prendre au commencement de la messe, et la portaient au ciel assez lentement pour qu'elle n'arrivât dans le giron de Dieu qu'au moment de l'adoration. Pendant son assomption, la statue de Marie levait les bras et la tête, de temps à autre, pour témoigner son désir d'arriver au ciel. Quand l'office était achevé et qu'on voulait éteindre les cierges, deux anges qui les avaient allumés semblaient s'y opposer en voltigeant, et il fallait beaucoup d'adroite précision pour parvenir à éteindre surtout ceux qu'ils portaient. On entretenait un machiniste pour conduire et soigner les ressorts de toutes ces figures. C'était une des merveilles de ce temps, et la curiosité d'en voir l'effet attirait chaque année une grande affluence d'étrangers à Dieppe (2).

Le mystère de Noël et celui de l'Annonciation étaient aussi célébrés dans l'église de Saint-Jacques et toujours au moyen de figures à ressorts ou mues par des fils. Il est dit, dans une chronique manuscrite citée par M. Vitet, que plusieurs de ces statues mécaniques étaient pla-

---

(1) M. L. Vitet, dans son *Histoire de Dieppe*, p. 35-47, édit. Gosselin.
(2) Voyez M. Desmarquets, *Mémoire chronologique pour servir à l'histoire de Dieppe*, tome 1er, p. 68-85.

cées dans des *piliers creux* et travaillées avec assez d'art pour qu'on ne pût apercevoir les contre-poids qui les faisaient agir. Au moment même où j'écris, M. Mérimée veut bien m'apprendre qu'un de ces *piliers creux* s'est affaibli par le vice de sa construction, et qu'on est obligé de le reconstruire. Ces jeux ecclésiastiques se prolongèrent jusqu'en 1647. Alors Louis XIV et la régente, sa mère, ayant passé par Dieppe la veille de l'Assomption, assistèrent aux *mitouries*, dont ils furent assez mal édifiés. Ordre fut donné de les supprimer, et il ne subsista plus que la grande montre ou procession de la confrérie et la représentation plus développée du mystère de l'Assomption joué devant l'hôtel-de-ville, sur la place du marché, et suivie le jour d'après d'une moralité. Ces dernières cérémonies furent elles-même interdites en 1684 par un mandement de l'autorité ecclésiastique, confirmé par un arrêt du parlement de Rouen. Tel était, d'ailleurs, l'amour des Dieppois pour ces représentations, qu'ils en conservèrent les machines en magasin jusqu'au bombardement de 1694, qui en occasionna l'incendie.

Expulsées presque partout des églises, les marionnettes religieuses continuèrent de se montrer au dehors. Les vies des saintes et des martyrs, les plus belles histoires de la Bible, et, par-dessus tout, les deux grands mystères du Nouveau Testament, la pastorale de Bethléem et la tragédie du Calvaire, ne cessèrent d'être représentés par des figurines de bois ou de carton, et cela non-seulement dans les campagnes et les bourgades qui n'avaient pas, comme les grandes villes, de solennelles représentations *par personnages* (1), mais dans les principales cités du royaume et à Paris même, devant la porte des couvens et dans les parvis des églises. Elles ont survécu aux mystères. Protestans et frondeurs ont eu beau se moquer de cet usage, ils n'ont pu le détruire, et leurs railleries mêmes le constatent. On lit dans une mazarinade de 1639, intitulée *Passeport de Mazarin*:

Adieu, père aux marionnettes,
Adieu, l'auteur des Théatins!...

(1) Je suis même tenté de croire qu'on disait, aux xv° et xvi° siècles, *mystères par personnages*, par opposition aux mystères représentés au moyen de figurines de cire ou de bois.

Ces religieux, installés à Paris par le cardinal Mazarin, se servaient, en effet, de petites figures à ressorts pour donner au peuple le spectacle de la crèche, non pas, comme l'a dit Dulaure, dans leur église ou en chaire (1), mais à la porte de leur couvent. On lit dans une autre mazarinade, intitulée *Lettre au cardinal burlesque* :

> . . . .
> Et votre troupe théatine,
> Ne voyant pas de sûreté
> En notre ville et vicomté,
> *A fait Flandre*, et dans ses cachettes
> A serré les *marionnettes*,
> Qu'elle faisoit voir ci-devant
> Dans les derniers jours de l'Avent.

Ces représentations pieuses, passées aux mains des laïques, n'ont pas cessé d'édifier et d'amuser le peuple dans les environs des églises. A Paris même, en plein XVIIIᵉ siècle, on voyait des figures de cire mouvantes représenter la Passion et la Crèche sur le Petit-Pont de l'Hôtel-Dieu. Tous les ans, les *affiches de Paris* annonçaient ces spectacles au moment de la fermeture de tous les autres. Voici une de ces annonces que je transcris comme échantillon : « Messieurs et dames, la passion de notre Seigneur Jésus-Christ en figures de cire mouvantes comme le naturel se représente depuis le dimanche de la Passion, et continue jusqu'au jour de *Quasimodo* inclusivement. Ce spectacle est digne de l'admiration du public, tant par les changemens de ses décorations que par le digne sujet qu'il représente. C'est toujours sur le pont de l'Hôtel-Dieu, rue de la Bûcherie, où de tous temps s'est représentée la Crèche (2). »

En 1777, quelques mois avant l'arrivée triomphale de Voltaire à Paris, on annonçait dans un quartier populeux ce spectacle biblique : « *L'origine du monde et la chute du premier homme*, spectacle de peinture, de mécanique et de musique, en cinq actes, tiré du *Paradis perdu* de Milton, composé et exécuté par le sieur Josse, rue Grénéta. » Il en

---

(1) *Histoire de Paris*, t. V, p. 164 et suiv., 6ᵉ édit.
(2) *Affiches de Boudet*, 4 avril et 29 décembre 1746. Ces annonces se répétaient deux fois tous les ans, à Noël et à Pâques.

était de même dans les provinces. Je possède un programme daté de Reims, 15 avril 1775; il est ainsi conçu : « Explication du *Jugement universel*, tragédie, par le sieur Ardax du mont Liban. Cette pièce sera composée de trois mille cinq cents figures en bas-relief que l'on fera changer et marcher selon l'ordre qu'on leur imposera. L'auteur, qui n'a d'autre but que d'édifier le public en le récréant, a suivi les livres saints. » Puis vient l'analyse circonstanciée de chacun des cinq actes. « Le premier montrera la vallée de Josaphat à la dernière heure du monde; le second représentera la résurrection des morts au son de la trompette et des paroles redoutables : *Surgite, mortui, venite ad judicium.* Au troisième, on verra non seulement la terre et les tombeaux, mais encore la mer rendre les morts qu'elle a engloutis; au quatrième, le souverain juge viendra séparer les réprouvés et les élus; au cinquième, apparaîtront le monde retombé dans son premier chaos, puis l'enfer et enfin la *cour céleste*, récompense des bienheureux. » Ce spectacle était pantomime et accompagné d'une explication orale, comme celles que nous avons vues dans les bas siècles de l'antiquité et au moyen-âge. L'auteur a soin d'annoncer qu'il y aura un *orateur* chargé de citer les passages de l'Écriture sainte et de prévenir l'assemblée respectable des différens sujets qui rempliront les actes.

Dans presque toutes les provinces de France, de pareilles représentations demi-religieuses et demi-populaires ont continué et continuent encore d'instruire et de récréer la foule. Il n'y a personne qui n'ait vu, quelque part en France, les *Mystères de la Passion* ou de *la Nativité*, joués par les marionnettes, à côté de *Paul et Virginie* et d'*Atala*. Aujourd'hui même, les *Crèches* de Marseille sont célèbres dans tout le midi de la France (1).

Ces représentations ne sont pas toujours aussi édifiantes. Il y a peu d'années, d'agiles marionnettes jouaient dans les provinces et notamment dans le pays chartrain, le dirai-je? *la Tentation de saint Antoine.*

(1) M. Hone, dans son savant ouvrage sur les *Anciens Mystères*, s'est trompé, en attribuant à un théâtre de marionnettes une représentation grossière de la naissance de Jésus-Christ, donnée sur le port de Dieppe, en 1822. Cette représentation, dont le récit a été l'occasion d'un procès contre *le Miroir*, était exécutée par des *acteurs* ambulans. Il aurait été facile à l'habile critique de citer d'autres exemples.

On chantait, en guise de *canticum* explicatif, la célèbre chanson de Sedaine, composée, comme on sait, pour la fête d'une *Toinette*. Il y avait autant de tableaux dans le drame que de couplets dans la chanson :

PREMIER TABLEAU.

Ciel ! l'univers va-t-il donc se dissoudre ?
Quel bruit, quels cris !... je vois la foudre
Devant moi tomber en éclat,
Tout est en poudre
Sur mon grabat !.....

DEUXIÈME TABLEAU (Prière du saint).

......Par ta grace,
Fais que je chasse
L'enfer de ces lieux !

TROISIÈME TABLEAU (qui pouvait offrir un assez piquant défilé).

On vit sortir d'une grotte profonde
Mille démons.....
De tous les cantons.....
De la ville et de la campagne,
De la Cochinchine et d'Espagne,
De bruns, de blonds et de châtains.......

QUATRIÈME TABLEAU (grotesque).

Quelques-uns prirent le cochon
De ce bon saint Antoine,
Et, lui mettant un capuchon,
Ils en firent un moine...

CINQUIÈME TABLEAU.

Sur un sofa,
Une diablesse en falbala,
Aux regards fripons, etc.

SIXIÈME TABLEAU ET BALLET (très animé).

Le diable dit : — Garçons !...

. . . .
Prenez le patron!
Tirez-le par son cordon;
Bon!
— Messieurs les démons,
Laissez-moi donc!
— Non!
Tu chanteras,
Tu sauteras,
Tu danseras!...

SEPTIÈME TABLEAU ET DÉNOUMENT (fort édifiant).

Notre saint prit son goupillon....
. . . .
Tel qu'un voleur sitôt qu'il voit main forte,
Tel qu'un soldat à l'aspect des prévôts,
On vit s'enfuir l'infernale cohorte,
Et s'abîmer dans ses affreux cachots.

J'ai voulu surtout, par cette citation, faire comprendre ce qu'étaient les *cantica* dans l'antiquité et pendant le moyen-âge.

III.

PREMIÈRES MARIONNETTES POPULAIRES. — JEAN DES VIGNES.

Pouvons-nous dire avec une certaine précision à quelle époque le nom de *marionnettes* a commencé de s'appliquer aux poupées théâtrales, en échange de leur ancien nom de *marmouzets*, de *mariettes* et de *marioles*? La première mention que j'aie rencontrée jusqu'à présent du mot *marionnette*, pris dans l'acception d'un jeu scénique et populaire, se trouve dans les *Sérées* de Guillaume Bouchet, sieur de Brocourt. Ce livre est un recueil d'historiettes facétieuses, dont la première partie parut en 1584 et les deux dernières en 1608, environ deux ans après la mort de l'auteur. Je lis dans la xviii° sérée, qui traite des boiteux, boiteuses et aveugles : « Et luy vont dire qu'on trouvoit aux badineries, bastelleries et *marionnettes*, Tabary, Jehan des Vignes et Franc-à-Tripe, toujours boiteux, et le badin ès-farces de France, bossu; faisant tous ces contrefaicts quelques tours de champicerie sur les théâtres. » Ainsi, entre 1590 et 1600, il y avait en France des théâtres de *marionnettes* établis et portant ce nom; seulement il ne paraît pas qu'on y vit alors les personnages et les caractères qu'on y a vus depuis, et qu'on y voit encore. En effet, les marionnettes des xv° et xvi° siècles ont dû, suivant la loi constante de leur nature, emprunter les noms, les caractères et les costumes des comiques nationaux les plus en vogue de leur temps. A la fin du xvi° siècle, elles durent revêtir l'accoutrement de Jehan des Vignes et de Tabary, qu'il ne faut pas confondre avec Tabarin, quoiqu'il soit peut-être un peu son aïeul. Jehan des Vignes, à en juger par la manière dont a parlé de lui Bonaventure des Périers (1), devait être le roi des tréteaux d'alors, et méritait à ce titre d'être le héros des marionnettes. Son nom même, légèrement altéré et devenu Jean de la Ville, est encore aujourd'hui celui d'un bonhomme de bois, haut de trois ou quatre pouces, composé de plusieurs morceaux qui s'emboîtent et se démontent, et que nos joueurs de gobelets escamotent très aisément (2). Quoi qu'il en soit, les petits acteurs de bois n'ont abandonné les noms et les vêtemens de nos comiques nationaux, pour prendre ceux d'Arlequin, de Pantalon et de Polichinelle, qu'à une époque un peu plus récente, et seulement après que les comédiens d'Italie, fixés en France sous Henri IV, eurent naturalisé chez nous ces types étrangers. Quand je dis *étrangers*, je fais une réserve expresse pour le seigneur Polichinelle et pour dame Gigogne, deux caractères que je maintiens aussi français que ceux de Gilles, de Paillasse et de Pierrot. J'ai déjà effleuré ce point d'histoire à l'occasion du Maccus antique; c'est ici le moment de traiter ce sujet à fond. Parlons donc une bonne fois de Polichinelle, comme Montesquieu d'Alexandre, tout à notre aise.

(1) Voyez *Discours non moins mélancoliques que divers*, chap. xi.
(2) Cette marionnette et la manière de s'en servir sont décrites dans Decramps, *Testament de Jérôme Sharp*, p. 246. On appelle encore ce pantin *Godenot*, comme on peut voir dans le premier *factum* de Furetière. M. Francisque Michel, qui va publier un savant ouvrage sur l'*argot*, couronné par l'Académie des Inscriptions et Belles-Lettres, m'apprend que, dans cette sorte de langage cyniquement métaphorique, on nomme un *crucifix* un *Jean de la Vigne*, probablement par une vague et sacrilége réminiscence des anciennes marionnettes religieuses et des crucifix mobiles. On appelle par la même raison, dans la langue picaresque, un pistolet un *crucifix à ressorts*.

IV.

POLICHINELLE.

On a dit souvent et j'ai répété, après beaucoup d'autres (1), que Polichinelle descend en ligne droite de Maccus, personnage grotesque des Atellanes, natif d'Acerra, sur le territoire osque, dont le nom ancien signifie, comme celui du Calabrais *Pulcinella*, son héritier, un *poussin*, un *cochet*, quoiqu'à vrai dire les figurines antiques qui nous ont transmis les traits du Maccus de Campanie annoncent beaucoup moins un cochet qu'un vrai coq, et même un coq d'un âge très mûr. Voici, je crois, ce qu'il y a d'admissible dans cette descendance : le *Pulcinella* de Naples, grand garçon aussi droit qu'un autre, bruyant, alerte, sensuel, au long nez crochu, au demi-masque noir, au bonnet gris et pyramidal, à la camisole blanche, sans fraise, au large pantalon blanc plissé et serré à la ceinture par une cordelière à laquelle pend quelquefois une clochette, Pulcinella, dis-je, peut bien, à la rigueur, rappeler le

(1) *Origines du théâtre moderne;* introduct., p. 47 et 48.

Mimus Albus et de très loin le *Maccus* antique (1); mais il n'a, sauf son nez en bec et son nom d'oiseau, aucune parenté ni ressemblance avec notre Polichinelle. Pour un trait de ressemblance, on signalerait dix contrastes. Polichinelle, tel que nous l'avons fait ou refait, présente au plus haut degré l'humeur et la physionomie gauloises. Je dirai même, pour ne rien cacher de ma pensée, que, sous l'exagération obligée d'une loyale caricature, Polichinelle laisse percer le type populaire, je n'ose dire d'Henri IV, mais tout au moins de l'officier gascon imitant les allures du maître dans la salle des gardes du château de Saint-Germain ou du vieux Louvre. Quant à la bosse, Guillaume Bouchet vient de nous apprendre qu'elle a été de temps immémorial l'apanage du badin ès-farces de France. On appelait, au XIIIᵉ siècle, Adam de la Halle le *bossu d'Arras*, non pas qu'il fût bossu, mais à cause de sa verve railleuse :

On m'appelle bochu, mais je ne le suis mie (2).

Et, quant à la seconde bosse, qui brille de surcroît sous le clinquant de son pourpoint à paillettes, elle rappelle la cuirasse luisante et bombée des gens de guerre et les ventres à la poulaine alors à la mode, et qui imitaient la courbure de la cuirasse (3). Le chapeau même de Polichinelle (je ne parle pas de son tricorne moderne, mais du feutre à bords retroussés qu'il portait encore au XVIIᵉ siècle) était la coiffure des cavaliers du temps, le chapeau à la Henri IV. Enfin il n'y a pas jusqu'à certains traits caractéristiques du visage, jusqu'à l'humeur hardie, joviale, amoureuse du bon drille, qui ne rappellent, en charge, les qualités avantageuses et les défauts du Béarnais. Bref, malgré son nom napolitain, Polichinelle me paraît un type entièrement national et une des créations les plus spontanées et les plus vivaces de la fantaisie française.

(1) C'était l'avis de son plus spirituel généalogiste, le petit abbé Galiani, et aussi de M. Arnault. Voyez *Souvenirs d'un Sexagénaire*, p. 195 et 397.
(2) Voyez la *Chanson du roi de Sicile*, vers 69, dans la *Collection des chroniques nationales* de M. Buchon, t. VIII, p. 25.
(3) Notez que les bosses de Polichinelle étaient alors bien moins proéminentes qu'aujourd'hui, comme le prouve la gravure du tome V du *Théâtre de la foire*, p. 47, qui date de 1722.

Mais Polichinelle acteur vivant n'est pas encore Polichinelle-marionnette. A quelle époque a-t-il passé des tréteaux dans les troupes des comédiens de bois? Tout me porte à croire que cet événement a eu lieu vers 1630, et un document que M. Moreau, l'exact et ingénieux éditeur des Mazarinades, a bien voulu me signaler, donne une grande vraisemblance à cette conjecture. Parmi les nombreuses satires politiques qui inondèrent Paris en 1649, il en est une fort peu remarquée, intitulée *Lettre de Polichinelle à Jules Mazarin*. Cette lettre, quoiqu'en prose, se termine par les trois vers suivans en guise de signature :
« Pour vous servir, si l'occasion s'en présente,

> Je suis Polichinelle,
> Qui fait la sentinelle
> A la porte de Nesle. »

Quel que soit le pamphlétaire caché sous ce nom fantastique, il demeure certain qu'en 1649 Polichinelle avait son théâtre établi sur la rive gauche de la Seine, vis-à-vis le Louvre, à la porte de Nesle, ce qui s'accorde exactement, ainsi que nous le verrons tout à l'heure, avec l'adresse du fameux joueur de marionnettes, Jean Brioché ou Brioccci (1), comme quelques-uns l'appellent.

Le peu que nous savons de l'ancien répertoire de Polichinelle confirme toute cette chronologie. Une tradition qui subsiste encore, et que se transmettent tous les vrais enfans de Paris, de Chartres et d'Orléans, a conservé l'air et quelques couplets de la fameuse chanson de Polichinelle : *Je suis le fameux Mignolet, général des Espagnolets*, dont les Guignol d'il y a vingt ans nous donnaient encore le régal dans les bons jours. Cette chanson rattache avec certitude Polichinelle au règne d'Henri IV et à nos longs démêlés avec l'Espagne. Une petite marionnette galonnée sur toutes les coutures, quelquefois Polichinelle lui-même parodiant Mignolet, entonnait la chanson suivante, qui était aussi populaire à la fin du XVIe siècle que la chanson de *Marlborough* à la fin du XVIIe. Elle est pourtant inédite, et je n'en puis donner ici que quelques strophes dont la rime et la mesure boitent

---

(1) Entre autres, Krunitz, *Encyclopédie*, au mot *Schauspiel*.

un peu, mais dont le jet et le tour ne manquent pas d'un certain élan original :

> Je suis le fameux Mignolet,
> Général des Espagnolets;
> Quand je marche, la terre tremble;
> C'est moi qui conduis le soleil,
> Et je ne crois pas qu'en ce monde
> On puisse trouver mon pareil.
>
> Les murailles de mes palais
> Sont bâties des os des Anglais;
> Toutes mes salles sont dallées
> De têtes de sergens d'armées
> Que dans les combats j'ai tués (bis).
>
> Je veux avant qu'il soit minuit
> A moi tout seul prendre Paris;
> Par-dessus les tours Notre-Dame
> La Seine je ferai passer;
> Des langues des filles, des femmes,
> Saint-Omer je ferai paver....

Comment se fait-il que le meilleur ami de Polichinelle, le philologue enthousiaste des moindres brimborions du xvi° siècle, Charles Nodier, n'ait pas recueilli cette pièce et ne l'ait pas fait graver sur vélin et en lettres d'or? O tiédeur de l'amitié!

L'air de ces couplets n'est pas moins remarquable que les paroles. Un très bon juge en ces matières et en beaucoup d'autres, M. Édouard Fournier (1), m'assure que c'est l'air très connu : *Monsieur le prévôt des marchands, vous vous moquez pas mal des gens* (2), qui n'est autre que celui de *l'Échelle du Temple*, sur lequel, suivant Mersevein, on chanta la plupart des mazarinades, et qui lui-même était renouvelé de l'air *des Rochelois*, composé, dit-on, pour le cardinal de Richelieu. On voit que cela nous conduit bien près de l'époque à laquelle je crois

---

(1) M. Édouard Fournier, à l'érudition duquel je dois plusieurs autres obligeantes et utiles communications, prépare une histoire des airs et des chansons historiques.
(2) Cet air est noté dans la *Clé du Caveau*; Paris, 1810, n° 763.

pouvoir reporter notre chanson, c'est-à-dire un peu avant ou un peu après le traité de Vervins.

Voici encore un fragment que la tradition a conservé du vieux répertoire de Polichinelle. Un mendiant se présente à sa porte; il va l'éconduire; le mendiant se dit aveugle; Polichinelle est touché; le mendiant demande une aumône au nom de Dieu. Ici vient un blasphème dans le goût de celui du don Juan de Molière; puis, élevant la voix, il s'écrie : « Jacqueline, voici de pauvres aveugles; vite! la clé de mon coffre-fort, que je leur donne un patard! » Je ne puis affirmer que dès cette époque Polichinelle eût déjà la mauvaise habitude de jouer du bâton et d'assommer gaiement tout le monde, femme, enfant, voisin, archers, commissaire; je ne sais s'il avait dès-lors le talent d'attacher le bourreau à sa potence et d'enferrer le diable avec sa fourche; je le crois pourtant, car pendre le bourreau et tuer le diable, c'est là tout Polichinelle, le grand *burlador*, non pas seulement de Séville, fi donc! mais du monde entier.

Nous ne possédons malheureusement pas le texte authentique du fameux drame de Polichinelle. On a essayé en 1838 de fixer par l'impression cette œuvre essentiellement traditionnelle. L'idée était bonne; mais l'exécution est demeurée imparfaite. Le texte que nous a donné M. Jules Rémond n'est qu'un canevas dépourvu de tous les développemens drolatiques qui ont élevé si haut la gloire de cette poétique et folle production (1).

(1) Voyez *Polichinelle*, farce en trois actes, pour amuser les grands et les petits enfans, publiée par Jules Rémond, illustrée de vignettes par Matthieu Gringoire (George Cruikshank); Paris, 1838, in-16.

V.

DAME GIGOGNE.

Vous croyez peut-être, vous qui me lisez en courant, qu'il n'y a rien de plus facile que de vous dire l'âge et l'origine de dame Gigogne, cette sœur roturière de Grandgousier et de Gargamelle : je ne puis vous laisser dans cette erreur. Ce n'est pas sans beaucoup de temps perdu que j'ai recueilli la mince pacotille de renseignemens que je vais vous présenter. Dame Gigogne est, je crois, contemporaine de Polichinelle, ou de bien peu d'années sa cadette; elle a commencé, comme lui, à s'ébattre, en personne naturelle, sur les théâtres et même à la cour de France : on l'a vue aux Halles, au Louvre, au Marais et à l'hôtel de Bourgogne, avant de l'applaudir dans la troupe des acteurs de bois. Je lis dans le journal manuscrit du Théâtre-Français, à la date de 1602 : « Les Enfans-sans-souci, qui tentoient l'impossible pour se soutenir au théâtre des Halles, imaginèrent un nouveau caractère pour rendre leurs farces plus plaisantes. L'un d'eux se travestit en femme et parut sous le nom de Mme Gigogne; ce personnage plut extrême-

ment, et, depuis ce jour, il a toujours été rendu par des hommes (1). »
Les frères Parfait confirment cette indication (2).

Dame Gigogne ne tarda pas à se montrer sur un plus grand théâtre.
L'abbé de Marolles nous l'apprend, mais dans le style obscur et entortillé qui lui est propre : « Entre les Français, dit-il, jouèrent la comédie le capitaine Matamore, le docteur Boniface, Jodelet, Bruscambille
et dame Gigogne, depuis la mort de Perrine, qui, de son temps, sous
Valéran et La Porte, fut un personnage incomparable (3). » Je pense
(quoique cela ne ressorte pas nettement du texte de Marolles) que ce
fut à l'hôtel d'Argent que dame Gigogne succéda à l'excellent comique
qui, sous le nom de *Perrine*, avait créé un caractère de femme dont
le type nous est malheureusement inconnu. Dame Gigogne passa ensuite à l'hôtel de Bourgogne, où elle eut moins de succès. Robinet y
a signalé avec quelque surprise sa présence en 1667, et sa retraite
en 1669 (4); mais ni Robinet, ni Marolles, ne nous apprennent rien de
plus que l'existence et le nom de ce personnage, et, si ce type ne nous
était bien connu d'ailleurs, nous n'en saurions pas plus sur dame *Gigogne* que nous n'en savons sur dame *Perrine*. Heureusement, personne n'ignore que, comme son nom l'indique, dame Gigogne est le
type de la fécondité roturière, la femme comme la souhaitait Napoléon, habile à donner à l'état les plus belles couvées d'enfans : cette
généreuse nature de femme pouvait bien n'être pas non plus désagréable à Henri IV et à Sully, après la dépopulation produite en France
par les guerres de la ligue. Au reste, après avoir vu dans Marolles et
dans Robinet le nom seul de dame Gigogne, nous allons voir, dans
un ballet de cour, le type sans le nom; l'un de ces documens complétera l'autre. Voici d'abord ce que Malherbe écrivait à Peiresc le
8 février 1607 : « ... Il se fait ici force ballets; nous en avons un pour
mardi prochain de la façon de M. le Prince, qui sera *l'accouchement
de la foire Saint-Germain*. Elle y sera représentée *comme une grande
femme* qui accouche de seize enfans, qui seront de quatre métiers,

(1) Tome I, p. 356, et tome III, p. 582. Mss. de la Bibliothèque nationale.
(2) *Histoire du Théâtre-François*, tome III, p. 582.
(3) *Mémoires* de l'abbé de Marolles; *Dénombrement des auteurs*; t. III, p. 290.
(4) Voyez *Gazette en vers*, lettres des 20 août 1667 et 30 novembre 1669.

astrologues, charlatans, peintres, coupeurs de bourses... (1). » Malherbe était bien informé; la relation imprimée à l'avance, ou, comme on dirait aujourd'hui, le programme de ce ballet dansé au Louvre devant la reine Marie de Médicis, introduit d'abord un petit garçon (je copie le livret) qui prononça, en guise de prologue, les vers suivans :

>Je suis l'oracle
>Du miracle
>De la foire Saint-Germain;
>C'est une homasse
>Qui surpasse
>Les efforts du genre humain;
>Plus admirable
>Que la fable
>Du puissant cheval de bois :
>Car, différente,
>Elle enfante
>Mille plaisirs à la fois.
>Coupeurs de bourse,
>Sans ressource,
>Peintres et métiers divers,
>Vendeurs de drogues,
>Astrologues,
>De ce monstre sont couverts.
>A la cadence
>De la dance,
>Sans peine elle enfantera;
>De sa crotesque
>Boufonesque
>Tout le monde se rira.

« Après ce récit (continue le livret, dont je conserve le style et l'orthographe), entra un habillé en sage-femme, qui, sur un air de ballet assez propre, fit un tour de la salle; incontinent parut une grande et grosse femme, richement habillée, farcie de toutes sortes de babioles, comme miroirs, pignes, tabourins, moulinets et autres choses semblables. De ce colosse, la sage-femme tira quatre

(1) *Lettres de Malherbe*, p. 21; Paris, Blaise, 1822.

astrologues, avec des sphères et compas à la main, qui dancèrent entre eux un ballet et donnèrent aux dames un almanach qui prédit tout et davantage, puis se retirèrent. Et d'elle sortirent encore quatre peintres, qui dancèrent un autre ballet, et chacun en cadence faisait semblant de peindre, ayant en la main baguette, palette et pinceaux. Et, comme ils se retiroient, sortirent de cette grande femme quatre opérateurs, ayant une petite bale au col, comme celle que portent ordinairement les petits merciers, au milieu de laquelle il y avoit une cassolette et le reste garni de petites phioles pleines d'eau de senteur, qu'en dançant ils donnoient aux dames, avec quelques certaines recettes imprimées pour toutes sortes de maladies. Sur la fin du ballet, sortit de ce monstre quatre couppeurs de bourses, qui se firent arracher les dents, et au même instant leur coupoient la bourse. Comme ils eurent dancé quelques pas ensemble, les opérateurs se retirèrent et les couppeurs de bourses continuèrent à dancer fort dispostement un ballet qui finissoit à gourmades. Après qu'ils furent sortis de la compagnie et que chacun eut donné ses vers, entra un Mercure, richement habillé, avec un luth à la main, qui récita le sujet de la grande mascarade... (1). »

C'est bien là assurément dame Gigogne en personne; mais à quelle époque ce caractère a-t-il passé des ballets du Louvre et de la Comédie-Française dans les boutiques de marionnettes? Il est probable que ce fut au moment où ce personnage jouissait de la plus grande vogue et avant sa retraite de l'hôtel de Bourgogne (2). Ce fut donc un peu avant 1669 que dame Gigogne a dû commencer à partager avec Polichinelle la royauté des marionnettes.

(1) *Recueil des plus excellens ballets de ce tems*, p. 55-58; Paris, 1812, in-8°.
(2) Dame Gigogne s'est montrée encore quelquefois sur les grands théâtres de Paris, notamment en 1710 à l'Opéra, dans le ballet des *Fêtes vénitiennes*, entre ses deux compagnons Polichinelle et Arlequin. Nous l'avons vue encore en 1843, dans un vaudeville-parade de MM. Carmouche et Brisebarre, intitulé *la Mère Gigogne*.

VI.

PREMIERS JOUEURS DE MARIONNETTES. — LES DEUX BRIOCHÉ.

Les plus anciens maîtres de marionnettes dont le nom soit resté dans la mémoire des amateurs sont les deux Brioché. Suivant une tradition recueillie par Brossette, Jean Brioché exerçait, dès le commencement du règne de Louis XIV, la double profession d'arracheur de dents et de joueur de marionnettes, au bas du Pont-Neuf, en compagnie de son illustre singe Fagotin. Je m'applaudis de pouvoir augmenter la biographie de cet Eschyle burlesque de plusieurs détails inédits ou peu connus. D'abord, la mazarinade dont j'ai parlé jette quelque jour sur les débuts de sa carrière. En effet, le Polichinelle signataire supposé de la *Lettre à Jules Mazarin* est bien probablement le pantin que Jean Brioché faisait manœuvrer au bas du Pont-Neuf, ou, ce qui revient au même, près la Porte de Nesle, laquelle était encore debout en 1649. Je suis loin d'accuser Jean Brioché ou Briocci, qui était peut-être le compatriote et l'obligé de Mazarin, d'avoir écrit ce libelle en vue d'abriter sa popularité menacée. Je crois et je veux croire, pour l'honneur des marionnettes, qu'un frondeur anonyme a fait parler le Polichinelle de la porte de Nesle, comme d'autres la Samaritaine, le Cheval de bronze, etc., etc. Dans tous les cas, les discours prêtés au petit Ésope du Pont-Neuf prouvent que son maître et lui étaient déjà fort considérés et aimés dans Paris, et que Brioché venait d'être admis aux priviléges de la bourgeoisie parisienne et reçu même dans les rangs de la garde urbaine. « Je puis, dit-il, me vanter sans vanité, messire Jules, que j'ay esté toujours mieux venu que vous du peuple et plus considéré de lui, puisque je lui ai tant de fois ouy dire de mes propres oreilles : « Allons voir Polichinelle ! » et personne ne lui a jamais ouy dire : « Allons voir Mazarin... » C'est ce qui fait que l'on m'a reçu comme un noble bourgeois dans Paris, et vous, au contraire, on vous a chassé comme un p....x d'église. » Je préviens une fois pour toutes les personnes délicates qui veulent bien me lire qu'il faut pardonner quelques licences au jargon de Polichinelle.

Vers cette époque, le lunatique Cyrano de Bergerac, ayant pris Fagotin pour un laquais qui lui faisait la grimace, le tua d'un coup d'épée, ce qui donna lieu à une facétie intitulée : *Combat de Cirano* (sic) *de Bergerac contre le singe de Brioché*. Cet opuscule, précédé d'une dédicace en vers à feu Cyrano, a dû être imprimé peu de temps après sa mort, arrivée en 1655 (1). Cet opuscule, à vrai dire, et l'anecdote elle-même pourraient bien n'être qu'un badinage destiné à railler l'humeur querelleuse de Cyrano, grand ferrailleur, à ce qu'assurent tous les contemporains. « Son nez, qu'il avait tout défiguré, lui a fait tuer plus de dix personnes. Il ne pouvait souffrir qu'on le regardât, et, le cas échéant, il fallait aussitôt mettre l'épée à la main (2). » La méprise de Cyrano paraîtra pourtant un peu moins incroyable quand on connaîtra le signalement et le costume du fameux singe. « Il étoit grand comme un petit homme et bouffon en diable, dit l'auteur du *Combat de Cirano*; son maître l'avoit coiffé d'un vieux vigogne dont un plumet cachoit les fissures et la colle; il luy avoit ceint le cou d'une fraise à la Scaramouche; il luy faisoit porter un pourpoint à six basques mouvantes, garni de passemens et d'aiguillettes, vêtement qui sentoit le laquéisme; il lui avoit concédé un baudrier d'où pendoit

---

(1) Ce petit livre est rare, quoiqu'il ait eu plusieurs éditions. J'ignore la date de la première; il a été réimprimé de nos jours sur celle de 1704; on en cite une autre de 1707.
(2) *Ménagiana*, t. III, p. 2??.

une lame sans pointe (1). » C'est cette lame que la pauvre bête eut le malheur de dégaîner devant cet enragé de Cyrano. Quoi qu'il en soit, si Fagotin a succombé dans ce duel inégal, son nom et son emploi lui ont survécu; Fagotin a été, jusqu'aux dernières années du XVII° siècle, le compagnon obligé de tout bon joueur de marionnettes. Loret, décrivant toutes les merveilles de la foire Saint-Germain de l'année 1664, n'oublie pas de citer

> Entre cent et cent batelages,
> Les fagotins et les guenons.

Mais qu'ai-je besoin d'alléguer Loret et sa *Gazette en vers?* La Fontaine a loué *les tours de Fagotin* dans sa fable de *la Cour du Lion*, et la railleuse Dorine promet à l'heureuse femme de Tartufe qu'elle pourra avoir au carnaval

> Le bal et la gran'branle, à savoir deux musettes,
> Et parfois Fagotin et les marionnettes.

Le singe de Brioché a eu, comme nous verrons plus tard, un successeur illustre dans le singe de Nicolet.

Cette année 1669 (l'année du *Tartufe*), Brioché fut appelé à l'honneur d'amuser à Saint-Germain-en-Laye le dauphin et sa petite cour. La mention d'une somme assez ronde payée à Brioché, le bateleur populaire, pour cet office aristocratique, se trouve consignée dans les registres du trésor royal, année 1669, folio 44 : « A Brioché, joueur de marionnettes, pour le séjour qu'il a fait à Saint-Germain-en-Laye pendant les mois de septembre, octobre et novembre 1669, pour divertir les Enfans de France, 1,365 livres, » et au folio 47 on lit une seconde mention de même nature, qui s'applique à un autre joueur de marionnettes, François Daitelin, dont nous ne savions rien jusqu'ici, si ce n'est qu'il avait obtenu, en 1657, une permission du lieutenant civil pour montrer des marionnettes à la foire Saint-Germain. Voici ce qui le concerne : « A François Daitelin, joueur de marionnettes, pour le paiement de cinquante-six journées qu'il est demeuré à Saint-Germain-

---

(1) Voyez *Combat*, etc., p. 10.

en-Laye pour divertir monseigneur le dauphin, à raison de 20 livres par jour, depuis le 17 juillet jusqu'au 15 août 1669, et de 15 livres par jour pendant les derniers jours dudit mois, 820 livres (1). » Il ressort deux choses de ces documents : d'abord, que le jeune prince, alors âgé de neuf ans, avait un goût vraiment excessif pour Polichinelle, ensuite que le répertoire des marionnettes de Daitelin et de Brioché devait être extrêmement varié, pour avoir pu amuser le dauphin et sa jeune cour pendant six mois presque consécutifs. On peut douter que Bossuet, nommé l'année suivante (1670) précepteur du royal héritier, ait permis à son auguste élève de cultiver aussi assidûment ce genre de récréation.

A ce propos, je dois dire, à mon grand regret, que Bossuet traitait nos petits comédiens de bois aussi durement que les comédiens vivans; Polichinelle lui était aussi antipathique que Molière. Il existe de cette disposition un peu atrabilaire du grand prélat une preuve irrécusable dans sa correspondance. Le 18 novembre 1686, l'année même de la révocation de l'édit de Nantes, qui allait susciter bien d'autres affaires, Bossuet déférait les marionnettes de son diocèse aux rigueurs de M. de Vernon, procureur du roi au présidial de Meaux : « Il n'y a rien, monsieur, de plus important, lui écrivait-il, que d'empêcher les assemblées et de châtier ceux qui excitent les autres…… » (Il s'agissait des protestans, et surtout des ministres, qui commençaient à remuer.) Puis il ajoute : « Pendant que vous prenez tant de soin à réprimer les mal-convertis, je vous prie de veiller aussi à l'édification des catholiques, et d'empêcher les marionnettes, où les représentations honteuses, les discours impurs et l'heure même des assemblées porte au mal. Il m'est bien fâcheux, pendant que je tâche à instruire le peuple le mieux que je puis, qu'on m'amène de tels ouvriers, qui en détruisent plus en un moment que je n'en puis édifier par un long travail (2). »

Que reprochait donc l'illustre évêque à ces pauvres petites marionnettes? Tout au plus quelques drôleries sans conséquence, quelques retours à la verve gauloise, quelques traits dans le goût des *franches repues* de Villon. Un véritable modèle d'élégance fine et correcte, le

(1) Je dois la communication de ces deux pièces à M. Floquet, qui les a glanées dans les riches *cartons de Colbert*.
(2) Bossuet, *Œuvres complètes*, tome XLII, p. 578, édition Lebel.

comte Antoine Hamilton, dans une lettre mêlée de vers et de prose, adressée à la jeune princesse d'Angleterre, fille de Jacques II, nous donne la mesure de ces peccadilles que Bossuet traite si sévèrement. Hamilton décrit la fête patronale de Saint-Germain-en-Laye. « Ayant, dit-il, suivi la route jusqu'à cet espace qui sépare les deux châteaux, j'y trouvai la ville et les faubourgs, c'est-à-dire tous les habitans de Saint-Germain et du Pec; toute cette population sortoit du spectacle :

>Or blanchisseuses et soubrettes,
>Du dimanche dans leurs habits,
>Avec les laquais, leurs amis
>(Car blanchisseuses sont coquettes),
>Venoient de voir, à juste prix,
>La troupe des marionnettes.
>*Pour trois sols et quelques deniers,*
>On leur fit voir, non sans machine,
>L'enlèvement de Proserpine,
>Que l'on représente au grenier.
>Là le fameux Polichinelle,
>Qui du théâtre est le héros,
>*Quoiqu'un peu libre en ses propos,*
>Ne fait point rougir la donzelle
>Qu'il divertit par ses bons mots (1). »

Cependant, pour ne rien cacher, je dois dire que Leduchat, commentant un passage de Rabelais, nous apprend que *l'antiquaille*, que Panurge veut sonner à sa dame, était une ancienne danse fort gaillarde, « comme la *housarde*, ajoute-t-il, que, depuis peu d'années, on fait danser aux marionnettes françoises (2). » Il ne nous est resté de cette saltation soldatesque que la scène du housard qui danse en se dédoublant, etc. Ces gaillardises n'empêchaient pas les plus honnêtes gens d'avouer hautement leur goût pour les marionnettes; un des membres les plus spirituels de l'ancienne Académie française, Charles Perrault, n'a-t-il pas dit :

(1) Œuvres d'Antoine Hamilton, tome Ier, page 382. Paris, 1825.
(2) Œuvres de Rabelais, liv. II, chap. 21, Edit. varior., tome III, page 481, n. 7.

>   Pour moi, j'ose poser en fait
>   Qu'en de certains momens l'esprit le plus parfait
>   Peut aimer sans rougir jusqu'aux marionnettes,
>   Et qu'il est des temps et des lieux
>   Où le grave et le sérieux
>   Ne valent pas d'agréables sornettes. (1)?

Les plaisanteries que Brioché prêtait à ses petits acteurs étaient fort goûtées des Parisiens. Un mécanicien anglais, de passage à Paris, avait trouvé le moyen de faire mouvoir les marionnettes par des ressorts et sans cordes; « mais, dit Brossette, on leur préférait celles de Brioché, à cause des plaisanteries qu'il leur faisoit dire (2). »

De toute la troupe de Brioché, nous ne connaissons certainement que Polichinelle, et de tant de pièces jouées devant le dauphin, nous ne pouvons citer avec assurance un seul titre. Polichinelle avait-il déjà pour compagnons et pour partenaires sa femme Jacqueline, le chien Gobe-mouche, le commissaire, l'archer, l'apothicaire, le bourreau, le diable enfin? J'ai dit déjà que je le pensais, et une anecdote consignée dans plusieurs ouvrages, mais racontée d'original, je crois, dans le *Combat de Cirano*, m'affermit dans cette opinion. L'auteur de ce facétieux opuscule, pour glorifier ce qu'il appelle « les *machines briochines*, que certains prenoient pour personnes vivantes, » rapporte, dans le style extravagant du *Voyage dans la lune*, une aventure arrivée à Brioché :

« Il se mit, dit-il, un jour en tête de se promener au loin, avec son petit Ésope de bois remuant, tournant, virant, dansant, riant, parlant, etc. Cet hétéroclite *marmouzet*, disons mieux, ce drolifique bossu, s'appeloit Polichinelle. Son camarade se nommoit Voisin. (N'était-ce pas plutôt le voisin, le compère de Polichinelle?) Après qu'il se fut présenté en divers bourgs et bourgades, il piétina en Suisse, dans un canton, où l'on connoissoit les *Marions* et point les *marionnettes*. Polichinelle ayant montré son minois, aussi bien que sa séquelle, en présence d'un peuple brûle-sorcier, on dénonça Brioché au magistrat. Des témoins attestoient avoir ouy jargonner, parlementer, deviser de petites figures qui ne pouvoient estre que des diables. On décrète contre le maistre de cette

---

(1) *Conte de Peau-d'Ane.*
(2) Commentaire sur la VIIe épître de Boileau.

troupe de bois animée par des ressorts. Sans la rhétorique d'un homme d'esprit, on auroit condamné Brioché à la grillade dans la grève de ce pays-là, s'il y en a une. On se contenta de dépouiller les marionnettes, qui montrèrent leur nudité (1). » *O poverette!*

On n'était pas bien loin de cette excessive naïveté à Paris même en 1666, si nous en croyons l'auteur du *Roman bourgeois* :

« Le laquais, dit-il, s'en retourna sans réponse. Son maître lui demanda où il s'étoit amusé si long-temps : — Je me suis arrêté à voir de petites demoiselles pas plus hautes que cela, dit le laquais en montrant la hauteur de son coude, que tout le monde regardoit au bout du Pont-Neuf, et qui se battoient. — Or, ce beau spectacle qu'il avoit veu estoit la montre des marionnettes, qu'il croyoit ingénument estre de chair et d'os (2)... »

On ne sait pas précisément en quelle année Jean Brioché abdiqua la direction de ses tréteaux en faveur de son fils François, ou, comme l'appelait familièrement le peuple de Paris, *Fanchon*. Quoi qu'il en soit, le fils, suivant Brossette, surpassa encore le père dans le noble métier de faire agir et parler agréablement ses marionnettes. Boileau, dans sa VII⁵ épître adressée à Racine en 1677, a immortalisé le second Brioché :

Et non loin de la place où Brioché préside...

Cette place était située à l'extrémité nord de la rue Guénégaud, alors nouvellement construite; « les marionnettes de Fanchon, dit Brossette, jouoient sur cette place, dans un endroit nommé le *Château-Gaillard*. » Cependant François Brioché paraît avoir été, vers cette époque, un peu troublé dans son domicile. Sans quitter les environs du Pont-Neuf, il semble avoir voulu émigrer sur l'autre rive. Une lettre inédite de Colbert au lieutenant-général de police, datée du 16 octobre 1676, con-

---

(1) L'abbé d'Artigny raconte aussi cette aventure, dont il place la scène à Soleure. Ce fut, suivant lui, à M. Dumon, capitaine au régiment des Suisses, alors en tournée de recrutement, que Brioché dut sa liberté. Voyez *Nouveaux Mémoires d'histoire, de politique et de littérature*, t. V, p. 123 et suiv.

(2) Furetière, *le Roman bourgeois*, Cl. Barbin, 1666, p. 188 et suiv.

tient ce qui suit : « Le nommé Brioché s'estant plaint au roy des défenses qui lui ont esté faites par le commissaire du quartier Saint-Germain-l'Auxerrois d'y jouer des marionnettes, sa majesté m'a ordonné de vous dire qu'elle veut bien lui permettre cet exercice, et que, pour cet effet, vous ayez à lui assigner le lieu que vous jugerez le plus à propos (1). » On voit que Brioché avait conservé de puissans amis en cour.

Nous trouvons François encore établi près du Pont-Neuf en 1695. Après le brillant succès du *Joueur*, le poète sans fard, Gascon, adressa à Regnard une épître demi-louangeuse et demi-satirique, où il l'engage à rompre tout commerce avec ses collaborateurs forains, et renvoie ceux-ci à Brioché et aux marionnettes :

> Que je vous plains, Dancourt, De Brie et Dufréni !
> Portant à Brioché vos pointes à la glace,
> Allez sur le Pont-Neuf charmer la populace (2).

Ce pauvre Brioché était, comme on voit, le point de mire de tous les beaux-esprits caustiques. La célébrité de son nom fit de ses marionnettes un lieu commun satirique. Le poète Lainez, annonçant dans une épigramme, d'ailleurs assez froide, qu'il renonce aux muses sévères et qu'il enferme sous quatre clés Horace, Boileau et le bon goût, pour chercher des succès *faciles*, ajoutait ironiquement que

> Brioché, Linière et Dancourt
> Lui montroient le grand art de plaire (3),

grand art, en effet, quand on l'atteint, fût-ce en compagnie de Brioché ! Au reste, faciles ou non, les succès des deux Brioché ont été éclatans, soutenus, fructueux, et leur ont suscité de nombreuses et redoutables concurrences. Je vais faire connaître les plus célèbres de leurs rivaux.

(1) Cette lettre se trouvera dans le tome second de la *Correspondance administrative sous Louis XIV* dont M. Depping a déjà publié le premier volume dans la *Collection des documens historiques*. Le second est sous presse.
(2) Voyez les *Poésies du poète sans fard*, à Libreville, chez Paul Disant-Vray, à l'antique miroir qui ne flatte point; 1698, Épître XII, v. 15 et suiv.
(3) *Poésies* de Laînez, épigramme 23e; La Haye, 1753. Ce poète mourut en 1710.

VII.

FIGURES DE BENOÎT. — PYGMÉES ET BAMBOCHES.

Outre Daitelin et le mécanicien anglais mentionné par Brossette, il s'éleva dans Paris divers concurrens aux bonnes marionnettes du Pont-Neuf. En 1668, Archambault, Jérôme, Arthur et Nicolas Féron, danseurs de corde associés et directeurs de marionnettes, obtiennent du lieutenant de police l'autorisation de construire une loge au jeu de paume du nommé Cercilly, à l'enseigne de la Fleur de lys. On cite encore un privilége semblable accordé à François Bodinière (1).

Vers le même temps, un sieur Benoît, surnommé du Cercle, fit une fortune considérable en montrant des figures de cire qui offraient des portraits de souverains et de personnes célèbres. Je ne parle de ces figures que parce que La Bruyère, dans le court passage qu'il leur consacre, leur a donné le nom de *marionnettes* (2). Elles ont été, pour Mme de Sévigné, l'occasion d'un mot charmant : « Si, par miracle, dit-

(1) *Mémoire pour servir à l'histoire de la Foire* (par les frères Parfait), Introd., p. xLvI.
(2) Voyez *les Caractères de La Bruyère; Des Jugements*, § 21, t. II, p. 167, édition de M. Walckenaer. Cette expression peut faire supposer qu'elles étaient mobiles.

elle à sa fille, vous étiez hors de ma pensée, je serois vide de tout, comme une figure de Benoît (1). »

En 1676, un nommé La Grille tenta une plus ambitieuse concurrence contre le spectacle de Brioché, ou plutôt contre le privilége de l'Opéra; je veux parler du théâtre des *Pygmées*, qui devint, l'année d'après, le théâtre des *Bamboches*. Aucun des historiens de notre scène n'a connu le théâtre des Pygmées, et ceux qui ont parlé de celui des Bamboches se sont étrangement fourvoyés. L'abbé Du Bos a été la première cause de ces erreurs en signalant de mémoire l'établissement à Paris, en 1674, d'un nouveau spectacle d'origine italienne, dirigé par le sieur La Grille, et qui, sous le nom de *Théâtre des Bamboches*, eut un assez beau succès pendant deux hivers. « C'étoit, ajoutait-il, et cela seul était exact, un opéra ordinaire, avec la différence que la partie de l'action s'exécutoit par de grandes marionnettes, qui faisoient sur le théâtre les gestes convenables au récit que chantoient les musiciens, dont la voix sortoit par une ouverture ménagée dans le plancher de la scène (2). » L'auteur du *Journal manuscrit de la Comédie-Française*, compilation presque toujours dénuée de critique, mentionne, à l'année 1676, le succès d'une tragi-comédie représentée par la *troupe royale* de l'hôtel de Bourgogne, sans se douter qu'il s'agissait d'une troupe de marionnettes (3). De Visé n'a parlé dans le *Mercure* de 1674 et 1675 ni des Pygmées ni des Bamboches, par l'excellente raison qu'ils n'existaient point; mais il ne parle pas, en 1676, du théâtre des Pygmées qui existait. Ce n'est que dans le premier trimestre de 1677 qu'il annonce le succès des Bamboches au Marais, comme une nouveauté. Les termes singulièrement énigmatiques dont il se sert en cette occasion ont fait croire au chevalier de Mouhy que ces petits comédiens étaient, non pas des marionnettes, mais de jeunes acteurs vivans (4). Voici le passage de De Visé :

(1) Lettre du 11 avril 1671.
(2) *Réflexions sur la Poésie et la Peinture*, t. III, p. 244.
(3) Quelques personnes attribuent cette compilation indigeste aux frères Parfait, à tort, je crois. Elle est, cependant, précieuse pour tout ce qui est extrait des registres de la Comédie-Française.
(4) *Tablettes dramatiques*, p. xx; Paris, 1757, in-8°.

« Il ne nous reste plus qu'à parler du théâtre qu'on a *nouvellement ouvert au Marais*, dont les acteurs sont appelés *Banboches* (sic). Ce mot est dans la bouche de bien des gens, qui n'en savent pas l'origine. Banboche est le nom (il devait dire le surnom) d'un fameux peintre qui ne faisoit que de petites figures que les curieux appeloient des *banboches* (1). Je n'ai encore rien à vous dire de celles du Marais; mais peut-être que si on les laissoit croître, elles feroient parler d'elles. Elles se sont déjà perfectionnées; elles ne dançent pas mal, mais elles chantent trop haut pour pouvoir chanter bien long-temps, et, si on devient considérable quand on commence à se faire craindre, il faut qu'elles aient plus de mérite que le peuple de Paris ne leur en a cru; mais tout fait ombrage à qui veut régner seul. Cependant il est très certain que, lorsqu'on travaille trop ouvertement à détruire de méchantes choses, on les fait toujours réussir (2). »

Cet amphigouri et surtout la phrase, « ces petites figures chantent trop haut pour pouvoir chanter bien long-temps, » pourraient faire supposer que les bamboches du Marais visaient à la critique des hommes haut placés et à la satire des affaires de l'état. Il n'en était rien; en relisant ce passage avec attention, on voit qu'il ne s'agit, dans ces remarques entortillées, que de la jalousie maladroite de l'Opéra, qui prenait ombrage des moindres choses, et se croyait menacé même par des pantins chantans et dansans. Voici d'ailleurs toute la vérité sur ce spectacle. En 1676, un théâtre de marionnettes hautes de quatre pieds s'ouvrit au Marais, sous le nom de *Théâtre des Pygmées*, par une pièce en cinq actes, intitulée aussi *les Pygmées*. Je transcris le titre tel qu'il se trouve dans le programme : « *Les Pygmées*, tragi-comédie en cinq actes (le directeur se garde bien d'employer le mot *opéra*), ornée de musique, de machines, de changemens de théâtre, représentée en leur hôtel royal (*l'hôtel royal des Pygmées!*) au Marais du Temple; in-4° avec cette épigraphe :

Cunctorum est novitas gratissima rerum (3).

(1) Pierre de Laer, peintre hollandais, mort en 1675.
(2) *Le Nouveau Mercure galant*, contenant tout ce qui s'est passé de curieux depuis le 1ᵉʳ janvier jusqu'au dernier mars 1677.
(3) Beauchamp a inséré le titre de cet *opéra* composé pour les marionnettes dans la liste des tragi-comédies jouées par les comédiens du Marais, et cette lourde bévue a été naturellement répétée par tous ses successeurs.

Le directeur de ces marionnettes, importées d'Italie, s'appelait La Grille. Le programme se termine ainsi :

« Ce qu'on n'a point vu jusqu'ici, des figures humaines de quatre pieds de haut, richement habillées, et en très grand nombre, représenter sur un vaste et superbe théâtre des pièces en cinq actes, ornées de musique, de ballets, de machines volantes, de changemens de décorations, réciter, marcher, *actionner*, comme des personnes vivantes, sans qu'on les tienne suspendues : c'est ce qu'on verra désormais..... »

La seconde pièce jouée sur ce théâtre fut un opéra féerique intitulé *les Amours de Microton, ou les Charmes d'Orcan*, tragédie enjouée. Cette dénomination absurde est changée à la main, dans l'exemplaire que j'ai sous les yeux, en celle de *pastorale enjouée*. L'année suivante (1677), le théâtre des Pygmées prit le nom de *Théâtre des Bamboches*; mais ces ambitieuses marionnettes ne tardèrent pas à succomber sous les réclamations de l'Opéra, confirmant la prophétie du *Mercure* : « Elles chantent trop haut pour chanter long-temps. » Nous verrons plus tard d'autres *Pygmées* et d'autres *Bamboches*.

VIII.

PREMIERS JOUEURS DE MARIONNETTES AUX FOIRES SAINT-GERMAIN ET SAINT-LAURENT.

Ce sont surtout les foires Saint-Germain et Saint-Laurent qui ont été le berceau, et, à partir de 1697, la vraie patrie des marionnettes. L'origine de ces deux célèbres enceintes, lieux de franchise ouverts au commerce et à l'industrie, se perd dans la nuit des temps. La foire Saint-Germain, qui, au xvii° siècle, commençait à la Purification et durait jusqu'au dimanche des Rameaux, occupait l'emplacement où se trouve le marché actuel. La foire Saint-Laurent, qui s'ouvrait la veille de la Saint-Laurent, et se terminait à la Saint-Michel, le 29 septembre (1), se tint d'abord *extra muros*, entre Paris et le Bourget, puis, à partir de 1662, entre les rues du Faubourg-Saint-Denis et du Faubourg-Saint-Martin. Il était naturel que les marchands, intéressés à attirer la foule, aient de bonne heure appelé près d'eux des saltimbanques. On ne trouve pourtant aucun indice de jeux de théâtres à la foire Saint-Germain avant l'an-

(1) La durée des deux foires a beaucoup varié; on peut voir l'histoire de ces changemens dans les *Antiquités de Paris*, par Sauval.

née 1595. Une sentence, rendue le 5 février par le lieutenant civil, sur la plainte des maîtres de la Passion, permit à une troupe de comédiens de province de continuer leurs représentations dans le préau de la foire où ils s'étaient établis, à charge de payer auxdits maîtres deux écus par an (1). Les frères Parfait pensent, avec beaucoup de vraisemblance, que les marionnettes ont précédé dans les deux foires tous les autres spectacles (2); mais ils n'ont point apporté de preuves à l'appui de cette assertion.

Dans un mémoire publié par le lieutenant de police, M. de la Reynie, contre le seigneur-abbé de Saint-Germain-des-Prés, à l'occasion de la juridiction de cette foire, il est établi qu'en 1646 le lieutenant civil Aubray accorda à des danseurs de corde et maîtres de marionnettes l'autorisation de jouer à la foire Saint-Germain. Il est possible, en effet, que le lieutenant civil ne soit intervenu qu'à partir de cette époque dans la police de la foire; mais il est certain que des autorisations antérieures ont dû être données à des joueurs de marionnettes par les seigneurs-abbés. Ainsi, Scarron, qui, en 1643, adressa à Gaston des stances où sont décrits avec agrément les divers spectacles de cette foire, fait une mention expresse des marionnettes :

> Le bruit des pénétrans sifflets,
> Des flûtes et des flageolets,
> Des cornets, hautbois et musettes,
> Des vendeurs et des acheteurs,
> Se mêle à celui des sauteurs
> Et des tambourins à sonnettes,
> Aux joueurs de marionnettes
> Que le peuple croit enchanteurs... (3).

Devons-nous voir dans ce dernier vers une allusion à l'aventure de

---

(1) Voyez De la Mare, *Traité de la Police*, tome I, p. 440.
(2) *Mémoires pour servir à l'histoire des spectacles de la foire*, tome I, Introd., p. XI.
(3) *Stances de Scarron à son Altesse royale*. Il y en a de touchantes sur l'exil de son père et sur la paralysie dont il commençait d'être atteint. La date de 1643, que j'assigne à cette pièce, résulte de ce qu'elle me paraît avoir été composée entre la mort du cardinal de Richelieu et celle de Louis XIII.

PREMIÈRES MARIONNETTES DE LA FOIRE SAINT-GERMAIN. 149

Brioché en Suisse? On le pourrait croire. Les frères Parfait et plusieurs autres critiques pensent que Brioché avait la coutume de transporter ses marionnettes du Pont-Neuf à la foire Saint-Germain (1). La tradition de ce fait est établie; le poète Lemière l'a adoptée dans le moins imparfait de ses ouvrages :

> Où court donc tout ce peuple au bruit de ces fanfares?
> Viens, ma muse! suivons ces juges en simarre (2) :
> Ils ouvrent dans Paris un enclos fréquenté,
> Asile de passage au marchand présenté,
> Pour fixer en ce lieu la foule vagabonde,
> Qui s'écoule sans cesse et qui sans cesse abonde,
> Vingt théâtres dressés dans des réduits étroits,
> Entre des ais mal joints, sont ouverts à la fois.
> Il en est un surtout, à ridicule scène,
> Fondé par Brioché, haut de trois pieds à peine;
> Pour trente magotins, constans dans leurs emplois,
> Petits acteurs charmans que l'on taille en plein bois,
> Trottant, gesticulant, le tout par artifices,
> Tirant leur jeu d'un fil et leur voix des coulisses,
> Point soufflés, point sifflés, de douces mœurs; entr'eux
> Aucune jalousie, aucun débat fâcheux.
> Cinq ou six fois par jour, ils sortent de leur niche,
> Ouvrent leur jeu : jamais de rhumes sur l'affiche.
> Grand concours; on s'y presse, et ces petits acteurs,
> Fêtés, courus, claqués par petits spectateurs,
> Ont pour premier soutien de leurs scènes bouffonnes
> Le suffrage éclatant des enfans et des bonnes (3).

Ce dernier trait et celui qu'y a ajouté M. Arnault dans sa jolie fable, *le Secret de Polichinelle,*

> Les Roussel passeront, les Janots sont passés,
> Lui seul, toujours de mode, à Paris comme à Rome,
> Peut se prodiguer sans s'user;

---

(1) *Mémoires pour servir à l'histoire des spectacles de la foire,* tome 1, *Introd.*, p. XL.
(2) Les magistrats faisaient en grande pompe l'ouverture des deux foires.
(3) *Les Fastes,* poème, livre III.

Lui seul, toujours sûr d'amuser,
Pour les petits enfans est toujours un grand homme (1),

ces traits, dis-je, qui portaient juste en 1777 et en 1812, quand écrivaient Lemière et Arnault, n'auraient pas eu la même vérité au XVIIe siècle, ni surtout pendant les trente premières années du XVIIIe, où les marionnettes furent un instrument de fine critique littéraire et quelquefois d'opposition politique. Le 7 février 1686, le procureur général au parlement de Paris, Achille de Harlay, adressa au lieutenant de police, M. de la Reynie, le billet suivant que le hasard m'a fait rencontrer dans des papiers relatifs à la révocation de l'édit de Nantes :

« A monsieur de la Reynie, conseiller du roy en son conseil, etc. — On dit ce matin au Palais que les marionnettes que l'on fait jouer à la foire Saint-Germain y représentent la déconfiture des huguenots, et comme vous trouverez apparemment cette matière bien sérieuse pour les marionnettes, j'ai cru, monsieur, que je devois vous donner cet avis pour en faire l'usage que vous trouverez à propos dans votre prudence (2). »

Vers cette époque, un nommé Alexandre Bertrand, maître doreur et faiseur de marionnettes si habile en son métier, que presque tous les joueurs se fournissaient près de lui, résolut de conduire et de faire parler lui-même ses petites figures. Il loua donc, de moitié avec son frère, une loge dans l'impasse de la rue des Quatre-Vents (3). En 1690, s'étant établi dans le préau de la foire Saint-Germain, il voulut joindre à ses acteurs de bois une troupe d'enfans des deux sexes. Nous verrons que telle a été constamment en France la manie et l'idée fixe de tous les directeurs de marionnettes. Les comédiens français se plaignirent de cette atteinte portée à leurs priviléges, et une sentence ordonna la démolition de la nouvelle loge. L'arrêt fut exécuté le jour même.

Réduit à ses danseurs de corde et à ses bonnes marionnettes, Bertrand se transporta à la foire Saint-Laurent et y donna des représentations, chaque année, jusqu'en 1697, où il conçut, comme tous ses

(1) *Fables*, Paris, 1812, liv. I, fable 7, p. 11.
(2) *Papiers relatifs aux protestans*, manuscrits de la Bibliothèque nationale.
(3) Voyez *Mémoires pour servir*, etc., t. 1, p. 90.

confrères, de plus hautes prétentions. Cette date, en effet, est mémorable dans l'histoire des spectacles forains; tous prirent ou essayèrent de prendre un grand essor, par suite de la disgrace et de la suppression de la Comédie-Italienne, dont ils se regardèrent comme les héritiers légitimes. Bertrand eut même l'outrecuidance de s'établir dans le local qu'elle abandonnait, et qui n'était rien moins que la scène de Corneille et de Racine, l'ancien hôtel de Bourgogne; mais, au bout de quelques jours à peine, un ordre du roi lui enjoignit d'en sortir.

Ce fut cette même année qu'aux petites *loges* des foires on substitua des salles construites sur le modèle des vrais théâtres, avec parquets, galeries, etc.; enfin, cette mémorable année vit commencer une guerre qui dura plus que celle de trente ans, entre le grand Opéra, les comédiens français et les Italiens ressuscités, d'une part, et de l'autre part, tous les entrepreneurs de théâtres forains, qui n'avaient d'autorisation que pour les danses de corde et le jeu des marionnettes, et dont l'incessante prétention, toujours repoussée par les théâtres privilégiés, était de remplacer peu à peu leurs acteurs mécaniques par des acteurs réels, parlans et chantans : ils avaient contre eux les magistrats, qui répugnaient à augmenter dans Paris le nombre des spectacles, et pour soutiens ardens la cour et la ville, dont ils promettaient de varier et de multiplier les plaisirs. Mais les nombreuses péripéties et les étranges épisodes de cette longue guerre me conduiraient beaucoup trop loin, si je voulais le raconter dans son ensemble et ses détails. Je ne toucherai donc que ce qui a rapport aux marionnettes; la matière est encore assez riche.

IX.

CHRONIQUE DES MARIONNETTES AUX FOIRES SAINT-GERMAIN ET SAINT-LAURENT, DE 1701 A 1793.

On est en droit de s'étonner qu'aucun des historiens de nos grands ou de nos petits théâtres ne se soit appliqué à reconstruire le répertoire des marionnettes. M. de Soleinne lui-même, qui possédait un assez grand nombre de pièces faites pour elles, imprimées et manuscrites, et qui avait eu l'excellente idée de recomposer le répertoire de la plupart de nos théâtres secondaires, a négligé, je ne sais pourquoi, de refaire celui des marionnettes; il a laissé toutes les pièces de ce genre qu'il possédait confondues dans l'immense suite du théâtre de la foire. Il est de notre devoir de faire cette séparation et de réunir pour la première fois l'ensemble de ce répertoire, qui, pendant plus de quarante ans, s'est constamment associé par la parodie aux destinées de l'Opéra, de la Comédie-Française, des Italiens et de l'Opéra-Comique.

A la foire Saint-Laurent de 1701, Bertrand, dont la loge était sur la chaussée, en face de la rue de Paradis, fit représenter par ses marionnettes le premier ouvrage dramatique de Fuzelier, *Thésée ou la Défaite des Amazones*, pièce en trois actes, avec un égal nombre d'intermèdes, qui composaient eux-mêmes une pièce épisodique, *les Amours de Tremblotin et de Marinette*. Ces trois intermèdes étaient joués (bien qu'en aient dit quelques compilateurs) par des acteurs vivans, puisque ce fut Tamponnet qui créa le rôle de Tremblotin.

En 1705, Fuzelier fit jouer à la foire Saint-Germain son second ouvrage, « *le Ravissement d'Hélène, ou le Siége et l'embrasement de Troie*, grande pièce en trois actes (je transcris l'affiche), qui sera représentée avec tous ses agrémens *au jeu des Victoires*, par les marionnettes du sieur Alexandre Bertrand, dans le préau de la foire Saint-Germain (1). » Cette pièce était accompagnée de trois intermèdes qui furent, je crois, comme ceux de la pièce précédente, joués par de vrais acteurs.

Vers cette époque parurent deux nouveaux joueurs de marionnettes, Tiquet et Gillot; mais je présume qu'ils n'eurent pour répertoire que les petites pièces de marionnettes anonymes qui étaient dans le domaine public, et que l'on jouait dans toutes les foires urbaines et rurales. Je trouve dans les portefeuilles manuscrits de M. de Soleinne un cahier mutilé, qui avait contenu la copie de huit de ces pièces. Les quatre premières, les seules qui restent, sont pleines des fautes les plus grossières, et paraissent n'avoir pu servir qu'à des joueurs de marionnettes du plus bas étage. Ce cahier est intitulé : *Répertoire des petites pièces de Polichinelle*, avec dates de ces pièces de 1695 à 1712. Voici les titres de ces huit pièces : 1° *l'Enlèvement de Proserpine par Pluton, roi des enfers* (annoncée comme étant en vers, mais réellement en prose mêlée de consonnances; c'est, je crois, la pièce dont il est parlé dans l'épître d'Antoine Hamilton à la princesse d'Angleterre); 2° *Polichinelle Grand-Turc*; 3° *le Marchand ridicule*; 4° *Polichinelle colin-maillard*; 5° *la Noce de Polichinelle et l'accouchement de sa femme*; 6° *Polichinelle magicien*; 7° *les Cousins de la Cousine*; 8° *les Amours de Polichinelle* (2). Les historiens du théâtre n'ont connu que deux de ces petites farces, *Polichinelle colin-maillard* et *le Marchand ridicule*. Le *Dictionnaire des Théâtres de Paris* a publié la dernière *in extenso*, comme plus décente et plus

(1) Imprimée à Paris, chez Chrétien, 1705, in-12.
(2) *Théâtre inédit de la foire*, collection de M. de Soleinne, n° 3399 du catalogue imprimé. Il n'existe que les titres des quatre dernières pièces; les feuilles qui contenaient le texte ont été arrachées du cahier.

réservée dans ses plaisanteries; que les pièces du même genre : nous sommes obligé de confesser que cet échantillon de décence ne donne pas une opinion fort avantageuse des mœurs de mesdames les marionnettes vers la fin du règne de Louis XIV; elles préludaient à la régence.

Il ressort de deux procès-verbaux dressés, l'un le 30 août 1707, l'autre le 3 août de l'année suivante, que tous les essais de comédies et d'opéras-comiques, que s'efforçaient de faire représenter à chaque foire Allard, Maurice, De Selles, Michu de Rochefort, Octave et autres, étaient toujours précédés, pour la forme, d'un jeu de marionnettes qui constituait, avec les danses de corde, l'objet principal ou plutôt le seul objet de leur privilége; mais ils employaient tous leurs efforts pour faire de l'accessoire le principal. Un arrêt du parlement du 2 janvier 1709, qui venait après plusieurs autres, enjoignit à Dolet, La Place et Bertrand de ne faire servir dorénavant leur loge qu'aux exercices de leur profession, la danse de corde et les marionnettes.

C'est alors que s'établit l'usage des pièces à *la muette*, mêlées de jargon, et celui des pièces à *écriteaux*. Le jargon consistait en mots vides de sens que les forains introduisaient dans leurs farces, surtout dans les parodies des pièces de la Comédie-Française; ils déclamaient ces mots en parodiant l'emphase et le son de voix des *Romains* (c'était le nom qu'ils donnaient aux comédiens français). Quant aux écriteaux, on les vit commencer à la foire Saint-Germain de 1710 : c'étaient des couplets écrits sur une pancarte de carton, que chaque acteur, au moment venu, déroulait aux yeux du public. L'orchestre jouait l'air, et des gagistes, placés au parquet et à l'amphithéâtre, les chantaient, engageant ainsi toute la salle à les imiter. Deux ans plus tard, on fit descendre les écriteaux du cintre, afin de rendre aux acteurs la liberté d'exprimer par leurs gestes le sens des couplets.

En 1715, Carolet, qui devait bientôt se montrer le plus fécond des auteurs forains, débuta par une pièce bien téméraire, qu'il donna aux marionnettes de Bertrand, *le Médecin malgré lui*, parodie en trois actes et en vaudeville de la comédie de Molière. A la foire Saint-Germain de 1717, Carolet confia à la même troupe une petite pièce en un acte, *la Noce interrompue*. On vit surgir la même année un nom destiné à devenir célèbre parmi les directeurs de marionnettes. Bienfait, gendre et successeur de Bertrand, représenta à la foire Saint-Germain une petite comédie fort libre de Carolet, intitulée *la Cendre chaude*, un acte en prose, avec des divertissemens et des couplets (1). Il s'agissait d'un prétendu mort qui se permettait, dans son mausolée, d'assez égrillardes fantaisies. Pendant l'année 1719, tous les théâtres forains furent supprimés; il n'y eut d'exception que pour les danseurs de corde et les marionnettes. Celles-ci, n'ayant à craindre aucune concurrence, se reposèrent sur leur vieux répertoire.

Aux foires de 1720, il intervint une transaction entre les petits et les grands théâtres : on permit aux forains de jouer des pièces avec quelques paroles entremêlées de chant; les marionnettes seules resteront, comme toujours, maîtresses de tout dire, de tout chanter et de tout se permettre. Elles profitèrent de la liberté, et se montrèrent, cette année surtout, outrageusement satiriques. Le *Journal de Paris* de Mathieu Marais nous apprend qu'elles brocardèrent sur un ridicule épisode du *système*, l'affaire du duc de La Force, décrété par le parlement pour être ouï au sujet de la conversion qu'il avait faite de ses billets en marchandises de droguerie et d'épicerie; ce qu'on trouvait messéant à sa dignité de duc et pair. Polichinelle s'égaya aussi à propos d'une aventure assez lugubre; je veux parler du feu qui prit, à l'issue d'un petit souper, aux paniers de M™ de Saint-Sulpice, jeune et jolie veuve de la société intime de M™ de Prie, du duc de Bourbon, du prince de Conti et du comte de Charolais, accident dont elle faillit mourir, et sur lequel il courut dans Paris une version burlesque et peu charitable. Mathieu Marais, qui tient note de ces bruits et qui semble y croire (17 février 1721), écrit quinze jours après : « J'ai appris que Polichinelle joue cette dame à la foire, et dit à son compère qu'il est venu des grenadiers voir sa femme, et lui ont mis un pétard sous sa jupe et l'ont brûlée. Il a dit aussi : Compère, je suis en décret, et cela me fâche beaucoup. — Tu es en décret? Il n'y a qu'à te purger, dit le compère. — Oh! s'il ne tient qu'à me purger, répond Polichinelle, j'ai chez moi bien de la casse et du séné, et je me purgerai tant que je me guérirai du décret. — Ainsi les marionnettes, remarque Mathieu Marais, ont joué les

(1) *Théâtre inédit de Carolet*, Soleinne, n° 3407.

Princes, le duc de La Force et cette dame, dont l'aventure triste a été tournée en ridicule (1). » Étonnez-vous donc du succès de Polichinelle! En 1722, Francisque, qui, depuis quelque temps, avait obtenu par tolérance de joindre à ses pantins et à ses danseurs une troupe d'acteurs parlans et chantans, avait espéré obtenir pour lui et ses trois principaux auteurs, Fuzelier, Lesage et d'Orneval, le privilége de l'Opéra-Comique, genre nouveau, que ces spirituels écrivains avaient en quelque sorte créé; mais il échoua dans son espoir, et le triumvirat, irrité de tous les obstacles que les théâtres privilégiés lui suscitaient, refusa de se plier aux entraves du *monologue* dont l'Opéra, les comédiens français et les Italiens coalisés venaient d'obtenir le maintien (2). Plutôt que de se résoudre à ne faire parler et chanter qu'un seul personnage, nos trois poètes aimèrent mieux n'avoir que des marionnettes pour interprètes. Eux-mêmes nous apprennent leur résolution désespérée dans un court avertissement qu'ils placèrent au-devant de leur coup d'essai en ce genre, *l'Ombre du cocher poète* : « Plus animés, disent-ils, par la vengeance que par l'intérêt, les auteurs de l'Opéra-Comique (c'est ainsi qu'ils se qualifient) s'avisèrent d'acheter une douzaine de marionnettes et de louer une loge, où, comme des assiégés dans leurs derniers retranchemens, ils rendirent encore leurs armes redoutables. Leurs ennemis (les trois grands théâtres), poussés d'une nouvelle fureur, firent de nouveaux efforts contre Polichinelle chantant; mais ils n'en sortirent pas à leur honneur (3). » En effet, ayant pris à l'ouverture de la foire Saint-Germain des arrangemens avec La Place, directeur des *Marionnettes étrangères*, ils firent jouer sur cette petite scène trois pièces à ariettes qu'ils avaient destinées à l'Opéra-Comique de Francisque, et qui attirèrent tout Paris chez La Place. Ces trois ouvrages étaient *l'Ombre du cocher poète*, qui servait de prologue, *le Rémouleur d'amour*, en un acte et en vers, et *Pierrot-Romulus ou le Ravisseur poli*, parodie en vers du *Romulus* de La Motte. Je lis dans une lettre inédite de l'abbé

---

(1) *Journal de Paris*, dans la 2ᵉ série de la *Revue Rétrospective*, tome VII, p. 355 et 369.

(2) Ce genre de pièces datait de 1707. Un arrêt du 22 février 1707 ayant défendu aux forains de jouer des comédies, colloques ni dialogues, ils en conclurent qu'ils pouvaient jouer des monologues, ce qui fut toléré.

(3) *Théâtre de la foire*, tome V, p. 47.

Chérier, écrite en 1734, à l'occasion d'un autre succès de marionnettes : « *Le Pierrot-Romulus* fit une fortune immense; on le jouait depuis dix heures du matin jusqu'à deux heures après minuit (1). » Le régent voulut s'en donner le plaisir, et se fit représenter ce spectacle passé deux heures du matin. Mathieu Marais raconte dans son *Journal* (16 février 1722) que les comédiens français, blessés de cette critique, voulurent faire taire Polichinelle. Baron, qui, malgré son âge, était fort applaudi dans le rôle de Romulus, fit une noble harangue à M. de la Vrillière. Le compère de Polichinelle, qui avait été appelé, s'en tira, comme toujours, par une polissonnerie : « Il n'avait point, disait-il, l'éloquence nécessaire pour répondre à un aussi beau discours, et il ne dirait que deux mots : depuis plus de cinq cents ans (il faisait ainsi remonter le théâtre des marionnettes au xiiie siècle), Polichinelle était en possession de parler et de p...r; il demandait d'être conservé dans ce double privilége, ce qui fut reconnu de toute justice; les comédiens et Baron lui-même ne purent que rire de ce burlesque plaidoyer avec le reste de l'auditoire (2). »

Cependant le privilége des marionnettes était soumis à de très gênantes restrictions, comme nous l'apprend l'abbé Chérier dans la lettre que nous venons de citer : « Il n'est, dit-il, permis à Polichinelle de jouer des comédies qu'à la charge de les représenter dans son idiome, qui est celui du sifflet-pratique... Il faut encore qu'il se renferme dans son institution, qui est d'avoir sur son théâtre un voisin ou compère qui l'interroge par demandes, et à qui Polichinelle répond avec sa précision polissonique ordinaire (3). »

Nos trois spirituels entrepreneurs de marionnettes avaient fait peindre au bas du rideau de leur théâtre un polichinelle en pied (4), avec cette devise un peu bien fière : « J'en valons bien d'autres. » Dans un

---

(1) Voyez *Théâtre inédit de la foire*, Soleinne, n° 3399. Cette lettre est placée à la suite de la petite pièce intitulée *Polichinelle à la guinguette de Vaugirard*.
(2) *Revue Rétrospective*, 2e série, tome VIII, p. 162 et 163.
(3) *Théâtre inédit de la foire*, Soleinne, n° 3399.
(4) Ce polichinelle gravé dans le *Théâtre de la foire* (tome V, p. 47) est curieux en ce qu'il donne le costume exact du personnage en 1722.

vaudeville joué au commencement de ce siècle, on a mis dans la bouche de Lesage cet éloge des troupes de marionnettes :

> Les acteurs y sont de niveau,
> Aucun d'eux ne s'en fait accroire ;
> Les mâles au porte-manteau,
> Et les femelles dans l'armoire.
> Isabelle, sous les verrous,
> Laisse Colombine tranquille,
> Et Polichinelle à son clou
> Ne cabale pas contre Gille (1).

Cependant Francisque, abandonné à l'improviste par ses trois auteurs, eut la bonne fortune de recruter Piron. Celui-ci, dans une pièce en monologue intitulée *Arlequin-Deucalion*, railla assez finement ses confrères passés joueurs de marionnettes. Obligé, par l'arrêt de la cour, à ne faire parler qu'un seul acteur, il éluda cette incommode obligation par plusieurs heureux subterfuges. Voici un des meilleurs : Arlequin-Deucalion, cherchant dans tous les coins du Parnasse des matériaux pour créer des hommes, met la main sur un polichinelle de bois, qui parle aussitôt son baragouin par l'organe du compère placé sous la scène. Grand émoi de Deucalion, qui craint un procès des grands théâtres; mais, comme ce genre de dialogue n'avait pas été prévu dans la requête des comédiens à priviléges, et que l'arrêt n'avait pas compris le jargon de Polichinelle parmi les voix proscrites, le commissaire, qui assistait au spectacle, ne se crut pas en droit de verbaliser. Cependant, comme de pareils tours d'esprit ne peuvent pas se multiplier indéfiniment, Piron se découragea, et Francisque, faute de monologues, fut obligé de revenir aux marionnettes. Il s'avisa alors d'en faire fabriquer de grandeur presque naturelle, et Piron, qui venait de railler ses confrères, consentit à laisser jouer par celles-ci, à la foire Saint-Laurent suivante, un opéra-comique en trois actes et en prose, *la Vengeance de Tirésias ou le Mariage de Momus* (2). Heureuse-

(1) *Lesage à la foire ou les Écriteaux*, par MM. Barré, Radet et Desfontaines.
(2) Cette pièce porte pour titre dans les *Œuvres de Piron* : *le Mariage de Momus ou la Gigantomachie*, t. V, p. 1-62.

ment la dernière semaine du carême étant venue, et la clôture des grands théâtres suspendant de fait leurs priviléges, *Tirésias* put être joué par la troupe vivante de Francisque, avec un autre opéra-comique de Piron, *l'Antre de Trophonius*.

La Place, associé à Dolet, reprit à cette foire *Pierrot-Romulus;* mais l'ouvrage eut beaucoup moins de succès qu'au commencement de l'année, parce que, dit-on (et cela mérite qu'on le remarque), les auteurs avaient cessé de *prêter la main* à l'exécution de la pièce. La Place et Dolet eurent donc recours à des nouveautés. Carolet, le plus inépuisable fournisseur, vint à leur aide; ils purent monter dans cette seule foire trois nouvelles productions de cet auteur : *la Course galante ou l'Ouvrage d'une minute*, parodie du *Galant coureur ou l'Ouvrage d'un moment* de Legrand, et *Tirésias aux Quinze-Vingts*, précédé d'un prologue intitulé *Brioché vainqueur de Tirésias*. Ces deux pièces étaient destinées à faire concurrence au *Tirésias* de Piron. Les marionnettes de Bienfait donnèrent aussi à cette foire une bluette de Carolet, *l'Entêtement des spectacles*.

En 1723, Piron, sous le nom emprunté de La Maison-Neuve, fit jouer encore par les marionnettes de Francisque une pièce en trois actes et en prose mêlée de vaudevilles, *Colombine-Nitétis*, parodie de *Nitétis*, tragédie de Danchet (1).

Ces deux années 1722 et 1723 ont été, comme on voit, l'époque la plus brillante, et, si l'on peut ainsi parler, la plus littéraire du théâtre des marionnettes en France. Pendant ces deux années, Lesage, Piron, Fuzelier, d'Orneval, ont lutté à l'envi, sur cette petite scène, de verve, de malice et de gaieté. Je ferai remarquer que quand Lesage se vouait ainsi aux marionnettes, il était dans la force de son talent. Il avait déjà, depuis onze ans, donné *Turcaret* à la Comédie-Française, et publié, depuis sept ans, les deux premiers volumes de *Gil Blas*. Il avait sur le métier la troisième partie de ce chef-d'œuvre, la plus distinguée de toutes, qui parut en 1724, deux ans après *Pierrot-Romulus*.

(1) Rigoley de Juvigny (*Œuvres* de Piron, t. V, p. 63) donne à cette pièce la date de 1722, évidemment fautive. Il suffit de rappeler que la tragédie de Danchet ne parut sur la scène française que le 11 février 1723.

En 1724, les marionnettes de Bienfait représentèrent à la foire Saint-Germain les *Eaux de Passy*, un acte de Carolet, et à la foire Saint-Laurent deux pièces du même auteur : la première, l'*Anti-Claperman ou le somnifère des maris*, critique du *Claperman* de Piron (1), la seconde, *Inès et Mariamne aux Champs-Élysées*, qui n'était rien moins que la parodie en un acte et avec prologue de deux tragédies nouvelles et bien reçues du public, l'*Inès* de La Motte et la *Mariamne* de Voltaire.

Un Anglais, John Riner, ayant fait bâtir une salle pour des danseurs de corde dans le jeu de paume de la rue des Fossés-Monsieur-le-Prince, ajouta des marionnettes à ce spectacle. Il fit représenter par elles, le 10 mars 1726, la *Grand'Mère amoureuse*, parodie en trois actes de l'opéra d'*Atis*. Cette pièce de Fuzelier, Lesage et d'Orneval (2) fut précédée d'une *harangue de Polichinelle au public*, critique assez plaisante des *complimens* d'ouverture et de clôture, en usage sur les deux théâtres français et italien. Une copie entière de cette harangue, qui n'a été qu'incomplétement publiée, se trouve dans les portefeuilles de M. de Soleinne. Je me hasarde à la transcrire, malgré quelques licences de style qui sont malheureusement le fond de la langue de Polichinelle.

Après avoir fait, chapeau bas, les trois saluts d'usage, Polichinelle s'avance au bord du théâtre et dit :

« Monseigneur le public, puisque les comédiens de France et d'Italie, masculins, féminins et neutres, se sont mis sur le pied de vous haranguer, ne trouvez pas mauvais que Polichinelle, à l'exemple des grands chiens, vienne pis..r contre les murs de vos attentions et les inonder des torrens de son éloquence. Si je me présente devant vous en qualité d'orateur des marionnettes, c'est pour vous dire que vous devez nous pardonner de vous étaler dans notre petite boutique une seconde parodie d'*Atis* (3). En voici la raison : les beaux esprits se rencontrent; *ergo*, l'auteur de la Comédie-Italienne et celui des marionnettes doivent se rencontrer. Au reste, monseigneur le public, ne comptez

(1) Opéra-comique représenté l'année précédente au jeu de Restier, Dolet et La Place, avec le consentement tacite des comédiens français et de l'Opéra.

(2) J'ajoute le nom de Lesage d'après une note manuscrite que je trouve dans le *Théâtre inédit de Fuzelier*, Soleinne, n° 3405, 2.

(3) La première parodie d'*Atis*, jouée à la Comédie-Italienne, était des mêmes auteurs que celle des marionnettes.

pas de trouver ici l'exécution gracieuse de notre ami Arlequin; vous compteriez sans votre hôte. Songez que nos acteurs n'ont pas les membres fort souples, et que souvent on croiroit qu'ils sont de bois. Songez aussi que nous sommes les plus anciens polissons (1), les polissons privilégiés, les polissons les plus polissons de la foire; songez enfin que nous sommes en droit, dans nos pièces, de n'avoir pas le sens commun, de les farcir de billevesées, de rogatons, de fariboles. Vous allez voir dans un moment avec quelle exactitude nous soutenons nos droits.

   Ici la licence
   Conduit nos sujets,
   Et l'extravagance
   En fournit les traits;
   Si quelqu'un nous tance,
   J'avons bientôt répondu
    Lanturlu.

« Bonsoir, monseigneur le public; vous auriez eu une plus belle harangue, si j'étois mieux en fonds. Quand vous m'aurez rendu plus riche, je ferai travailler pour moi le faiseur de harangues de ma très honorée voisine, la Comédie-Française, et je viendrai vous débiter ma rhétorique empruntée avec le ton de Cinna et un justaucorps galonné comme un trompette. Venez donc en foule! je vous ouvrirai nos portes, si vous m'ouvrez vos poches.

   Ah! messieurs, je vous vois, je vous aime;
   Ah! messieurs, je vous aimerai tant,
   Si vous m'apportez votre argent!
   Je vous vois, je vous veux, je vous aime,
   Je vous aimerai, etc.   Duo (2). »

Riner fit encore jouer en 1726 une pièce de Fuzelier et de d'Orneval, *les Stratagèmes de l'amour*, parodie du ballet de ce nom, que Fuzelier avait déjà parodié à la Comédie-Italienne. Je trouve, parmi les pièces manuscrites de Carolet qu'a réunies M. de Soleinne, *le Divertissement comique*, représenté par les marionnettes de Bienfait à la foire de 1727.

---

(1) On voit qu'il était dès-lors généralement admis que les marionnettes étaient le plus ancien spectacle des foires Saint-Germain et Saint-Laurent.
(2) *Théâtre inédit de Fuzelier*, Soleinne, n° 3405.

Il n'y eut en 1728 d'autres spectacles forains que ceux des danseurs de corde et des marionnettes, lesquels ne se mirent pas en frais de nouveautés.

Carolet, à la foire Saint-Germain de 1731, fit jouer *le Cocher maladroit ou Polichinelle-Phaéton*, parodie en trois actes et en vaudevilles de l'opéra de *Phaéton*. A la foire Saint-Laurent, Bienfait fit représenter par ses comédiens de bois trois pièces du même auteur, *Polichinelle-Cupidon ou l'Amour contrefait*, *l'Impromptu de Polichinelle*, en prose, et *le Palais de l'ennui ou le Triomphe de Polichinelle* (1), critique en un acte et en vaudevilles de l'opéra d'*Endymion*. Les marionnettes jouèrent encore à cette foire *Polichinelle roi des sylphes* et *Polichinelle à la guinguette de Vaugirard* (2). Cette année, l'Opéra-Comique, dont Pontau avait obtenu le privilége, fut obligé de se restreindre aux pièces à la muette et en écriteaux. Il n'obtint grace que pour quelques enfans auxquels il fit jouer une pièce de sa façon intitulée *les Petits comédiens*. Au lever du rideau, il s'avançait au bord de la rampe et sollicitait l'indulgence pour cette troupe enfantine, en chantant le couplet suivant :

> S'ils n'ont pas l'honneur de vous plaire,
> Épargnez-les : c'est moi, messieurs,
> Qui dois porter votre colère :
> J'ai fait la pièce et les acteurs.

Peu de personnes savent que Favart a débuté par le théâtre des marionnettes. Sa première pièce, composée en société de Largillière fils, est une parodie du *Glorieux* de Destouches, *Polichinelle comte de Paonfier* (3), jouée à la foire Saint-Germain de 1732 au jeu de Bienfait. Celui-ci, qui était devenu, grace surtout à Carolet, l'Atlas des théâtres de marionnettes, représenta encore à cette foire *Polichinelle-Amadis*, parodie en vers de l'*Amadis* de Quinault (4). L'année d'après, il donna deux pièces de Carolet à la foire Saint-Germain, *Polichinelle*

---

(1) Ces quatre pièces se trouvent dans le *Théâtre inédit de Carolet*, Soleinne, n° 3407.
(2) *Théâtre inédit de la foire*, Soleinne, n° 3399.
(3) *Théâtre inédit de Favart*, Soleinne, n° 3419.
(4) *Théâtre inédit de la foire*, Soleinne, n° 3399.

Alcide ou le Héros en quenouille, parodie de l'opéra d'*Omphale*, et *Polichinelle-Apollon ou le Parnasse moderne*, un acte en vaudevilles (1). A la même foire, les marionnettes jouèrent une parodie de l'*Isis* de La Motte, intitulée *A Fourbe fourbe et demi ou le Trompeur trompé* (2). Cette même année (1733), les marionnettes de Bienfait donnèrent à la foire Saint-Laurent un acte en vaudevilles d'un nouvel auteur, Valois d'Orville, intitulé *la Pièce manquée* (3). Je trouve dans les portefeuilles manuscrits de M. de Soleinne *le Retour imprévu ou Arlequin faux magicien*, canevas avec couplets daté de 1733, *Apollon-Polichinelle*, parodie d'*Issé*, en trois actes, représentée à la foire Saint-Germain de 1734, dans laquelle dame Gigogne, qui était revenue cette année fort à la mode, jouait le rôle de Doris (4), et un vaudeville de circonstance, *la Prise de Philisbourg*, par Carolet, donné par les marionnettes à la foire Saint-Laurent (5).

En 1735, Valois d'Orville fit représenter au jeu de Bienfait un nouvel acte en vers, *l'Impromptu de Polichinelle* (6). L'arrivée à Paris d'un géant qui se montrait à la foire fut, pour les marionnettes de Bienfait, l'occasion d'une farce en un acte, *l'Ile des fées ou le Géant aux Marionnettes*; dame Gigogne jouait le personnage de la fée. A la foire Saint-Laurent, les marionnettes donnèrent *le Songe agréable ou le Réveil de l'Amour*. En 1736, on parodia au jeu de Bienfait l'opéra de *Thétis et Pélée*, sous le titre des *Amans peureux ou Polichinelle et dame Gigogne*, en trois actes. *Alzire*, applaudie pour la première fois sur la scène française, le 17 février 1736, n'échappa point aux parodistes de Bienfait. J'ai sous les yeux le très insignifiant canevas de cette critique anonyme et misérable, intitulée *la Fille obéissante* (7). Dame Gigogne, ô profanation! faisait le rôle d'Alzire! A cette même foire, Bienfait fit jouer par ses marionnettes *Polichinelle-Atis*, trois actes de Carolet,

---

(1) Voyez ces deux pièces dans le *Théâtre inédit de Carolet*, Soleinne, n° 3407.
(2) *Théâtre inédit de la foire*, Soleinne, n° 3400.
(3) *Théâtre inédit de Valois d'Orville*, Soleinne, n° 3412, avec la date de 1735.
(4) Ces deux pièces dans le *Théâtre inédit de la foire*, Soleinne, n° 3400.
(5) *Théâtre inédit de Carolet*, Soleinne, n° 3407.
(6) *Théâtre inédit de Valois d'Orville*, Soleinne, n° 3412.
(7) Pour ces quatre pièces, voyez le *Théâtre inédit de la foire*, Soleinne, n° 3400.

parodie de l'opéra d'*Atis* (1). Les portefeuilles de M. de Soleinne renferment le canevas d'une petite pièce, jouée le 23 juin de cette année par les marionnettes, intitulée *les Aventures de la foire Saint-Laurent*. Bienfait fit jouer à la foire Saint-Laurent suivante (1737) *Polichinelle-Persée*, parodie de l'opéra de *Persée*, trois actes en vers (2), avec un prologue de Carolet, intitulé *la Noce interrompue*, dans lequel le diable avait un rôle, ainsi que dame Gigogne et Ragonde, une de ses filles (3). En 1740, Bienfait offrit au public de la foire Saint-Laurent une parodie très froide de l'opéra de *Pyrame*, intitulée *le Quiproquo ou Polichinelle-Pyrame* (4), et, à la même foire, un acte en vaudevilles intitulé *les Métamorphoses d'Arlequin* (5). L'idée de cette bluette était assez piquante. Il s'agissait de la querelle des marionnettes et du célèbre Arlequin de la Comédie-Italienne, Constantini. Celui-ci avait pris, dans un de ses rôles, l'habit de Polichinelle. Le Polichinelle de Bienfait essayait, à son tour, d'imiter l'allure et de prendre le costume d'Arlequin, ce qui ne lui était pas très facile. A la foire Saint-Laurent, les mêmes marionnettes jouèrent *la Descente d'Énée aux enfers*, parodie par Fuzelier et Valois d'Orville de la *Didon* de Lefranc de Pompignan, représentée pour la première fois le 21 juin 1734 et reprise cette année, 1740, avec plus de succès que dans la nouveauté. La copie, qui se trouve dans les portefeuilles de M. de Soleinne, indique qu'*Énée aux enfers* était précédé d'une harangue de Polichinelle (6). Je ne l'ai pu découvrir. Le même portefeuille contient un petit acte intitulé *Critique de la tragédie de Didon pour les marionnettes*. La scène se passe chez Éliante; c'est une conversation dans le genre (au mérite près) de la *Critique de l'École des Femmes*. Cette critique ne peut guère avoir

(1) *Théâtre inédit de Carolet*, Soleinne, n° 3407. La copie de M. de Soleinne est intitulée *Atis travesti*.
(2) Voyez ces deux pièces dans le *Théâtre inédit de la foire*, Soleinne, n° 3400.
(3) *Théâtre inédit de la foire*, Soleinne, n° 3400. Le *Dictionnaire des Théâtres de Paris* indique, sous l'année 1734, *la Noce interrompue*, parodie de l'opéra de *Pirithoüs*, dans laquelle Pirithoüs et Hippodamie étaient représentés par Polichinelle et Mme Gigogne.
(4) *Théâtre inédit de la foire*, Soleinne, n° 3400.
(5) La copie de M. de Soleinne (*ibid.*) est intitulée *les Métamorphoses de Polichinelle*.
(6) *Théâtre inédit de Fuzelier*, Soleinne, n° 3405, 2.

été jouée qu'en société, car on jouait alors assez souvent les marionnettes en société, comme nous le verrons bientôt.

Vers cette époque, deux anciens joueurs de marionnettes commencèrent à sortir de leur obscurité : Fourré, habitué des foires Saint-Germain, Saint-Laurent et Saint-Ovide, et Nicolet, dont nous verrons bientôt le fils faire passer au boulevard du Temple une partie de la vogue dont jouissaient les foires temporaires. En 1741, Nicolet père fit jouer à la foire Saint-Germain, par ses marionnettes, une pièce qui se trouve manuscrite dans les portefeuilles de M. de Soleinne, et dont le titre a l'air d'une nouvelle de gazette : *la Prise d'une troupe de comédiens par un corsaire de Tunis, au mois de septembre* 1740. La pièce est datée de 1741, et le permis de représenter porte, avec la date du 28 février 1742, la signature de Crébillon. Cette pièce est-elle restée un an à l'examen de la censure? je ne sais; toujours est-il prouvé, par ce permis de représenter, que l'on avait, depuis quelque temps, astreint les canevas de marionnettes à la censure, ce qui peut expliquer la décadence que nous allons avoir à constater dans les productions de ce théâtre, jusque-là si spirituel et si prospère. Il semble aussi que Nicolet avait eu la pensée de porter quelque innovation dans ce genre de spectacle et de s'affranchir de quelques-unes des lois qui étaient sa condition d'existence, car l'autorisation de M. de Sartine, libellée par l'auteur de *Rhadamiste*, porte : « Permis de représenter, à la charge de ne parler qu'avec le *sifflet de la pratique* (1). »

On a vu jusqu'ici que les parodies abondent dans le répertoire des marionnettes; mais, à la foire Saint-Germain de 1741, Valois d'Orville fit, à propos de *la Chercheuse d'esprit* de Favart, une chose nouvelle et qui a eu beaucoup d'imitateurs : il donna sur le théâtre de Bienfait *Polichinelle distributeur d'esprit*, petite pièce qui n'offrait pas seulement, comme de coutume, la critique d'un ouvrage unique, mais une sorte de *revue* piquante des divers ouvrages joués dans la saison. Il serait curieux que les marionnettes eussent créé un genre, les *pièces-revues*.

À la foire Saint-Germain de 1742, Nicolet fit jouer par ses marionnettes un acte de Valois d'Orville, *l'Une pour l'Autre*, parodie d'*Amour*

---

(1) *Théâtre inédit de la foire*, Soleinne, n° 3400.

pour *Amour*, et un nouvel entrepreneur de marionnettes, Boursault, représenta une petite pièce du même auteur, *Orphée et Eurydice*.

Sous la date de 1743, les portefeuilles de M. de Soleinne contiennent *Don Quichotte-Polichinelle*, parodie en trois actes du ballet de *Don Quichotte*, encore par Valois d'Orville, mais qui peut-être n'a pas été représentée. Je voudrais pouvoir en dire autant de *Javotte*, parodie de *Mérope*, que le même auteur eut l'irrévérence de faire jouer par les marionnettes de la foire Saint-Germain de cette année (1). Je ne sais si c'est dans ce petit acte que Polichinelle, toujours frondeur, se moqua effrontément de la manie qui commençait à s'emparer du parterre d'*appeler l'auteur* des tragédies nouvelles et de le faire paraître en personne, honneur assez équivoque que l'on venait d'infliger à Voltaire lui-même le jour de la première représentation de *Mérope*. Le compère pressait Polichinelle de lui faire *entendre* une de ses œuvres, et, après avoir reçu une réponse fort incongrue, le compère s'empressait de demander *l'auteur ! l'auteur !* satisfaction que s'empressait de lui donner Polichinelle, aux grands éclats de rire de l'assemblée.

A la foire Saint-Germain de 1744, les marionnettes de Bienfait représentèrent *Polichinelle maître-maçon* (2) et *Polichinelle-Gros-Jean*, parodie en un acte et en vers de l'opéra de *Roland*. Les portefeuilles de M. de Soleinne contiennent à cette date deux pièces de Fuzelier, le vieil athlète des théâtres forains, jouées à la foire Saint-Laurent par les *comédiens de bois* (c'était le nom des marionnettes de Nicolet) : l'une est intitulée *la Ligue des Opéras*, farce en un acte; l'autre, *Polichinelle maître d'école*, parodie du ballet de *l'École des amans* (3).

Il s'opéra, vers cette époque, un grand changement dans le répertoire des marionnettes : nous allons voir l'esprit, l'invention, la malice, diminuer chaque jour, et la recherche des effets et des surprises de la mécanique augmenter dans une proportion correspondante. Les affiches de Paris nous prouvent que ce n'est plus désormais que sur

(1) Voyez ces cinq pièces de Valois d'Orville dans son *Théâtre inédit*, Soleinne, n° 3412.
(2) *Théâtre inédit de la foire*, Soleinne, n° 3400. Dans ce petit canevas d'une page, Polichinelle a pour femme Mme Catin.
(3) *Théâtre inédit de Fuzelier*, Soleinne, n° 3405, 2.

les pièces à grand spectacle que Bienfait et ses rivaux fondaient l'espoir d'attirer la foule. Une annonce du 4 juillet 1746 est ainsi conçue : « *Le Bombardement de la ville d'Anvers* sera représenté sur le théâtre du sieur Bienfait, seul joueur de marionnettes de monseigneur le dauphin; c'est à la foire Saint-Laurent, dans le petit préau, au grand théâtre (1). » Ces mots pompeux sont les avant-coureurs de la décadence; et Bienfait ne change pas seulement de genre, il change le nom de son spectacle et lui en cherche un plus ambitieux. Voici l'affiche du 14 août 1746, répétée tous les jours suivans : « Les *comédiens praticiens françois* du sieur Bienfait donneront *Arlequin vainqueur de la femme diablesse* (je lis ailleurs *vainqueur de la femme de son maître*), pièce en vaudevilles, ornée d'un magnifique spectacle, suivie de *la Prise de Charleroy*; le tout précédé des bonnes marionnettes et *des Amusemens comiques de Polichinelle*, qui mettra tout en œuvre pour mériter les bonnes graces du public. »

Ce nouveau nom de *comédiens praticiens* donné aux marionnettes tirait son origine de *la pratique*. C'était pour Bienfait un moyen de rehausser ses acteurs de bois, dont la vogue était un peu en baisse, et de les distinguer de la troupe d'enfans qui jouait concurremment sur son théâtre, sous le nom de *petits comédiens pantomimes* (2). Il faisait, en 1747, représenter tous les jours *la Descente d'Énée aux enfers*. Je ne crois pas que cette pièce fût celle où Fuzelier et Valois d'Orville avaient récemment parodié la *Didon* de Lefranc : ce devait être plutôt une pièce à machines, dans le genre de celles que Servandoni avait mises à la mode. Une annonce de l'année suivante déclare même cette prétention : « Dix-neuf février 1748, *Assaut général de Berg-op-Zoom*, et vue du pillage du dedans, spectacle brillant, dans le goût de celui de Servandoni, qui sera représenté sur le théâtre du sieur Bienfait, seul joueur de marionnettes des menus plaisirs de monseigneur le dauphin. » Alors, en effet, commençait l'engouement pour les spectacles qui ne s'adressent qu'aux yeux : c'était le triomphe de la mécanique. On imitait, sous toutes les formes, les automates de Vaucanson, le flû-

---

(1) *Affiches de Boudet*.
(2) Mêmes *Affiches*, 27 juillet 1747, 20 et 27 février 1749.

168   COMBATS D'ANIMAUX A PARIS.

teur, le canard, etc.; on courait au joueur d'échecs de Kempel. Un Polonais, nommé Toscani, ouvrait, à la foire Saint-Germain de 1744, un théâtre pittoresque et automatique, qui semble avoir servi de prélude au fameux spectacle de M. Pierre : « On y voit, disent les *affiches*, des montagnes, des châteaux, des marines... Il y paraît aussi des figures qui imitent parfaitement tous les mouvemens naturels, sans qu'on aperçoive qu'elles soient tirées par aucun fil... et, ce qu'il y a de plus surprenant, on y voit une tempête, la pluie, le tonnerre, des vaisseaux qui périssent, des matelots qui nagent, etc., etc. » On annonçait de tous côtés de pareilles merveilles, et aussi (je rougis de le dire) des combats d'animaux féroces. Ce goût ignoble a été, si l'on en croit la multiplicité des affiches, long-temps plus répandu chez nous et plus vif qu'on ne le croit généralement. Je transcris, entre un très grand nombre de semblables annonces, celle que voici, datée du 7 avril 1748; on ne la lira pas sans surprise :

« A mort le beau, furieux, méchant et nouveau taureau!... Au faubourg Saint-Germain, rue et barrière de Sèvres.... L'on ne peut assez exprimer la force de ce jeune taureau sauvage et intrépide pour la méchanceté; ne connoissant personne, depuis près de trois mois qu'il est au combat. On ne peut non plus dire avec quelle intrépidité il défendra sa vie contre les dogues qui le réduiront mort sur la place, quoique ce soit un des meilleurs combattans qu'il y ait eu depuis plusieurs années. Ce combat sera terminé par celui des dogues, des ours et le nouveau et bon loup, qui tient collet contre les dogues... Le sieur Martin avertit le public qu'il a de l'huile d'ours pure, etc... (1). »

L'année 1749 amena plusieurs nouvelles concurrences aux marionnettes de Bienfait. Les affiches du 18 février annoncent l'ouverture de la nouvelle troupe de *comédiens praticiens* de Levasseur, à la foire Saint-Germain, et la première représentation *des Réjouissances publiques ou le Retour de la paix*, en vaudevilles, avec *Arlequin courrier*. Nous voyons, un peu plus tard, les marionnettes de Levasseur jouer à la même foire une pièce pantomime intitulée *les Fleurs*.

Le 13 février 1749, la nouvelle troupe de marionnettes de Prévost

(1) *Affiches de Boudet.*

débuta par la *Revue générale des Houllans*, commandés par M. le maréchal de Saxe, représentée devant leurs majestés, monseigneur le dauphin, etc., le tout en figures mouvantes par chaque escadron qui caracolent, suivi des *Amusemens comiques de Polichinelle*. Ce nouveau théâtre, situé rue de la Lingerie, ne tarda pas à se réunir à celui de Bienfait. Dès le 1ᵉʳ mai, les affiches annoncent la *Revue des Houllans* au théâtre des *petits comédiens du Marais*, rue Xaintonge, près le boulevard; c'était la nouvelle adresse et le nouveau nom des marionnettes de Bienfait, dont les affaires, malgré tous ces mouvemens, et peut-être à cause de tous ces mouvemens, semblaient décliner. Nous trouvons, en effet, en 1750, cette triste annonce dans les affiches de Paris : « On fait savoir qu'en vertu d'une sentence du Châtelet du 14 novembre, il sera procédé à la vente et adjudication d'une loge construite dans la foire Saint-Laurent, avec ses appartenances et dépendances, saisie sur le sieur Bienfait. » Nous le retrouvons pourtant, lui ou les siens, dans les années suivantes, entre autres en 1752, faisant jouer par ses marionnettes une pièce anonyme, *Arlequin au sabbat ou l'Ane d'or d'Apulée* (1). Son fils avait encore un théâtre de marionnettes en 1767, et même en 1773, à la foire Saint-Germain (2).

Il s'établit à Passy en 1760, sous le nom de *Théâtre des comédiens artificiels de Passy*, un spectacle de marionnettes, dont le directeur, M. Cadet de Beaupré, eut la malheureuse idée de se faire le pourvoyeur littéraire. Il fit jouer par Polichinelle et dame Gigogne, et imprimer ensuite, un acte en vers intitulé *les Philosophes de bois*. C'était une parodie ou une contre-partie très effacée de la fameuse comédie de Palissot. L'auteur avoue dans une courte préface que sa pièce n'a eu aucun succès à la représentation, ce qui l'engage à en appeler à la lecture. Cet ouvrage est, je crois, tout ce qui reste, si cela peut s'appeler rester, du répertoire des *comédiens artificiels de Passy*.

(1) Je ne saurais dire si cette pièce était la même que l'opéra-comique composé par Piron sous le titre de *l'Ane d'or d'Apulée* pour la foire Saint-Laurent de 1721.
(2) *Almanach forain*, 1773; in-18.

X.

LES BOULEVARDS. — FOIRE PERMANENTE.

Le rempart du Marais assaini dès 1737 par l'établissement du grand égout, un peu abaissé et planté, en 1768, de cinq rangées d'arbres, était devenu, sous le nom de *boulevard du Temple*, une promenade aimée des habitants du quartier Saint-Antoine, de Popincourt et de la Grande-Pinte. Peu à peu, il s'éleva sur ce terrain fangeux des baraques où les bateleurs habitués des foires Saint-Germain, Saint-Laurent et Saint-Ovide furent autorisés à établir une sorte de foire permanente, à la charge toutefois de se réinstaller, pendant la durée des foires périodiques, aux places qu'ils y occupaient précédemment, obligation à laquelle ils furent tenus de se soumettre jusqu'à la loi du 13 janvier 1791, qui proclama la liberté des entreprises théâtrales (1).

(1) La foire Saint-Germain s'est ouverte jusqu'en 1793. Les amateurs de curiosités ont recueilli quelques-unes de ces anciennes marionnettes des foires Saint-Germain et Saint-Laurent; M. Dumersan, entre autres, possédait un vieux polichinelle que l'on a gravé dans le *Magasin pittoresque* de 1834, p. 117, en lui attribuant, à tort, la date de 1789. Le costume de ce pantin est celui du règne de Louis XVI. On m'assure que M. Taylor, mem-

Fourré fils, qui faisait danser, comme son père, des marionnettes aux diverses foires de Paris, fit, vers 1756, bâtir par Servandoni, dont il était élève, un petit théâtre sur le boulevard, où, indépendamment de ses marionnettes, il exploita le genre des pièces à machines, que son maître avait mises à la mode, et qui attiraient la foule dans la salle des Tuileries. J'ai sous les yeux le programme d'une de ces pièces daté de la fin de juin 1759 : « *Junon aux enfers*, spectacle mécanique, comme ceux des anciens Romains, sur le grand théâtre de la barrière du Temple... » Suit l'analyse des deux actes, qui contiennent l'histoire d'Athamas, d'après le récit d'Ovide. Le programme se termine ainsi : « Pièce composée par le sieur Fourré, ancien décorateur de M. le comte de Clermont, ancien entrepreneur des nouveaux bâtimens du Temple, sous les ordres de monseigneur le prince de Conti. »

En 1760, Fourré céda sa loge à Nicolet cadet, joueur de marionnettes comme son père. Parmi les pièces de son répertoire, nous citerons *Arlequin Amant et Valet*, en trois actes et en prose. Après avoir occupé, pendant quatre ans, la loge de Fourré, il en loua une autre sur un terrain attenant, qu'il acheta en 1767, et où il fit bâtir un assez beau théâtre, malgré les difficultés que lui opposaient le mauvais état du sol et le voisinage de l'ancien rempart, dont ses constructions ne pouvaient dépasser la hauteur. Il ouvrit cette nouvelle salle en 1769. Dès son arrivée sur le boulevard, Nicolet avait joint à ses acteurs de bois des acteurs vivans de toutes sortes : à la porte, Paillasse, avec ses parades; au dedans, outre ses danseurs de corde, les refrains de Taconnet; de plus, quelques animaux savans, et surtout un singe égal en gentillesse à celui de Brioché. M. de Boufflers a composé sur ce singe une assez jolie chanson. La devise de Nicolet était, comme on sait, *de plus fort en plus fort*, et il y a été fidèle. En 1772, sa troupe d'équilibristes, appelée à Choisy, où était la cour, fut si agréable à Louis XV et à M⁽ᵐᵉ⁾ Du Barry, qu'il obtint pour sa troupe le titre de *grands danseurs*

bre d'un comité de secours pour les artistes dramatiques, s'est trouvé en rapport avec le dernier directeur des marionnettes de la foire Saint-Laurent, qui conservait précieusement sa troupe de bois dans des coffres qu'il consentit à ouvrir à l'ancien directeur de la Comédie-Française; mais ce brave homme, malgré sa détresse, refusa de vendre à aucun prix ses anciens et chers compagnons.

du roi (1), ce qui ne l'affranchit pas cependant de l'obligation de garder ses marionnettes et de jouer aux foires, double chaîne qu'il porta jusqu'à la loi de 1791. Affranchi alors, le théâtre de Nicolet prit, le 22 septembre 1792, le nom de *Théâtre de la Gaieté*, qu'il a gardé jusqu'à ce jour, en dépit des glapissemens du mélodrame.

L'ancienne salle de Fourré, que Nicolet avait quittée en 1764, fut, quelques années plus tard, reconstruite et occupée par un autre joueur de marionnettes qui aspirait, comme Nicolet et ses confrères, à de plus hautes destinées. Audinot, auteur et chanteur de l'Opéra-Comique et de la Comédie-Italienne réunis, où il jouait avec talent les rôles à *tablier*, se brouilla avec cette troupe et la quitta à la clôture de 1767. Après s'être montré, l'année suivante, sur le théâtre de Versailles, il revint à Paris en 1769, et loua à la foire Saint-Germain une loge où il montra de grandes marionnettes qui attirèrent la foule par une innovation qui parut piquante. Ses *bamboches* ou *comédiens de bois*, comme il les appelait, étaient des portraits fort ressemblans de ses anciens camarades de l'Opéra-Comique, Laruette, Clairval, Mme Bérard et lui-même. Polichinelle, sous les traits d'un gentilhomme de la chambre en exercice, fut reçu avec presque autant de faveur que le fut depuis *Cassandrino* à Rome. Après la clôture de cette foire, Audinot s'installa dans la salle de Fourré, qu'il avait fait rebâtir. Il continua d'y faire jouer et chanter ses comédiens de bois pour lesquels J.-B. Nougaret écrivit plusieurs pièces (2); il y joignit quelques ballets d'action, un nain fort agréable dans le rôle d'Arlequin, et quelques scènes épisodiques, telles que *le Testament de Polichinelle*. Pour exprimer cette variété d'amusemens qu'il offrait au public, il donna à son théâtre, dès 1770, le nom d'*Ambigu-Comique*. Cependant il remplaça peu à peu ses marionnettes par des enfans qui jouèrent d'abord des pantomimes, puis des pièces accompagnées de quelques paroles auxquelles on donna

(1) Nicolet, dans son ambitieuse impatience, avait pris plusieurs fois ce titre de sa propre autorité, ce qui avait failli lui faire de très mauvaises affaires avec la police. Voy. les *Mémoires secrets* de Bachaumont, année 1769.

(2) Voyez *les Spectacles des foires et des boulevards de Paris*, 1777, p. 162. J.-B. Nougaret avait composé en 1767 *le Retour du Printemps ou le Triomphe de Flore*, un acte mêlé de vaudevilles, pour les marionnettes de Chassinet. (*Ibid.*)

le titre assez bizarre de *pantomimes dialoguées*. Les gravelures dont ses auteurs attitrés, Plainchesne et Moline, n'étaient point avares, attirèrent chez lui la bonne et la mauvaise compagnie. Dès 1771, ce petit théâtre était, suivant Bachaumont, plus fréquenté non pas que l'Opéra (c'eût été trop peu dire), mais que celui de Nicolet du temps de son singe. Les grands théâtres eurent beau réclamer pour le maintien de leurs priviléges : la cour et la ville intervinrent; les enfans d'Audinot continuèrent à babiller, danser et chanter, et l'autorité eut l'air de ne pas entendre (1). C'est ce qu'avait demandé assez plaisamment le facétieux directeur dans un double calembour latin inscrit, en manière de devise, sur le rideau de son théâtre : *Sicut infantes audi nos*. On sent, à cette tolérance, que la loi du 13 janvier 1791 approchait.

D'ailleurs, plus la foire permanente établie sur le boulevard du Temple prenait de vie, de mouvement et d'éclat, et plus décroissait l'importance des foires temporaires. En 1773, il y eut suppression de tous les spectacles à la foire Saint-Laurent, et pendant trois années on n'y vit que quelques marchands de mousseline et de colifichets, un billard et une buvette. Elle fut rouverte cependant en 1777, sous les auspices de M. Lenoir (2); mais ce ne fut qu'un mouvement de reprise factice : la vie se retirait et se portait ailleurs. Quelques autres foires locales essayèrent, sans grand succès, de profiter de cette suppression. En 1773, la foire Saint-Clair, qui se tenait pendant les dernières semaines de juillet, le long de la rue Saint-Victor, réunit plusieurs théâtres de marionnettes. La même année, la foire Saint-Ovide, qui avait eu lieu jusque-là sur la place Vendôme, entre la mi-août et la mi-septembre, fut transférée sur la place Louis XV. Nicolet cadet et ses confrères y donnèrent des jeux de marionnettes. En 1776, cette foire eut beaucoup d'éclat et fut prorogée jusqu'au 9 octobre. Il y eut plusieurs théâtres de marionnettes, entre autres ceux des *fantoccini italiens* et des *fantoccini français*; mais je ne sais rien des pièces qui y furent représentées. L'année suivante, les *fantoccini français* prirent un nom assez étrange. Je lis cette annonce dans l'*Almanach des spec-*

---

(1) *Mémoires secrets de Bachaumont*, 11 octobre et 17 décembre 1771.
(2) *Almanach forain*, 1773, et *les Petits Spectacles de Paris*, 1786, p. 159.

tacles de la Foire : Le sieur Second déclare qu'il offre cette année (1777) une nouvelle troupe de *porenquins* ou de *fantoccini français* (1). Le nom singulier de *porenquins* n'a pas fait fortune. Je n'en connais ni le sens ni l'origine. Une chose seulement me paraît évidente, c'est que les joueurs de marionnettes cherchaient de plus en plus à déguiser sous des périphrases et à rajeunir par des noms singuliers leur profession en décadence. C'est ainsi qu'il s'établit en 1793, sous le titre de *Théâtre des Pantagoniens*, un spectacle de grandes marionnettes très habiles à se transformer. On cite, parmi ces transformations, celle d'un procureur dont les membres s'animaient pour former autant de cliens. Les Pantagoniens jouèrent deux pantomimes, *les Métamorphoses d'Arlequin* et *les Métamorphoses de Marlborough*, sur le Théâtre de la République, à la foire Saint-Germain de 1793, qui fut la dernière (2); puis ils allèrent se loger sur le boulevard du Temple.

(1) *Spectacles de la foire*, etc., VI° partie, 1778, p. 94.
(2) *Annonces et Affiches*, mars 1793. Voyez plus haut, page 170, note 1.

XI.

MARIONNETTES AU PALAIS-ROYAL. — OMBRES CHINOISES.

Un nouveau lieu de plaisir, une nouvelle foire perpétuelle, plus élégante, plus choisie, plus aristocratique que celle des boulevards, avait commencé, vers 1784, à déployer toutes les splendeurs de l'industrie et des arts, pour attirer la foule parisienne, et l'on peut dire européenne. Je veux parler des galeries nouvellement construites du Palais-Royal. Les marionnettes ne manquèrent pas à ce rendez-vous de la mode. Dès le 28 octobre 1784, *les petits comédiens de M. le comte de Beaujolais* (c'étaient de grandes marionnettes) ouvrirent leur spectacle, sous la direction de Garden et de Homel, par trois petites pièces : *Momus directeur de spectacle*, prologue, *Il y a commencement à tout*, proverbe en vaudevilles, et *Prométhée*, pièce ornée de chants et de danses, musique de M. Froment. Ces mêmes petits comédiens représentèrent assez long-temps avec succès *Figaro directeur de marionnettes*. En 1786, ces pantins furent remplacés par des enfans, qui faisaient les gestes sur le théâtre, tandis que de grandes personnes parlaient et chantaient pour eux dans la coulisse (1). On joua de la sorte plusieurs

(1) *Petits Spectacles de Paris*, 1786, p. 19.

opéras-comiques, composés par des musiciens distingués. Pour achever ce qui a rapport aux *comédiens de bois de M. le comte de Beaujolais*, je dois dire qu'ils furent tirés un moment de leur oubli en 1810. Cette résurrection éphémère a été racontée par un spirituel contemporain : « A la fin de 1810, dit M. Dumersan, Mme Montansier fit débuter au Palais-Royal une troupe de danseurs de corde, puis les *Puppi napolitani* ou marionnettes napolitaines. Il y avait un directeur italien, qui s'étonnait de n'attirer que des enfans, tandis qu'en Italie les spectacles de marionnettes sont suivis par des hommes de tous rangs et de tout âge... On admirait pourtant *Pulcinella*, que le directeur dirigeait lui-même et qui avait l'air d'un personnage vivant. Ce théâtre prit, un peu après (le 20 octobre 1810), le titre de *Théâtre des jeux forains*. L'ouverture se fit par un prologue de Martainville intitulé *la Résurrection de Brioché*. Cette pièce fut jouée par les ci-devant *comédiens de bois du comte de Beaujolais*, qui dormaient dans les greniers du théâtre depuis vingt ans. Ces automates, grands comme des enfans de huit ans et habillés à la Pompadour, eurent peu de succès (1)... »

Le 1er janvier 1785, les *fantoccini* de M. Caron, qui, pendant quelques mois, s'étaient montrés sur le boulevard du Temple, s'établirent dans une salle au Palais-Royal, sous le nom renouvelé de *Théâtre des Pygmées*. Les deux pièces d'ouverture, d'une teinte trop uniformément mythologique, furent le *Nouveau Prométhée*, compliment ou prologue en un acte avec couplets, et *Arlequin protégé par Momus*, vaudeville en trois actes (2). Caron conduisait lui-même ses marionnettes, parlait pour elles et composait presque toutes les pièces. Ces nouveaux *fantoccini* ne ressemblaient nullement à ceux qu'on avait si bien accueillis à la foire Saint-Ovide de 1776, et qui avaient au moins deux pieds de haut; ceux-ci, au contraire, étaient d'une petitesse extrême (3). Ils ne paraissent pas avoir brillé long-temps; le genre s'épuisait : il fallait, pour le ranimer, une innovation profonde et complète; ce rajeunissement s'opéra par l'importation des *ombres chinoises*.

(1) *Mémoires de Mlle Flore*, t. I, p. 127 et suiv. Voyez encore le *Mercure* de novembre 1810, p. 35.
(2) *Journal de Paris*, 2 juillet 1785.
(3) *Petits Spectacles de Paris*, 1786, p. 191-192.

Ce divertissement, dont on rapporte généralement l'origine aux Chinois et aux Javanais, est du moins, sans aucun doute, un des spectacles favoris des Orientaux. Il est, depuis assez long-temps, connu en Italie et en Allemagne. Le baron de Grimm, qui, dans sa *Correspondance* de 1770, lui a consacré une page ironique, nous apprend pourtant, l'ingrat! que, sous le nom de *Schattenspiel*, ce jeu avait singulièrement amusé et émerveillé son enfance. Le procédé mécanique est bien simple : on met, à la place du rideau d'un petit théâtre, une toile blanche ou un papier huilé bien tendu. A sept ou huit pieds derrière cette tenture, on pose des lumières. Si l'on fait glisser alors, entre la lumière et la toile tendue, des figures mobiles et plates, taillées dans des feuilles de carton ou de cuir, l'ombre de ces découpures se projette sur la toile ou le transparent de papier et apparaît aux spectateurs. Une main cachée dirige ces petits acteurs au moyen de tiges légères, et fait mouvoir à volonté leurs membres par des fils disposés comme ceux de nos pantins de carte. Ce n'est pas, comme on voit, de la *sculpture*, mais de la *peinture mobile*.

« Après l'Opéra français, dit avec persiflage le baron Grimm, je ne connais pas de spectacle plus intéressant pour les enfans; il se prête aux enchantemens, au merveilleux et aux catastrophes les plus terribles. Si vous voulez, par exemple, que le diable emporte quelqu'un, l'acteur qui fait le diable n'a qu'à sauter par-dessus la chandelle placée en arrière, et, sur la toile, il aura l'air de s'envoler avec lui par les airs. Ce beau genre vient d'être inventé en France, où l'on en a fait un amusement de société aussi spirituel que noble; mais je crains qu'il ne soit étouffé dans sa naissance par la fureur de jouer des proverbes. On vient d'imprimer *l'Heureuse pêche* pour *les ombres à scènes changeantes*. Le titre nous apprend que cette pièce a été représentée en société, vers la fin de l'année 1767... il faut espérer que nous aurons bientôt un théâtre complet de pareilles pièces (1). » Eh! pourquoi pas? Dès 1775 (le dédaigneux aristarque ne croyait peut-être pas prédire si juste), un nommé Ambroise ouvrait un spectacle de ce genre, sous le titre de *Théâtre des récréations de la Chine*. On y voyait, suivant l'an-

(1) *Correspondance littéraire*, etc., 15 août 1770, t. VII, p. 49.

178   THÉATRE D'AMBROISE. — LE PONT CASSÉ.

nonce, « la voûte azurée et l'aurore s'annoncer par l'épanouissement des rayons d'un soleil levant... » La figure d'un magicien (c'était déjà sans doute *Rotomago*) amusait beaucoup les spectateurs par des métamorphoses singulières. Enfin, le programme finissait par cette remarque : « Les ecclésiastiques peuvent assister à mon spectacle sans aucun scrupule (1). »

Au moins de juin de l'année suivante (1776), le même artiste alla montrer à Londres ses ombres mouvantes et ses machines. Le détail nous en a été conservé. On voyait, entre autres tableaux, 1° une tempête, le tonnerre, la grêle assaillant la mer, plusieurs vaisseaux faisant naufrage... 2° un pont dont une arche est démolie et des ouvriers qui la réparent : un voyageur leur demande si la rivière est guéable; les ouvriers se moquent de lui et répondent par le fameux couplet, *les canards l'ont bien passée* (2); le voyageur découvre un petit bateau, passe la rivière et châtie les ouvriers : c'est déjà, comme on voit, le fameux *Pont cassé*, la pièce classique des *Ombres chinoises*, vieux fabliau qui se trouve en germe dans une ancienne facétie, *le Dict de l'herberie*, qu'on peut lire à la suite des poésies de Rutebœuf (3), et que Cyrano de Bergerac n'a pas dédaigné d'insérer à peu près textuellement dans sa comédie du *Pédant joué* (4); 3° un canal sur lequel on aperçoit une troupe de canards : quelques chasseurs dans un bateau les tirent à coups de fusil (était-ce déjà la pièce de Guillemain devenue si célèbre, *la Chasse aux canards*?); 4° un magicien qui, d'un coup de baguette,

(1) Voy. *les Spectacles des foires et des boulevards de Paris*, année 1776, p. 117.
(2) On trouve ce couplet dans une très ancienne chanson intitulée *Dialogue du Prince et du Berger*.

LE PRINCE.
Passe-t-on la rivière à gué?

LE BERGER.
Les canards l'ont bien passé.
O lirenda, lirondé!

Voy. *Cahier de chansons*, veuve Oudot, 1718.
(3) *Œuvres complètes de Rutebœuf*, trouvère du XIIIe siècle, t. 1, p. 473-474.
(4) Ces emprunts, faits par Cyrano à nos anciens trouvères, expliquent en quel sens Molière a dit, à propos de quelques traits qu'on l'accusait d'avoir tirés de cet auteur : « Je reprends mon bien où je le trouve. »

fait subir à des hommes, à des animaux et à des arbres diverses métamorphoses. Le dialogue et les couplets de toutes ces pièces étaient en français; le spectacle se terminait par des danses de corde, et, comme toujours, par des marionnettes (1). De retour à Paris, l'année d'après, Ambroise montra sous un autre nom à peu près les mêmes pièces de mécanique maritime; la mer agitée, des vaisseaux en marche, des côtes variées, des oiseaux de mer, des pêcheurs et un jeune homme se balançant à une branche d'arbre au bord de la mer (2).

Enfin parut Dominique Séraphin, le vrai fondateur en France des *Ombres chinoises* perfectionnées. Cet ingénieux artiste, après divers voyages dans les provinces, vint s'établir à Versailles. Admis plusieurs fois à divertir la famille royale, il obtint pour son théâtre, le 22 avril 1784, le titre de *Spectacle des Enfans de France*. Cette même année, il transporta son établissement sous les galeries du Palais-Royal, dans le local que ses héritiers occupent encore aujourd'hui. Séraphin ouvrit cette salle le 8 septembre. J'ai sous les yeux une de ses affiches du 19 août 1785: il y annonce, entre autres scènes nouvelles, le *Tableau du Palais-Royal* et les *Chaises parlantes*, ainsi que plusieurs *Métamorphoses*. Il termine par cet avis, qui rappelle son scrupuleux prédécesseur Ambroise : « Ce divertissement est fort honnête, et MM. les ecclésiastiques peuvent se le permettre. » J'ai sous les yeux une autre affiche du théâtre de Séraphin sans date, mais que je crois de 1792. Elle est vraiment originale : c'est toute une scène entre le directeur des *Ombres chinoises* et un passant. D'abord, on aperçoit tout au haut la silhouette de Séraphin à mi-corps, qui se détache en noir sur le fond blanc de l'affiche, comme une de ses découpures. De son index allongé, il fait signe à un passant, puis un dialogue s'établit entre eux : « Un moment! Arrêtez-vous! Lisez-

(1) Voyez *les Spectacles des foires et des boulevards de Paris*, 1778, p. 188-189. Le rédacteur de cet almanach nous avertit que le mécanicien Ambroise qui montra ce spectacle à Londres était un autre que l'Ambroise qui avait donné à Paris un spectacle tout semblable l'année d'avant. Je crois que c'est une erreur peut-être officieuse; je crains bien que ce pauvre et habile mécanicien ne fût obligé de cacher son nom pour échapper à ses créanciers.

(2) C'est l'idée du *Zéphire* de Prudhon. Voyez *les Spectacles des foires et des boulevards de Paris*, année 1778, p. 12.

moi! — Séraphin, *aux lecteurs :* Des changemens, des décorations d'un joli goût embellissent mes Ombres chinoises... J'ai des marionnettes, mais des marionnettes qu'on prendrait aisément pour de charmans petits enfans; il faut les voir, ainsi que la scène comique de *Gobe-mouche*. — Un lecteur : Mais où est donc la salle de vos Ombres chinoises, Séraphin ? Toutes les Ombres de Paris se disent *Ombres de Séraphin*, qu'on disait depuis long-temps voyageant chez les ombres. — Je n'ai, monsieur, pas encore été tenté de faire ce voyage. Je suis toujours le seul Séraphin. Pour me voir, n'allez ni à *Tivoli* ni à *Idalie*; n'allez ni aux Capucins ni aux boulevards, encore moins à la *Veillée*, mais venez au Palais-Égalité, galerie de pierre, n° 121, où je suis fixé invariablement depuis dix-sept ans. Voulez-vous vous délasser ? venez voir mes *Ombres chinoises*. Toujours jaloux de mériter votre approbation, chaque jour nous changeons de pièces..... » En effet, rien de plus varié que le répertoire de Séraphin, et c'est à ce mérite que ce théâtre a dû de vivre aussi long-temps. Depuis son établissement, plusieurs écrivains de quelque valeur ont travaillé pour cette petite scène. Je puis citer Dorvigny, Gabiot de Salins, Maillé de Marencourt. Entre les années 1785 et 1790, Dorvigny y a fait jouer *le Bois dangereux ou les Deux voleurs*, scène à la silhouette, en vers; *les Caquets du matin*, en prose; *le Cabriolet renversé*, scène de la halle (1); *Arlequin corsaire*, scène en prose et à la silhouette, qui devint l'année d'après, en 1789, *Arlequin corsaire patriote* (2). Maillé de Marencourt donna, vers le même temps, *le Matelot*, scène épisodique en prose; *le Petit Poucet* et *Cendrillon*, pièces-féeries, chacune en trois actes. Plus récemment, vers 1807, le même auteur a donné *l'Enlèvement de Proserpine*, féerie mythologique, et *le Triomphe d'Arlequin*. En 1799, Gabiot écrivit pour Séraphin *le Malade et le bûcheron*, scène à la silhouette; mais, dans les dernières années du siècle, ce fut Guillemain qui fut le fournisseur le plus actif de ce théâtre et de plusieurs autres. « Il faisait le matin pour les Ombres chinoises, dit M. Dumersan, de petites pièces dans lesquelles il y avait toujours une idée co-

---

(1) Imprimé dans le *Théâtre de Séraphin*, t. I, p. 25-35.
(2) *Affiche* du 25 décembre 1799.

mique, qu'on lui payait 12 francs, qu'on jouait cinq cents fois, et qu'on joue encore. Le soir, il en composait pour les Jeunes-Artistes, le Vaudeville, les Variétés-amusantes, etc.; elles étaient plus littéraires, et cependant elles ne l'ont pas immortalisé comme sa *Chasse aux canards* (1). » Parmi les scènes à la silhouette de Guillemain, on remarque *l'Entrepreneur de spectacle*, la *Mort tragique de Mardi-Gras*, en vers; *le Gagne-Petit*, et enfin *l'Écrivain public*, qui, pendant la révolution, devint *l'Écrivain public patriote*.

J'ai bien peur qu'au milieu du vertige de ces années sinistres, nos petits comédiens de bois n'aient participé plus que de raison à la fébrile effervescence de ces temps de trouble. Je ne veux pas trop insister sur cette phase délicate de leur histoire; je transcrirai seulement quelques lignes significatives de Camille Desmoulins. Indigné de l'apathique indifférence des badauds de Paris en présence des hécatombes de chaque jour, le *Vieux cordelier* s'écrie : « Cette multitude égoïste, est faite pour suivre aveuglément l'impulsion des plus forts. On se battait au Carrousel et au Champ-de-Mars, et le Palais-Royal étalait ses bergères et son Arcadie! A côté du tranchant de la guillotine, sous lequel tombaient les têtes couronnées, et sur la même place, et dans le même temps, *on guillotinait aussi Polichinelle*, qui partageait l'attention de cette foule avide (2)! » Ainsi le bourreau, qui, pendant deux cents ans, avait bien voulu se laisser bafouer et pendre par Polichinelle, prenait alors sa revanche. Il est probable que Polichinelle n'est rentré en possession de ses avantages qu'après le 40 thermidor; mais passons vite. Je citerai, en raison de leur inoffensive singularité, les titres de deux pièces de ces temps néfastes. En 1790, les ombres de Séraphin jouèrent *la Démonseigneurisation*, et, en 1793, *la Fédération nationale*. Il faut avouer que ces deux sujets prêtaient peu à la silhouette, et durent divertir médiocrement le jeune et riant auditoire de Séraphin.

Sous le consulat, quand l'esprit et la gaieté eurent peu à peu recouvré leurs droits, un savant bibliothécaire et un excellent homme,

---

(1) *Mémoires de Mlle Flore*, t. I, p. 42 et 43. Guillemain est mort en 1799.
(2) *Le Vieux Cordelier*, réimpression de 1834, p. 64.

M. Capperonnier, fit jouer, nous assure-t-on, quelques scènes à la silhouette. Des indiscrets lui attribuent, entre autres, *l'Ile des perroquets* ou *Il ne faut pas se fier à la parole*. Ces petites distractions d'un homme grave devaient être des réminiscences des gaietés littéraires auxquelles il s'était trouvé mêlé avant 1789, dans la société des Lauraguais, des Paulmy et des La Vallière.

Le théâtre de Séraphin a fait, avec le consentement des intéressés, d'heureux et assez fréquens emprunts aux autres scènes. Ainsi *le Filleul de la fée*, conte bleu en deux actes, représenté en 1832 sur le théâtre du Palais-Royal, est devenu *l'Enchanteur Parafaragaramus*, féerie en trois actes, au théâtre de Séraphin. On cite plusieurs auteurs contemporains qui n'ont pas dédaigné cette petite scène, entre autres M. Édouard Plouvier, récemment applaudi au Théâtre-Français. Je nommerai encore une personne de la famille du fondateur, Mlle Pauline Séraphin, qui a écrit un assez grand nombre de petites pièces-féeries et de scènes à la silhouette, *le Talisman aux enfers, la Perruque de Cassandre, Gilles et son parrain, le Génie de la sagesse, la Jument grise* et *le Pêcheur de Bagdad*. En résumé, les théâtres de marionnettes et d'ombres chinoises ont dans notre pays un grand avantage sur presque tous les autres spectacles : ce sont presque les seuls où nous n'apportions aucun esprit de contention et de critique, et où nous allions avec la seule envie de nous amuser. Il serait bien à souhaiter qu'un homme de talent profitât de cette rare et bienveillante disposition du public, et prît là ses coudées franches, comme on les lui laisse.

XII.

MARIONNETTES CHEZ LES PARTICULIERS ET DANS LE MONDE ÉLÉGANT.

Il me reste, pour compléter l'histoire des marionnettes en France, à dire un mot de l'accueil qui leur a été fait dans la bonne compagnie et chez les grands seigneurs des XVIIe et XVIIIe siècles.

Nous avons vu, sous Louis XIV, les relations très suivies du jeune dauphin et de Brioché. Les marionnettes étaient alors un plaisir royal, que recherchaient, par imitation, la noblesse et la bourgeoisie. La Fontaine, dans sa fable de *la Cour du Lion*, ne nous a-t-il pas montré sa majesté lionne convoquant tous ses vassaux à une cour plénière,

> . . . . dont l'ouverture
> Devait être un très grand festin,
> Suivi des tours de Fagotin?

Vers la fin du grand siècle, dans une lettre en vers que le jeune prince de Dombes est supposé écrire à sa cousine, Mlle d'Enghien (qu'il appelait ordinairement *sa femme*), pour l'engager à venir à

Versailles auprès de Mme la duchesse du Maine, qui gardait le lit pendant une grossesse, il lui fait entrevoir bien des plaisirs, et quels plaisirs !

>   Pour prix d'une action si belle,
>   Je vous promets Polichinelle (1)!...

Le rédacteur de cet attrayant billet était Malézieu, le chancelier de la petite principauté ou plutôt du petit prince de Dombes. A ce titre Malézieu joignait ceux de membre de l'Académie française, de surintendant du duc du Maine, et surtout d'ordonnateur de toutes les fêtes de la duchesse. Il était l'ame de ces fameux divertissemens de Sceaux qui ont fourni deux volumes pleins de stances, de madrigaux, d'épîtres, de pastorales et de comédies, fêtes de jour et de nuit, qui occupaient ou qui trompaient, dans cette poétique retraite, la mobile imagination et les ambitieuses insomnies de la duchesse; mais dans ces deux volumes, remplis de babioles, il n'est rien dit d'un genre d'amusement qui a pourtant tenu une grande place dans les plaisirs de Sceaux : je veux parler des marionnettes. On les faisait, en effet, venir de temps à autre, et l'on composait même exprès pour elles de petits dialogues où l'esprit et la malice ne manquaient pas. Un de ces badinages, attribué à Malézieu, souleva, en 1705, une véritable tempête. Je trouve dans le recueil manuscrit de chansons et de vers satiriques formé par le comte de Maurepas, tous les bulletins de cette petite guerre littéraire. Une note du manuscrit nous apprend à quelle occasion tout ce bruit eut lieu. La duchesse du Maine ayant voulu, pendant l'hiver de 1705, avoir chez elle les marionnettes, on composa une petite scène *ad hoc*, qui tournait un peu en ridicule MM. de l'Académie française. Ceux-ci l'attribuèrent, avec assez de vraisemblance, à Malézieu et au duc de Bourbon, qui paraît y avoir en badinant fourré quelques moqueries. Aussitôt les épigrammes de pleuvoir sur le prince et sur l'académicien faux frère. Elles remplissent, avec les répliques, plus de vingt pages in-folio du recueil de Maurepas. Le corps du délit lui-même, un petit dialogue intitulé *Scène de Polichinelle et*

---

(1) Voyez *les Divertissemens de Sceaux*, t. 1er, p. 163.

du voisin, y est aussi copié (1). Cette parade est écrite avec toutes les libertés que le genre autorise; quoique composée de compte à demi par un académicien et un prince du sang, et représentée dans le salon de la duchesse du Maine, il nous serait, tant les mœurs changent! bien difficile d'en citer deux phrases. Le fond de cette bluette est la prétention hautement déclarée par Polichinelle d'entrer à l'Académie. Il prouve la légitimité de ses droits au fauteuil par une foule de coq-à-l'âne amusans; puis, il donne un échantillon burlesque de sa future harangue de réception; enfin, il énumère certaines difficultés de langage sur lesquelles il sent quelque *crapule* (c'est-à-dire scrupule). Ce sont certaines locutions équivoques sur lesquelles il désire connaître l'avis de MM. les quarante, et qui n'ont pu, dit-il, échapper à des nez tels que les leurs. Une de ces expressions dont il voudrait *purifier* le dictionnaire qu'élabore la docte compagnie est celle-ci : « Entre deux selles le cul à terre. » Il propose *entre deux siéges* comme beaucoup moins incongru, et il pénètre très à fond dans la matière; tout le reste est à l'avenant. On peut inférer d'une des épigrammes décochées contre Malézieu qu'il fut obligé de se tenir quelque temps éloigné des réunions de l'Académie. Il y reparut cependant à la réception de M. l'évêque de Soissons. Une autre pièce nous apprend qu'on priva Malézieu, tant que dura la brouille, du don que les quarante étaient dans l'usage de se faire mutuellement de leurs ouvrages. Cette singulière punition appelait bien naturellement la raillerie; on ne s'en fit pas faute.

Les marionnettes de Malézieu jouèrent encore cette même année (1705) à l'hôtel de Trèmes, devant le duc de Bourbon. Elles représentèrent une petite pièce où le président de Mesmes, confrère de Malézieu à l'Académie française, fut quelque peu maltraité, ce qui donna lieu à de nouvelles épigrammes. Dans toutes, le nom de Brioché était la grosse injure que l'on jetait à la tête du chancelier de Dombes.

Puisque j'ai commencé de parler des rapports de Polichinelle et de l'Académie, je dois signaler une autre pièce de vers placée dans

(1) Voyez *Recueil de chansons et de vers satiriques*, tome X, p. 349 et suiv. Cette scène est, dit-on, imprimée dans un livre intitulé *Pièces échappées du feu*, Parme, 1717, avec quelques-unes des épigrammes en réponse. Je ne connais que la copie du recueil de Maurepas.

le recueil de Maurepas sous la date de 1732. Elle est intitulée *Requeste du vieux Polichinelle à nosseigneurs de l'Académie françoise établie au Louvre* (1). Ce que Polichinelle demande dans cette requête, ce n'est pas, comme en 1705, un fauteuil d'académicien; il ne réclame que le droit d'assister aux séances, comme on venait de l'accorder aux acteurs de la Comédie-Française. Il faut convenir que notre ami Polichinelle est ici tout-à-fait dans son tort, et que ses railleries portent sur un acte qui n'avait rien que d'honorable. Le 3 mai 1732, quatre jours avant la représentation de l'*Eryphile* de Voltaire, des députés de la Comédie-Française allèrent offrir aux membres de l'Académie l'entrée de leur théâtre, ce qui fut accepté avec l'approbation du roi. L'Académie, en retour de cette politesse, octroya aux comédiens français le droit d'assister à ses réunions. C'est à propos de cet échange de bons procédés, dont les effets subsistent encore aujourd'hui, que Polichinelle se mit à gloser fort à contre-temps, et, qui pis est, sans beaucoup d'esprit; mais les comédiens français et les acteurs des scènes secondaires se faisaient alors, comme nous l'avons vu, une guerre acharnée que le moindre incident ravivait.

Le goût des marionnettes persista long-temps dans la cour spirituelle de Sceaux. Quelques vers de Voltaire nous apprennent qu'en 1746 le comte d'Eu, grand-maître de l'artillerie, les y fit venir un soir et les dirigea lui-même avec succès. Voltaire, qui assistait à ce divertissement, prit à son tour la direction des pantins et improvisa ce compliment pour le comte d'Eu, au nom de Polichinelle :

  Polichinelle, de grand cœur,
   Prince, vous remercie.
  En me faisant beaucoup d'honneur,
   Vous faites mon envie.
  Vous possédez tous les talens;
   Je n'ai qu'un caractère :
  J'amuse pour quelques momens;
   Vous savez toujours plaire.
  On sait que vous faites mouvoir

(1) *Recueil de chansons et de vers satiriques*, t. XVIII, p. 151.

De plus belles machines ;
Vous fites sentir leur pouvoir
A Bruxelles, à Malines ;
Les Anglais s'y virent traiter
En vrais polichinelles,
Et vous avez de quoi dompter
Les remparts et les belles (1).

La mode des marionnettes de société devint si générale au milieu du xviiie siècle, que nous voyons Bienfait annoncer dans les affiches de Paris « qu'il va en ville, en l'avertissant un jour devant (2). » Alors Mlle Pélicier, célèbre actrice de l'Opéra, faisait une pension à un directeur de marionnettes pour lui jouer deux parades par jour ; ses camarades la raillaient de cette fantaisie et l'accusaient de vouloir se donner par là des airs de duchesse (3). Je trouve, à la fin de la copie de *Polichinelle à la guinguette de Vaugirard*, cette apostille que je crois de Pont-de-Vesle : « Bon à jouer en société de marionnettes, et y ajouter de nouvelles scènes (4). » Les scènes *ajoutées* par de tels amateurs ne devaient pas être les moins égrillardes, à en juger par le canevas d'une de ces pièces destinées au huis-clos, *le Songe de Pierrot*, que possédait M. de Soleinne (5). Je vois dans la même collection le titre, mais le titre seulement, d'une pièce de marionnettes que je suppose avoir eu la même destination, *Polichinelle recruteur d'amour ou la milice de Cythère* (6). François Nau, le chansonnier, a publié en 1758 un intermède de marionnettes (sans nom d'auteur) que je soupçonne avoir été composé pour une de ces réunions joyeuses (7).

(1) Œuvres de Voltaire, t. XIV, p. 393 et 394, édition de M. Beuchot.
(2) Affiches de Boudet, 20 février 1749.
(3) *Le Colporteur*, p. 146.
(4) Portefeuilles manuscrits de M. de Soleinne, n° 3399.
(5) Portefeuilles de M. de Soleinne, n° 3400. Le *Dictionnaire des Théâtres de Paris* annonce à tort cette pièce comme représentée en public par les marionnettes.
(6) *Ibid.*, n° 3407.
(7) Par compensation, on a publié, dans notre siècle, des pièces de marionnettes pour l'éducation de la jeunesse. Je ne citerai en ce genre que le *Théâtre des marionnettes* de Mme Laure Bernard, 1 vol. in-12, 1837. L'auteur y a réduit à la taille de ses comédiens et de ses spectateurs la légende du *Roi Lear*.

Enfin nous allons rencontrer les marionnettes dans un lieu où vous serez surpris, comme nous, de les voir admises, à Cirey; oui, au château de Cirey, devant la sérieuse Mme Du Châtelet et devant Voltaire, dans le temps même où la marquise commentait Leibnitz et où Voltaire mettait la dernière main à *Mérope*. C'est à une personne spirituelle, à Mme de Graffigny, alors momentanément abritée à Cirey, que nous devons la connaissance de ces détails intimes, dont elle faisait part à un de ses amis d'enfance, à M. Devaux, lecteur du roi Stanislas.

« Voltaire, lui mande-t-elle (11 décembre 1738), a bu à ta santé... Après le souper, il nous donna la *lanterne magique* avec des propos à mourir de rire. Il y a fourré la coterie de M. le duc de Richelieu, l'histoire de l'abbé Desfontaines et toutes sortes de contes, toujours sur le ton savoyard. Il n'y avait rien de si drôle; mais à force de tripoter le goupillon de sa lanterne, qui était remplie d'esprit-de-vin, il le renversa sur sa main; le feu y prit, et le voilà enflammé. Cela troubla un peu le divertissement, qu'il recommença un moment après. » Et en *post-scriptum* elle ajoute : « On nous promet les marionnettes. Il y en a ici près de très bonnes, qu'on a tant qu'on veut. » — « Je sors des marionnettes, qui m'ont beaucoup diverti (écrit-elle le 16 décembre); elles sont très bonnes. On a joué la pièce où la femme de Polichinelle croit faire mourir son mari en chantant *fagnana! fagnana!* C'était un plaisir ravissant que d'entendre Voltaire dire sérieusement que la pièce est très bonne; il est vrai qu'elle l'est autant qu'elle peut l'être pour de telles gens. Cela est fou de rire de pareilles fadaises, n'est-ce pas? Eh bien! j'ai ri... Le théâtre est fort joli, mais la salle est petite. Un théâtre et une salle de marionnettes à Cirey! Oh! c'est drôle! Mais qu'y a-t-il d'étonnant? Voltaire est aussi aimable enfant que sage philosophe. Le fond de la salle n'est qu'une loge peinte, garnie comme un sofa, et le bord sur lequel s'appuie est garni aussi. Les décorations sont en colonnades, avec des pots d'orangers entre les colonnes... »

Enfin Mme de Graffigny écrit le lendemain (huit heures du soir) : « Aujourd'hui comme hier, je sors des marionnettes, qui m'ont fait mourir de rire. On a joué *l'Enfant prodigue*. Voltaire disait qu'il en était jaloux. Le crois-tu? Je trouve qu'il y a bien de l'esprit à Voltaire de rire de cela et de le trouver bon. J'étais auprès de lui aujourd'hui. Que cette place est délicieuse! Nous en avons raisonné un peu philosophiquement, et nous nous sommes prouvé qu'il était très raisonnable d'en rire. Il faut avouer que tout devient bon avec les gens aimables. »

Presque à la même date, je trouve quelques lignes qui me frappent dans un *post-scriptum* ajouté par Mme Du Châtelet à une lettre de Voltaire adressée à d'Argental. Elle lui parle de tous les travaux entrepris par Voltaire, puis elle ajoute : « Sa santé demande peu de travail, et je fais mon possible pour l'empêcher de s'appliquer. » Cela ne nous donne-t-il pas l'explication du goût subit de Mme Du Châtelet pour la lanterne magique et les marionnettes?

Quant au XIXe siècle, si sérieux et si raisonnable, comme on sait, il ne faut pas y chercher d'aussi frivoles amusemens. S'il arrive aujourd'hui par hasard que Polichinelle soit mandé dans un riche hôtel, ce n'est que pour une matinée ou une soirée d'enfans; mais des marionnettes comme celles de Mme la duchesse du Maine, de la Pélicier ou de Cirey, il n'y en a plus d'exemples. On cite bien, sous l'empire, quelques hauts fonctionnaires qui ont aimé ce divertissement, mais en plein air et *incognito*. On sait l'histoire de cet excellent chef d'administration, dont la bienveillance littéraire, approuvée de l'empereur, avait réservé quelques emplois dans ses bureaux aux débutans de la littérature et de la poésie. Ayant adressé un jour un avis cordial à un de ses plus inexacts protégés, le jeune homme avoua à l'indulgent administrateur que s'il s'attardait tous les matins, c'est qu'il était obligé de passer devant Polichinelle, et que le charme l'arrêtait. « Eh! comment cela se fait-il? s'écrie le directeur étonné, je ne vous y ai jamais rencontré. » Mais Français de Nantes (car c'est à lui qu'on attribue l'anecdote) a-t-il jamais songé à faire venir chez lui Polichinelle? J'en doute. Autre temps, autres plaisirs. Il y aurait, d'ailleurs, inconvénient à inviter, par ce temps-ci, nos financiers, nos représentans du peuple, nos grands hommes de lettres, nos diplomates, à une soirée de marionnettes; cela risquerait trop de ressembler à une épigramme.

IV.

MARIONNETTES EN ANGLETERRE.

IV.

MINISTERS IN ATTENDANCE.

I.

ACCUEIL FAIT AUX MARIONNETTES DANS LES PAYS SEPTENTRIONAUX.

Si je ne m'étais proposé en commençant cette étude que de rompre quelques lances courtoises en l'honneur des marionnettes, je pourrais regarder ma tâche comme surabondamment accomplie : ou je me trompe fort, ou il est bien prouvé que la muse légère et badine qui préside à ce petit spectacle a occupé un rang assez distingué chez tous les peuples de race et de civilisation gréco-romaines, et qu'elle a même obtenu parmi eux, grace à sa gentillesse, le pas sur plusieurs de ses plus fières rivales; mais j'ai entrepris (qu'on me permette de le rappeler) moins de faire l'éloge de ce menu genre de drame que d'en tracer l'histoire sincère et détaillée. Mon travail se trouverait donc trop incomplet, si, après avoir exposé tout au long quelles ont été les destinées de mes petites clientes dans les contrées du centre et du midi de l'Europe, je négligeais de rechercher comment elles ont été accueillies dans les régions septentrionales, notamment en Angleterre et en

Allemagne. Là, en effet, les mœurs, les races, le climat, le goût, tout diffère, et il n'y aurait pas à s'étonner qu'un divertissement qui suppose dans l'artiste qui le pratique et dans l'auditoire qui s'y abandonne, une sensibilité d'organes et une souplesse d'imagination si promptes, n'eût point obtenu auprès de populations moins flexibles et sous le ciel plus rigide de Londres, d'Amsterdam et de Berlin, autant de succès qu'en Grèce, en Italie, en France et en Espagne.

Il n'en a cependant pas été ainsi, et je puis annoncer dès à présent, sans craindre d'être démenti par les faits dont l'exposition va suivre, que les peuples d'origine germanique, que l'on regarde communément comme doués d'une trempe d'esprit plus ferme et plus sérieuse que la nôtre, ont accepté les données fantastiques de ce trompe-l'œil théâtral avec la même facilité crédule et la même docilité d'émotions que les peuples plus impressionnables dont nous nous sommes occupés jusqu'ici. Oui, nous allons rencontrer nos petits comédiens de bois aussi aimés, aussi choyés, aussi facilement compris sur les bords de la Tamise, de l'Oder et du Zuyderzée qu'à Naples, à Paris ou à Séville. Nous aurons même occasion de remarquer que les Anglais et les Allemands ont quelquefois porté dans ce badinage un fonds de sérieux et de gravité qui est sans doute un trait de leur caractère national.

Quant à l'Angleterre en particulier, le goût de ce genre de spectacle y a été si généralement répandu, qu'on ne trouverait peut-être pas un seul poète depuis Chaucer jusqu'à lord Byron, ni un seul prosateur depuis sir Philip Sidney jusqu'à M. W. Hazlitt, qui n'ait jeté à profusion dans ses ouvrages des renseignemens sur ce sujet, ou n'y ait fait au moins de fréquentes allusions. Les écrivains dramatiques surtout, à commencer par ceux qui sont la gloire des règnes d'Élisabeth et de Jacques Ier, ont déposé dans leurs œuvres les particularités les plus curieuses sur le répertoire, les directeurs, la mise en scène des marionnettes. Shakspeare lui-même n'a pas dédaigné de puiser dans ce singulier arsenal d'ingénieuses ou énergiques métaphores qu'il met dans la bouche de ses plus tragiques personnages, aux momens les plus pathétiques. Je puis citer dix à douze pièces de ce poète où se trouvent plusieurs traits de ce genre : *les deux Gentilshommes de Vérone* par exemple, *le Conte d'hiver*, la première partie de *Henri IV*.

la méchante Femme mise à la raison, la Douzième Nuit, les Peines de l'amour perdu, le Songe d'une nuit d'été, Antoine et Cléopâtre, Hamlet, la Tempête, Roméo et Juliette, le Roi Lear. Les contemporains et les successeurs de ce grand poète, Ben Jonson, Beaumont et Fletcher, Milton, Davenant, Swift, Addison, Gay, Fielding, Goldsmith, Sheridan, ont emprunté aussi beaucoup de saillies morales ou satiriques à ce divertissement populaire.

Grace à ce penchant singulier des dramatistes anglais à s'occuper de leurs petits émules des carrefours, j'ai pu trouver dans leurs écrits des secours pour mon travail aussi agréables qu'inattendus. Privé, comme on l'est nécessairement à l'étranger, de l'usage des sources directes et des pamphlets originaux, n'ayant à ma disposition que les œuvres des grands maîtres, qui sont sur les rayons de toutes les bibliothèques, il m'a suffi, chose étonnante! de rapprocher les passages que me fournissaient si abondamment ces écrivains d'élite, pour me former sur les marionnettes anglaises un ensemble de documens plus circonstanciés et plus complets, j'ose le dire, que ceux qu'ont rassemblés jusqu'à ce jour les critiques nationaux les mieux informés. C'est là, on l'avouera, un des résultats les plus notables de la différence si profonde et si tranchée qui sépare les littératures dites romantiques des littératures plus sobres et plus circonspectes qu'on appelle classiques. Certes, un critique anglais ou allemand aurait beau étudier attentivement nos grands écrivains dramatiques, Corneille, Rotrou, Racine, Molière, Regnard, Crébillon, Voltaire, Marivaux même et Beaumarchais, il ne pourrait, j'en suis convaincu, recueillir de ces lectures, même à l'aide de l'induction la plus subtile, une suite d'observations assez substantielles et assez précises pour reconstituer, avec de tels matériaux, la moindre partie de notre histoire civile ou littéraire. Ce n'est point un reproche que j'adresse à nos grands écrivains, ni une critique que je fais de leur système, à Dieu ne plaise! ce n'est qu'un simple fait que je note au passage et qui me paraît tout-à-fait propre à marquer nettement la diversité de ces deux poésies, dont l'une s'élance et se maintient dans une sphère de généralisation idéale et impersonnelle, tandis que l'autre, particulièrement attentive aux singularités caractéristiques, plonge ses racines au plus profond et au plus vif de la réalité individuelle.

Cela dit, ami lecteur, débarquons sans retard sur les bords de la Tamise, et parcourons en *cockney* les rues, les ponts et les *squares* de la ville de Londres.

II.

STATUAIRE MÉCANIQUE DANS LES ÉGLISES D'ANGLETERRE.

En Angleterre, comme partout ailleurs, la sculpture mobile a commencé par prêter son prestige aux cérémonies du culte. Le crucifix à ressorts de l'abbaye de Boxley n'a point été un fait isolé de superstition monastique (1). Jusqu'au moment de l'établissement du schisme de Henri VIII, le clergé catholique célébrait, dans toutes les églises de la Grande-Bretagne, les solennités de Noël, de Pâques, de l'Ascension, avec un appareil presque scénique (*in manner of a show and interlude*). On employait, dans ces occasions, de petites poupées mobiles (*certain small puppettes*). L'historien auquel j'emprunte ces détails raconte qu'il assista, vers 1520, à l'office de la Pentecôte dans la cathédrale de Saint-Paul, où il vit la descente du Saint-Esprit, figurée par un pigeon blanc qu'on faisait sortir d'un trou pratiqué au milieu de la voûte de la grande nef (2). De semblables spectacles avaient lieu aussi dans les

(1) Voyez pour ce crucifix célèbre les pages 56 et 57.
(2) Lambarde, *Perambulation of Kent*.

provinces. A Witney, grande paroisse du comté d'Oxford, le clergé représentait la résurrection de Notre-Seigneur au moyen de statuettes à ressorts qui figuraient au vif Jésus, Marie, les gardes du tombeau et les autres acteurs de ce drame sacré (1); mais, depuis l'invasion du protestantisme, tous les rites dramatiques et jusqu'à la musique instrumentale furent bannis des églises, afin de n'accorder aux sens que le moins possible. En effet, il y a toujours eu, comme je l'ai dit, dans la société chrétienne, deux écoles profondément divisées sur le degré d'influence qu'il convient d'accorder aux beaux-arts dans la célébration des rites. Toutes les sectes protestantes sont comme des rameaux issus de la plus austère et de la plus restrictive de ces deux écoles, et elles ont encore enchéri sur sa rigidité et sa sécheresse. Anglicans, luthériens, presbytériens, ont travaillé à l'envi, dans la mesure de leur rigorisme, à abolir ce que le catholicisme avait introduit ou toléré de cérémonies touchantes et sensibles dans les offices. Quoique l'église anglicane ait conservé dans son rituel beaucoup plus de l'ancienne liturgie qu'aucune autre communion dissidente, elle a pourtant, sous la pression du puritanisme, repoussé des temples toutes les pratiques figuratives que Knox, Cameron et leurs disciples qualifiaient bien injustement de momeries papistes (*papistical mummeries*). Je dis bien injustement, car celles de ces pratiques qui pouvaient détourner l'esprit des méditations pieuses émanaient des goûts grossiers de la foule et du bas clergé, contrairement aux défenses réitérées des évêques, des conciles et des papes.

On a peine à concevoir que les membres les plus éclairés de l'église anglicane aient partagé, sur cette question, tous les préjugés populaires. Le spirituel doyen de Saint-Patrice, Swift lui-même, dans le *Conte du tonneau* (2), attribue à lord Peter (c'est le sobriquet irrespectueux qu'il donne au pape) l'invention des marionnettes et celle des illusions d'optique (*original author of puppets and raree-shows*). Le crayon du célèbre Hogarth a commenté ce beau texte dans une gravure intitulée *Enthusiasm delineated*, où l'on voit un jésuite en chaire,

(1) Lambarde, *An alphabetical description of the chief places in England*, p. 459.
(2) *The Tale of a tub*. Outre leur sens littéral, ces mots ont encore le sens de *conte bleu*.

dont la soutane entr'ouverte laisse percer un bout d'habit d'arlequin. De chaque main, le fougueux prédicateur agite une marionnette : de la droite, le Père éternel, d'après Raphaël; de la gauche, Satan, d'après Rubens. Autour des parois de la chaire, pendent six autres marionnettes de rechange, à savoir, Adam et Ève, saint Pierre et saint Paul, Moïse et Aaron (1).

Poussés par la fureur des nouveaux iconoclastes, non-seulement les épiscopaux bannirent des temples, mais détruisirent les anciens monumens de la statuaire mobile. Stow nous apprend quel fut le sort du crucifix de Boxley, qu'on appelait, dit-il, le crucifix de graces, et dont les yeux et la bouche se mouvaient par de certains ressorts (*with divers vices*). Le dimanche 24 février 1538, il fut montré au peuple par le prêcheur, qui était l'évêque de Rochester, puis porté à *Powle's cross*, et là démonté et brisé devant la foule (2).

(1) Voyez, au département des estampes de la Bibliothèque nationale, *Hogarth illustrated* by John Ireland, t. III, p. 233; et les deux volumes de l'œuvre de Hogarth, grand in-folio. La planche dont je parle est une altération de celle qui est intitulée *a Medley*.
(2) *Annals or general Chronicle of England*, p. 575.

III.

STATUAIRE MOBILE DANS LES MIRACLE-PLAYS ET LES PAGEANTS.

Cependant le drame religieux, exclu des temples par le schisme, se maintint long-temps encore sur les échafauds de plusieurs confréries fondées par les catholiques et continuées par les anglicans. Dans les mystères et *miracle-plays* joués à Chester, à Coventry, à Oxford, à Towneley, etc., la statuaire mobile avait pour emploi de rendre possible l'introduction de quelques personnages gigantesques de l'Écriture et des légendes, Samson, Goliath, saint Christophe, ou celle de quelques animaux monstrueux, tels que la baleine de Jonas, le dragon de saint George, etc., colosses que l'on représentait à l'aide de mannequins d'osier qu'un homme placé dans l'intérieur faisait mouvoir avec adresse et à-propos.

D'autres grandes marionnettes avaient aussi et ont conservé longtemps un rôle considérable dans les *pageants* municipaux ou populaires, tels que la procession annuelle pour l'élection du lord-maire et les *may-games* (1). Dans la première de ces solennités, on voyait défiler, entre autres divertissantes mascarades, quelques figures de géans fabuleux armés de pied en cap. A Londres, c'était Gogmagog et Corinœus, aujourd'hui immobiles sur leurs piliers de Guildhall (2). Dans les *may-poles*, le cortége se composait, suivant l'importance des lieux, d'un plus ou moins grand nombre de groupes qui avaient chacun leurs chefs, leurs danses et leurs chansons à part (3). D'ordinaire on voyait gambader en avant du cortége soit un Jack ou Jeannot, soit un fou en costume officiel, c'est-à-dire avec grelots, vessie, marotte et bonnet à oreilles d'âne. Puis venaient les principaux acteurs des ballades nationales, Robin Hood, frère Tuck, Maid Marian, tous représentés (y compris la belle Marianne et ses compagnes) par de jeunes garçons vêtus comme l'exigeait leur rôle. Cette procession devait, pour ne rien laisser à désirer, offrir à l'arrière-garde plusieurs groupes particulièrement aimés du peuple, à savoir des danseurs moresques et certains grands mannequins qu'on appelait *hobby-horses*, chevaux d'osier à tête de carton que des hommes cachés sous les plis de leurs longues housses faisaient marcher et caracoler (4). Cette dernière partie des *may-games* fut constamment en butte à la violente réprobation des *precisians* ou protestans exagérés. Aussi, malgré l'affection du peuple, les *hobby-horses* furent-ils supprimés, vers le milieu du règne d'Élisabeth, comme un damnable débris du paganisme. Le regret populaire s'exhala dans une ballade satirique dont le refrain, devenu proverbial, a fourni à Shakspeare un des traits les plus poignans du sarcastique entretien d'Hamlet avec Ophélia pendant la représentation accusatrice du meurtre du roi son père :

(1) On nommait indifféremment cette fête *may-game* ou *may-pole*. Elle avait, comme chez nous, pour but ou pour prétexte la plantation d'un arbre ou *mai*.

(2) Ned Ward, dans son ouvrage intitulé *London's Spy*, appelle l'un de ces géans *Gog* et l'autre *Magog*. Voyez l'histoire de ces deux colosses dans l'ouvrage de M. William Hone, *Ancient Mysteries*, p. 241 et 262-276.

(3) On les appelait *madrigals*. Voyez Nathan Drake, *Shakspeare and his Times*, t. I, p. 166.

(4) Les *hobby-horses* entraient dans le programme de plusieurs autres fêtes, notamment dans les jeux de Noël. Voyez la comédie de John Cooke intitulée *Greene's tu quoque*, dans *a select Collection of old plays*, édit. de 1825-1827, t. VII, p. 79, et note 37.

HAMLET.

L'homme a-t-il rien de mieux à faire en ce monde que de se livrer à la joie! Voyez comme la gaieté brille dans les yeux de ma mère! Et pourtant il n'y a que deux heures que mon père est mort!

OPHÉLIA.

Mais non, monseigneur; il y a deux fois deux mois.

HAMLET.

Si long-temps! Oh! alors que Satan porte le deuil! Moi, je vais me parer d'hermine. O ciel! mort depuis deux mois et n'être pas encore oublié! A ce compte, on peut espérer que le souvenir d'un grand homme lui survivra la moitié d'une année, pourvu cependant qu'il ait fondé des églises, car autrement, par Notre-Dame! on ne pensera pas plus à lui qu'à la danse du cheval de bois dont vous connaissez l'épitaphe : Mais hélas! mais hélas! le *hobby-horse* est oublié (1).

En effet, dans une comédie de Ben Jonson, *the Bartholomew Fair*, jouée en 1614, on voit les mots *hobby-horse* employés dans leur simple et primitive acception de jouet d'enfant : « Achetez, ma belle dame, crie un marchand forain, achetez un beau cheval de bois (*a fine hobby-horse*) pour faire de votre fils un hardi coureur, ou bien ce tambour pour en faire un soldat, ou ce violon pour en faire un virtuose. » Ce qui n'empêche pas un zélé puritain qui passe d'injurier le marchand, qu'il appelle un *publicain*, et de traiter par habitude l'innocent *hobby* d'idole, de véritable idole, d'insigne et damnable idole (2). »

Après plusieurs alternatives de rétablissemens et d'abolitions (3), la

(1) *Hamlet*, acte II, sc. II et la note de Steevens. Shakspeare fait encore allusion à cette complainte dans *Love's labour's lost*, acte III, sc. I.
(2) *The Bartholomew Fair*, acte III; *Works*, t. IV; p. 436 et 463; édit. Gifford.
(3) Dans sa déclaration du 24 mai 1618, le roi Jacques a compris la chevauchée des *hobby-horses* parmi les jeux permis les dimanches et fêtes après les prières. Voyez *Book of sports and lawful recreations after evening prayers and upon holy-days*, cité par Burton, *Anatomie of Melancholy*, p. 273, édit. d'Oxford, 1638. Cependant la volonté royale ne prévalut pas contre le fanatisme. Dans un *masque* de Ben Jonson représenté trois ans après devant le roi, *the Gipsies metamorphosed*, on se plaint encore de l'absence des danseurs moresques et des *hobby-horses*.

cavalcade des *hobby-horses* se retrouva en grande faveur sous le règne de Charles Ier. On peut voir dans une tragi-comédie de William Sampson, *the Vow breaker* (l'Homme qui a rompu son vœu), la peinture fort plaisante des laborieux exercices qu'était obligé de s'imposer le citadin qui, sous la housse traînante du palefroi d'osier, devait volter, trotter, galoper, ruer au naturel. L'auteur a peint d'une manière très originale le désespoir d'un honnête bourgeois désigné pour ce rôle, et qui se voit menacé d'être supplanté dans cet emploi, après s'être exténué au fatigant apprentissage de toutes les allures chevalines, et quand il pouvait enfin se flatter de savoir agréablement piaffer, se cabrer, ambler, hennir, secouer en cadence les panaches et les rubans de sa crinière, et faire sonner sa sonnette et ses grelots avec la justesse d'un carillon (1).

La préoccupation que causait naturellement une tâche aussi difficile a donné naissance à une expression qui est demeurée dans la langue anglaise : *It is his hobby-horse*, c'est son idée fixe (2), *son dada*, comme nous disons aussi familièrement. Au commencement de ce siècle, les Anglais nommèrent *hobby-horse* un jouet qui se composait d'une planchette soutenue par un montant et deux roulettes, et qui était muni d'un ressort à l'aide duquel on pouvait le mettre en mouvement et le diriger. Une passion singulière pour ce jeu puéril s'empara, il y a trente ans, des citoyens de la Grande-Bretagne de tous les âges et de tous les rangs. En 1819 et en 1820, ces petites manivelles sillonnaient les allées de tous les parcs d'Angleterre. La caricature s'exerça largement, comme on peut le croire, sur cette *hobby-manie*. Princes et ministres, tories et whigs, furent représentés enfourchant chacun leur *hobby*. M. Thomas Wright a publié, comme échantillon des plaisanteries pittoresques qui accueillirent ce caprice, une carica-

(1) *The Vow breaker, or the fair maid of Clifton*, 1632. Le passage cité m'a été fourni par Nathan Drake, *Shakspeare and his Times*, page 170, en note.

(2) Je trouve déjà cette expression dans une lettre de John Dennis qui paraît se rapporter à l'année 1695 (*the select Works of John Dennis*, t. II, p. 510); mais était-elle usitée du temps de Shakspeare? Je soumets ce doute à M. Benjamin Laroche à propos de la manière dont il a rendu le passage d'*Hamlet* que j'ai traduit plus haut, et de la note qu'il y a jointe.

ture qui représente l'impétueux duc d'York (*the military episcopal duke of York*) précipitant son fougueux *hobby* sur la route de Windsor, à la poursuite de la réduction de la liste civile, dont il prélevait pourtant une part assez jolie (1).

(1) Voyez *the England under the house of Hanover, illustrated from caricatures and satires of the day;* 1848, t. II, p. 460. La *Revue des Deux Mondes* a rendu compte de ce piquant ouvrage dans les livraisons des 15 mai et 15 juillet 1849.

IV.

NOMS DIVERS DES MARIONNETTES EN ANGLETERRE.

Le nom générique des marionnettes anglaises est *puppet*, dérivé soit du français *poupée*, soit directement du latin *pupa*. Je rencontre ce mot pour la première fois vers 1360, sous la forme archaïque de *popet*, dans les poésies de Chaucer, où il a déjà, suivant quelques critiques, le sens de poupée mobile. Dans le prologue d'un des *Contes de Cantorbery* (*prologue to the rime of sir Thopas*), Chaucer suppose que le maître de l'hôtellerie où est rassemblé le cercle des conteurs lui dit :

Approchez, ami, et levez le front gaiement! Et vous, faites-lui place, car il est d'une aussi large encolure que moi. C'est une poupée qu'il ferait bon voir entre les bras d'une femme mignonne et jolie...

> This were a popet in arms to embrace
> For any woman small and fair of face (1).

(1) Geoffrey Chaucer, *Canterbury Tales*, V, 1828-1400; *Poetical Works*, p. 104, édit. de Tyrwhitt, 1843. Ce poète a employé dans le même sens, selon quelques commentateurs, le diminutif *popelot*. Voyez *the Milleres tale*, *ibidem*, v. 3254, p. 25 et 183.

Ce mot, pris dans le sens général de marionnettes, est d'un si fréquent usage dans les écrivains, même les plus graves, du règne d'Élisabeth, que je n'en citerai qu'un exemple, emprunté à Shakspeare. Dans *la méchante Femme mise à la raison*, un gentilhomme d'humeur fort positive prie un de ses amis de lui procurer un riche mariage, car « la fortune, dit-il, est le refrain de ma chanson d'amour. » Grumio, son valet, afin qu'il ne reste aucun doute sur la pensée de son maître, ajoute :

Vous le voyez, monsieur, il vous dit tout naïvement ce qu'il désire. Oui, donnez-lui de l'or assez, et mariez-le à une marionnette, à une petite figure d'aiguillette (1) ou à une octogénaire à qui il ne reste plus une dent dans la bouche, ce sera pour le mieux, si l'argent s'y trouve (2).

Dans *la Tempête*, le magicien Prospero évoquant les esprits de l'air, ses légers serviteurs, les appelle *demi-puppets*.

O vous, menu peuple d'esprits nains, êtres ambigus (demi-marionnettes), qui tracez, au clair de lune, des cercles enchantés sur le gazon, où la brebis refuse de paître (3)...

Ce nom de *demi-puppets* convient à merveille en effet aux petits sujets de Prospero, qui agissent plus par son impulsion que par eux-mêmes.

Un autre nom donné jadis aux marionnettes anglaises est le mot *maumet* ou *mammet*, qui, comme notre ancien vocable *marmouset*, a eu originairement le sens d'idole (4). On l'appliqua, par extension, aux figures de saints et de saintes qu'on exposait dans l'intérieur et aux environs des églises, et enfin aux poupées mobiles, au moyen desquelles on représentait dans les foires des scènes de la Bible et du martyrologe. Cette expression se rencontre dans *Roméo et Juliette* avec une nuance encore assez appréciable de sa première acception. Le vieux Capulet,

(1) Il y avait au bout des aiguillettes, suivant Mezeray, de petites têtes de mort sculptées.
(2) *The Taming of the shrew*, acte I, sc. II, et acte IV, sc. III. Shakspeare a encore placé heureusement le mot *puppet* dans *Antony and Cleopatra*, acte V, sc. II, et dans *Midsummer night's dream*, acte III, sc. II. Voyez aussi l'*Arcadia* de sir Philip Sidney, liv. II, p. 169, édit. in-folº de 1605.
(3) *Tempest*, acte V, sc. I.
(4) Chaucer, *Canterbury tales : Poetical works*, p. 168, col. 2, § 31.

outré de l'entêtement de sa fille à refuser la main du comte Paris, s'écrie :

Pain de Dieu ! c'est à en perdre l'esprit, de voir une sotte mijaurée, une poupée gémissante, une petite sainte-Nitouche, qui, lorsque la fortune d'un bon mariage s'offre à elle, vous répond : Je ne veux pas me marier; je ne puis aimer encore, je suis trop jeune (1).

L'Angleterre s'est servie, pendant la seconde moitié du XVIe siècle et toute la durée du XVIIe, d'une expression qui lui est particulière : je veux parler du mot *motion*, qui, au propre, signifie *mouvement*, et s'appliqua par extension à une poupée, soit automatique, soit mue par des fils, puis enfin à un spectacle de marionnettes, à un *puppet-show*. Nous trouvons un exemple remarquable du premier sens (du sens d'automate) dans une comédie de Beaumont et Fletcher, intitulée *the Pilgrim*. Un jeune seigneur, contrefaisant le muet, s'introduit, au milieu d'une troupe de quêteurs, chez le père de sa maîtresse. Celui-ci, impatienté de ne pouvoir obtenir un mot de ce jeune homme, lui dit avec humeur : « Quel étrange quêteur êtes-vous ? Non, vous n'êtes qu'un automate, une marionnette habillée en pèlerin.... »

What country craver are you ? Nothing but motion,
A puppet pilgrim (2)....

Le second sens, celui de figurine mue par des fils, était fort en usage à la fin du XVIe siècle. Les exemples abondent. Il me suffira de rappeler un vers des *Deux Gentilshommes de Vérone*, où le mot *motion* est employé comme exactement synonyme de *puppet* :

O excellent motion ! O exceeding puppet (3) !

Ben Jonson a inséré deux fois dans le même vers le mot *motion*, d'abord avec le sens de poupée mécanique, puis avec celui d'une représentation de marionnettes (4). Il joue encore sur ce dernier sens et

(1) *Romeo and Juliet*, acte III, sc. v. Le mot *mammet* est employé, avec le même sens à peu près, dans la 1re partie de *Henri IV*, acte II, sc. III.
(2) *The Pilgrim*, acte I, sc. II, et *Rule a wife and have a wife*, acte I, sc. II.
(3) *The two Gentlemen of Verona*, acte II, sc. I.
(4) *Cynthia's Revels*, acte I; *Works*, t. II, p. 252, édit. Gifford.

sur le sens propre de *mouvement* dans une de ses meilleures pièces, *Every man out of his humour*. Avant le lever du rideau, il nous montre Asper, l'auteur supposé de la comédie qu'on va jouer, apostant près de la scène deux de ses affidés auxquels il recommande de bien examiner l'ouvrage et surtout de juger de l'effet qu'il va produire sur l'auditoire :

Observez bien, dit-il, si, dans cette rangée de spectateurs, vous ne remarquez pas un galant qui, pour se donner des airs de connaisseur, s'assied de la sorte, posé ainsi le bras, tire son chapeau de cette manière, crie, miaule, hoche la tête, frappe de sa main son front vide et montre sur son visage plus de mouvemens (*motions*) que dans les nouvelles pièces de *Londres, Rome et Ninive* (*New London, Rome or Niniveh*) (1).

Ailleurs, dans *the silent Woman*, le même écrivain applique, avec encore plus de bizarrerie, ce mot *motion* à deux idées tout-à-fait contraires, à l'idée de silence et à celle d'agitation. Le protagoniste de cette comédie est un M. Morose que la liste des personnages nous fait connaître pour un gentilhomme qui n'aime pas le bruit. Il a pensé faire merveille en épousant une femme qu'il croyait muette et qui n'est ni muette ni femme. Épicène, comme son nom érudit l'indique, est un jeune homme vêtu d'habits féminins. Grande est la stupéfaction de M. Morose aux premières paroles qu'il entend sortir de la bouche de la fausse muette : « O ciel! vous parlez donc? — Assurément, reprend celle-ci; pensiez-vous avoir épousé une statue par hasard, ou un automate (*or a motion only*), ou une marionnette française (*or a French puppet*), dont un fil d'archal fait tourner les yeux (2), ou une idiote sortie de l'hôpital qui se tient coi, les mains ainsi croisées, et vous regarde avec une bouche de carpe (3)? » Et en effet la *silent woman* parle si bien et si haut, et fait un tel vacarme au logis, qu'au cinquième acte le malheureux ami du silence, assourdi et aux abois, s'écrie dans son désespoir :

(1) La force du sens amène ici nécessairement le mot *motions* (pièces de marionnettes). Voyez *Every man out of his humour; Works*, t. II, p. 19.

(2) Il faut noter ce témoignage que l'Angleterre rend au mécanisme de nos marionnettes, qui, comme on le voit, étaient déjà connues à Londres. Jusqu'ici je n'ai pas trouvé à cette date (1609) un renseignement aussi précis dans les auteurs français.

(3) *Epicœne or the silent Woman*, acte III, sc. 11; *Works of Ben Jonson*, t. III, page 406.

« Vous ne savez pas quel supplice j'ai enduré pendant tout le jour ! Quelle avalanche de contrariétés! Ma maison roule dans un tourbillon de bruit; j'habite un moulin à vent; le *mouvement perpétuel* est ici et non pas à Eltham. » L'auteur oppose par un badinage intraduisible les mots *perpetual motion*, pris dans le sens propre et ordinaire, aux *motions* tirées de l'Écriture sainte, qui avaient alors un si grand succès à Eltham, qu'on les y représentait du matin au soir (1).

A ces diverses façons de nommer les marionnettes et les *puppet-shows*, il faut en ajouter une dernière qui présente une nuance encore différente. Dans le troisième acte de *la Tempête*, un vieux roi de Naples est jeté par un naufrage sur la plage d'une île enchantée où il est accueilli par un concert qu'exécutent des musiciens invisibles. Une troupe de petits gnômes s'empresse de lui servir un splendide repas et forme autour de la table une danse muette entremêlée de gestes engageans. « Quels sont ces petits êtres? demande le roi surpris. — Dieu me pardonne! reprend un autre naufragé, c'est une troupe de marionnettes vivantes (*a living drollery*)! Je croirai désormais que la licorne existe et qu'il y a en Arabie un arbre qui sert de trône au phénix (2). » Ainsi, suivant la remarque de Steevens, le mot *drollery* signifiait, du temps de Shakspeare, une farce jouée par des acteurs de bois (*by wooden machines*), puisque la seule addition de l'épithète *living* suffit pour faire de ces petites personnes un phénomène non moins merveilleux que la licorne ou le phénix. Depuis le milieu du dernier siècle, on n'appelle plus *drolls* ou *drolleries* que les farces ou parades qu'un bateleur et son compère jouent en plein air à la porte des théâtres forains.

En résumé, les Anglais ont eu, comme on voit, quatre mots qui répondent à autant de sortes de marionnettes, *puppet*, *mammet*, *motion* et *drollery*.

(1) Peacham donne à une *motion* jouée à Eltham l'épithète de *divine*, probablement à cause du sujet qu'elle représentait. Ben Jonson parle encore des *motions* d'Eltham dans sa xcvii° épigramme. Voyez *Works*, t. VIII, p. 209.

(2) *Tempest*, acte III, sc. III, et la note de Steevens. Voyez aussi une note très développée de M. Gifford, *the Bartholomew Fair*; *Works of Ben Jonson*, t. IV, p. 370. Cf. Beaumont and Fletcher, *Valentinian*, acte II, sc. II.

V.

MARIONNETTES THÉATRALES EN ANGLETERRE DEPUIS LE XIVᵉ SIÈCLE JUSQU'A L'ÉTABLISSEMENT DU THÉATRE RÉGULIER (1562).

Le début des marionnettes théâtrales a été en Angleterre, comme chez tous les autres peuples, la reproduction en miniature, des mystères et des *miracle-plays* que les membres de diverses confréries jouaient en grande pompe aux jours solennels. L'avantage que les *motion-men* avaient sur les joueurs de mystères était de pouvoir promener leur léger théâtre de paroisse en paroisse et montrer, à toutes les époques de l'année et plusieurs fois par jour, leurs édifiantes merveilles. Outre les scènes tirées des mystères, ils reproduisaient encore les personnages et les épisodes que la foule admirait le plus dans les *may-poles* et les *pageants*, surtout les héros des ballades nationales, le roi Bladud, Robin Hood, la jeune Marianne et Little John. Ils montraient même en raccourci les géants tant applaudis dans les fêtes municipales, les danseurs moresques et jusqu'aux *hobby-horses*. Plusieurs de ces personnages n'ont même laissé d'autres traces de leur ancienne renommée populaire que sur les théâtres de marionnettes. Hawkins remarque

que, peu avant le temps où il écrivait, un more dansant une sara-
bande était un des acteurs obligés des *puppet-shows* (1). Quant aux
géans, le duc de Newcastle, dans sa comédie *the humorous Lovers*, jouée
en 1677 (2), fait dire à un de ses personnages : « On s'est amusé à faire
paraître, pour m'effrayer, un homme habillé comme un géant aux
marionnettes (*like a giant in a puppet-show*). » Le fameux cheval de
Punch et ses ruades pourraient bien être un dernier souvenir de la
cavalcade des *hobby-horses*.

Quand, au milieu du xv° siècle, les confréries s'avisèrent de varier
leur répertoire en mêlant aux *miracle-plays* des moralités, c'est-à-dire
des pièces où figuraient les vices et les vertus personnifiés (procédé
qui devait bientôt amener la comédie de mœurs et d'intrigue, comme
les mystères et les *miracle-plays* ouvraient la voie au drame historique),
les joueurs de marionnettes se hâtèrent de suivre encore en ce point
l'exemple des confrères. Il leur suffit de tailler dans le bois ou le carton une douzaine de nouveaux acteurs, *Perverse Doctrine, Gluttony,
Vanity, Lechery, Mundus*, et ce personnage qui les résumait tous, *the
old Vice*, ou, comme on l'appelait aussi quelquefois, *the old Iniquity* (3).
Cet acteur, sorte d'Arlequin grossier descendu des anciens mimes (4),
était, dans toutes les pièces jouées par les confréries, le joyeux partner
de maître *Devil* (le diable). Shakspeare, dans *Hamlet*, a tiré de ce
bouffon des moralités et des *puppet-shows* une allusion de la plus saisissante énergie. Au milieu des sanglans reproches qu'Hamlet adresse à
sa mère, il déploie sous ses yeux un épouvantable portrait de Clau-
dius :

Un vil meurtrier, un serf ignoble qui ne vaut pas la moitié de votre premier époux ! un roi de comédie (*a Vice of kings*), un coupeur de bourses qui a
filouté la couronne et les attributs de la justice! qui, rencontrant sous sa main

(1) Hawkins, *History of music*, vol. IV, p. 388, en note.
(2) Et non en 1617, comme le dit M. Strutt, *Sports and pastimes of England*.
(3) Ben Jonson, *the Devil is an ass*, acte I, sc. 1. *Works*, t. V, p. 13 et 14.
(4) Le nom d'Arlequin n'apparaît en Angleterre que vers 1589, dans la dédicace d'un
pamphlet attribué à Thomas Nash, *an Almond for a parrot* (une amande pour un
perroquet), que M. Malone rapporte à cette date. Voyez *Malone's Shakspeare by Boswell*, t. III, page 198.

le diadème, l'a volé et mis dans sa poche!... un royal paillasse, vêtu de chiffons et d'oripeaux (1)!...

Dans *la Douzième Nuit*, Shakspeare achève de peindre le caractère et le costume de cet ancien bouffon :

> Like to the old Vice
> . . . .
> Who with dagger of lath
> Cries ah! ah! to the devil...

Semblable au vieux Vice des moralités, qui, armé d'une épée de bois, chante une belle gamme au diable (2).

A ceux qui douteraient que les théâtres de marionnettes aient représenté des *morals*, j'apporterais le témoignage de Shakspeare. Le loyal comte de Kent, saisissant un émissaire de Goneril, la fille ingrate du vieux monarque, l'apostrophe en ces termes :

L'épée à la main, misérable! Tu apportes des lettres contre le roi, et tu sers la révolte de cette présomptueuse marionnette, *lady Vanity*, contre la légitime royauté de son père.

..... Take *Vanity the puppet's* part against the royalty of her father (3).

On voit donc que *Vanity* ou *lady Vanity* (4), qui était un des personnages habituels des moralités, figurait aussi dans les *puppets-shows* (5).

---

(1) *Hamlet*, acte III, sc. IV.
(2) *Twelfth-Night*, acte IV, sc. II, et la note du docteur Johnson. Voyez *Malone's Shakspeare by Boswell*, t. XI, p. 479 et note. Ben Jonson arme aussi *the old Iniquity* d'un *wooden dagger* dans *the Devil is an ass*, acte I, sc. 1; *Works*, t. V, p. 13 et 14.
(3) *King Lear*, acte II, sc. II.
(4) Voyez, pour cette dénomination, Marlow, *the Jew of Malta*, acte II; *a select Collection of old plays*, t. VIII, p. 277. Un mari jaloux, dans une des meilleures comédies de Ben Jonson, donne aussi à sa femme le nom de *lady Vanity*. Voyez *Volpone*, acte II; sc. III. Cf. *the Devil is an ass*, acte I, sc. I.
(5) M. Whalley, éditeur et commentateur de Ben Jonson, cite à l'appui de cette opinion un passage de l'*Alchimist* où se trouvent ces mots : *A puppet with a vice*; mais il n'est pas question dans cet endroit du *Vice* des moralités; il s'agit d'une marionnette mue par un ressort, *with a vice*, comme l'ont fait remarquer MM. Farmer (*Malone's Shakspeare by Boswell*, t. XIX, p. 249) et Gifford (*Works of Ben Jonson*, t. IV, p. 41 et la note). Nous avons vu plus haut le crucifix de Boxley mu *with divers vices*.

Quant aux titres des moralités ou des *miracle-plays* représentés par les marionnettes anglaises pendant cette première période, nous n'en connaissons, à vrai dire, aucun avec certitude. Je crois pourtant pouvoir indiquer trois pièces religieuses qui me paraissent avoir dû être jouées par les marionnettes avant 1560. Dans un pamphlet posthume de Robert Greene, publié l'année de sa mort (1592), sous le titre de *Greene's groat' sworth of wit bought with a million of repentance* (les quatre sous d'esprit de Greene payés par un million de repentir), un vieux comédien se vante à Roberto (probablement Robert Greene lui-même) d'avoir été pendant sept ans interprète et directeur de marionnettes (*absolute interpreter of the puppets*) et d'avoir composé deux excellentes moralités, *Man's wit* et *the Dialogue of dives* (1). C'est à Shakspeare que nous devons l'indication de la troisième pièce. Dans *le Conte d'hiver*, le bandit Autolycus, qui s'est travesti pour commettre un mauvais coup, dit, en parlant de lui-même à quelqu'un qui l'interroge sans savoir qui il est :

Oui, je connais ce vaurien : il a été conducteur d'ours et de singes, procureur et recors; puis il a promené une boutique de marionnettes, et il montrait *l'Enfant prodigue* (2).

(1) M. Payne-Collier, *History of English dramatic poetry*, t. II, p. 272.
(2) *Winter's Tale*, acte IV, sc. II.

VI.

MARIONNETTES DEPUIS 1562 JUSQU'A LA FIN DU RÈGNE DE CHARLES Ier.

Le cadre restreint du répertoire des *puppet-shows* s'agrandit naturellement lorsque le théâtre régulier s'établit en Angleterre. La grande révolution qui s'est opérée dans le goût européen et qu'on a nommée la renaissance a eu lieu pour le théâtre anglais vers 1562 (1). Alors, aux *morals*, aux *masques*, aux *interludes*, qui avaient été en faveur sous Henri VIII, Édouard VI et Marie, vint se joindre une foule de nouvelles sortes de drames, *tragedy, comedy, history, pastoral, pastoral-tragical, comical-pastoral*, en un mot toutes les formes de divertissemens scéniques que Polonius énumère si pédantesquement dans *Hamlet*. Alors aussi les *puppet-players* ne tardèrent pas à exploiter ces nouveaux genres. A l'exemple des enfans ou écoliers de Saint-Paul, de Westminster, de Windsor, de la chapelle de la reine et des *ser-*

(1) Cette année 1562, fut jouée devant la reine, à Whitehall, *Gorboduc*, première tragédie anglaise, composée dans la forme antique et avec des chœurs. Il n'est cependant pas certain qu'un drame sur le sujet de *Romeo and Juliet* n'ait pas précédé *Gorboduc*.

vents des comtes de Leicester, d'Essex, de Warwick, de lord Clinton, etc., qui, sans cesser de jouer, à certains jours, des *miracle-plays* et des *morals*, offraient quotidiennement au public des pièces tirées de l'histoire ancienne ou nationale, les *puppet-players* se composèrent un double répertoire, l'un religieux, l'autre profane. Parmi les pièces de la première classe dont le souvenir a survécu, je puis citer *Babylone* (1), *Jonas et la baleine*, *Sodome et Gomorrhe*, *la Destruction de Jérusalem* (2), et la plus célèbre de toutes les *motions* de cette époque, *the City of Ninive* (3). Cette dernière, si j'en crois un éloge un peu équivoque que lui adresse un dramatiste contemporain, présentait une suite de tableaux (*sights*) plus faits pour plaire aux yeux qu'à l'esprit (4). Quant aux pièces sur des sujets profanes, Ben Jonson nous en fait connaître deux, *Rome* et *Londres*, qu'il associe à *Ninive*, et qui offraient probablement, comme celle-ci, un spectacle plus pittoresque que dramatique (5).

Après avoir vu les *motion-men* s'approprier sans scrupule les passages les plus saillans des mystères et des moralités, on ne s'étonnera pas qu'ils agissent avec la même liberté à l'égard des premières œuvres du théâtre régulier : « J'ai vu, dit un des personnages d'une vieille comédie, toutes nos *histoires* (c'est-à-dire toutes nos *chronicle-plays*) jouées par les marionnettes (6). » En effet, les pièces tirées de l'histoire nationale attiraient particulièrement la foule. *Lanthorn Leatherhead*

---

(1) Cette pièce est mentionnée par Anthony Brewer; voyez *Lingua or the combat of tongue and the five senses for superiority*, acte III, sc. VI. Dans cette espèce de moralité, représentée au collège de la Trinité à Cambridge, Olivier Cromwell, alors fort jeune, joua le rôle d'un des sens, celui du *toucher*.

(2) Ben Jonson, *Every man out of his humour*, acte II, sc. I, et *the Bartholomew Fair*, acte V, sc. I.

(3) Beaumont and Fletcher, *Wit at several weapons*, acte I. — Cowley, *Cutter of Coleman street*, acte V, sc. IX. — J. Marston, *the Dutch Courtesan* et *Every woman out of her humour*. — Pour ces deux dernières pièces, voyez *Malone's Shakspeare by Boswell*, t. II, p. 449.

(4) *Lingua*, acte III, sc. VI.

(5) *Every man out of his humour*. — *Works*, t. II, p. 19.

(6) M. Gifford cite ce passage sans indiquer dans quelle ancienne pièce il l'a trouvé. Voyez *the Works of Ben Jonson*, t. IV, p. 582 et note.

(Lanterne Tête-de-cuir), un excellent type de *puppet-player*, que Ben Jonson a introduit dans sa *Foire de Saint-Barthélemy*, se rappelant les plus beaux succès qu'il a obtenus dans sa carrière, s'arrête avec complaisance sur les *chronicle-plays* :

« Oui, dit-il, *Jérusalem* était une superbe chose, et *Ninive* aussi, et *la Cité de Norwich* (1), et *Sodome et Gomorrhe*, avec l'émeute des apprentis et le saccage des mauvais lieux au mardi gras; mais *la Conspiration des poudres!* c'est là ce qui faisait pleuvoir l'argent! Je prenais dix-huit à vingt *pence* par personne, et je donnais neuf représentations dans une après-midi. Non, rien ne nous réussit mieux que les pièces tirées de nos troubles domestiques; ces sujets sont aisés à comprendre et familiers à tous (2).

Dix-huit à vingt *pence* d'entrée était un prix considérable et exceptionnel, car notre ami Lanterne nous apprend ailleurs que le taux habituel des places aux *puppet-shows* était beaucoup moins élevé. En effet, avant l'ouverture, il fait annoncer et tambouriner le spectacle (aujourd'hui on se sert de la trompette); et il place à la porte un gaillard aux poumons robustes qui se met à crier : « Entrez, messieurs, entrez! c'est deux *pence* par personne, deux *pence!* un excellent jeu de marionnettes! le meilleur jeu de marionnettes qu'il y ait dans toute la foire! »

Cependant les *motion-men* ne se sont pas contentés de jouer des *chronicle-plays*; ils ont porté leur ambition plus haut : ils ont voulu représenter des tragédies proprement dites. Dekker, contemporain de Shakspeare, nous dit en propres termes qu'il a vu *Julius Cæsar* et le *Duc de Guise* joués par les marionnettes (*acted by mammets*) (3). Son témoignage est confirmé par celui de deux écrivains du même temps, John Marston et l'auteur inconnu d'une comédie intitulée : *the Woman out of her humour*. On se demande tout d'abord quels étaient ce *Duc*

---

(1) Norwich a été brûlée par les Danois, forcée de se rendre par la famine à Guillaume-le-Conquérant, et enfin ruinée par la révolte de Kett, le tanneur de Windham, sous Édouard VI. Je ne sais quelle est celle de ces catastrophes qui a fourni le sujet de la *motion* mentionnée par *Lanthorn Leatherhead*.

(2) *The Bartholomew Fair*, acte V, sc. I.

(3) M. Gifford (*Works*, etc., t. IV, p. 532) et l'éditeur de *Punch and Judy* enregistrent cet important témoignage de Dekker, mais sans indiquer ni l'un ni l'autre le titre de l'ouvrage où ils l'ont trouvé.

de Guise et surtout ce *Julius Cæsar*. Il est probable que la première de ces *tragical puppet-plays* était prise en partie du drame de Christophe Marlow, *the Massacre of Paris, with the death of the Duke of Guise*. Quant au *Julius Cæsar*, l'éditeur de *Punch and Judy* n'hésite pas à croire que c'était la tragédie de Shakspeare; mais cette opinion, qui d'ailleurs n'aurait en soi rien d'invraisemblable, est renversée par une impossibilité chronologique. C'est en effet dans *the Dutch Courtesan*, comédie imprimée en 1605, que Marston a fait mention du *Jules César* des marionnettes, et la tragédie de Shakspeare n'a paru au plus tôt sur la scène qu'en 1607 (1). Il est donc certain que le *Julius Cæsar* des *puppet-shows* n'a pu être emprunté que d'une des pièces, en assez grand nombre, composées sur ce sujet avant Shakspeare (2), peut-être de celle qui fut représentée devant Élisabeth le 1er janvier 1563, et dont les curieux ont gardé le souvenir, comme du premier drame anglais dont le sujet ait été tiré de l'histoire romaine. Dans tous les cas, et quelle qu'ait été cette pièce, elle n'a pu être représentée sur un *puppet-show* que par extraits, puisque *Lanthorn Leatherhead* vient de nous apprendre que les joueurs de marionnettes donnaient alors jusqu'à neuf représentations de la même pièce en une soirée.

Cette irruption des *puppet-players* dans le répertoire classique blessa vivement l'amour-propre et les intérêts des auteurs et des comédiens. Aussi n'ont-ils laissé échapper aucune occasion de déprécier leurs impertinens émules. C'est même dans les railleries qu'ils leur lancent sans cesse que nous avons recueilli nos meilleures et nos plus sûres informations. Les vieux *motion-men* eux-mêmes, habitués à faire agir et parler les personnages de la Bible et les héros bien connus des ballades nationales, durent se montrer peu favorables à cette innovation. Ben Jonson qui, dans *la Foire de Saint-Barthélemy*, a, comme on l'a vu, mis si plaisamment en scène un joueur de marionnettes de la vieille école, nous le montre fort contrarié de cette invasion du pédantisme dans les *puppet-shows* : « On met aujourd'hui, remarque-t-il, beaucoup trop de science dans cette affaire, et j'ai grand'peur que cela n'amène

---

(1) Voyez *Malone's Shakspeare by Boswell*, t. II, p. 449.
(2) On peut lire la liste de ces pièces dans l'avertissement qui précède le *Julius Cæsar* de Shakspeare, édition de M. Boswell, t. XII, p. 2.

la ruine de notre métier (1). » Dekker, qui nous a fait connaître, en s'en moquant, les emprunts faits par les *puppet-players* au répertoire tragique et comique, n'était pas non plus tout-à-fait désintéressé dans la question. Cet écrivain, aussi besogneux et plus spirituel que notre Colletet, est soupçonné d'avoir écrit plus d'une *drollery* et d'un prologue anonymes, à la demande des *motion-men* de Smithfield et de Fleet-Bridge, et il ne pouvait par conséquent voir sans déplaisir ses patrons prendre l'habitude de se pourvoir d'une besogne toute faite dans les drames applaudis au *Globe* ou au *Phœnix* (2).

Ben Jonson, pour achever de jeter le ridicule sur les *puppet-players*, qui se lançaient dans les voies tragiques, nous fait assister, dans le cinquième acte de *the Bartholomew Fair*, à une de ces représentations burlesquement classiques. Voici l'affiche du chef-d'œuvre, telle quelle lit un amateur avant d'entrer dans la petite salle de maître Lanterne : « Ancienne-moderne histoire de Héro et Léandre, ou la pierre de touche de l'amour, avec un vrai combat d'amitié entre Damon et Pythias, deux fidèles amis de Bankside (3). » On voit que, pour complaire aux amateurs avides de l'antiquité grecque, Lanterne Tête-de-cuir a pensé ne pouvoir mieux faire que d'accoupler et d'amalgamer deux de ces sujets héroïques, pensant que ce qui abonde ne vicie pas. Le dialogue tient et au-delà tout ce que l'affiche promet de coq-à-l'âne et de confusions baroques. Chose singulière! nous avons vu à Paris, pendant tout le xviii° siècle, les marionnettes des foires Saint-Germain et Saint-Laurent parodier nos meilleures tragédies, y compris *Alzire* et *Mérope*, tandis qu'à Londres, en 1614, un des plus illustres dramatistes, un homme qui recevra bientôt le titre de poète lauréat, parodiait, sur un théâtre de premier ordre, les *puppet-plays* de la foire. Étrange interversion entre les rôles, et tout à l'avantage des marionnettes!

(1) *The Bartholomew Fair*, acte V, sc. 2.
(2) Voyez une épigramme de John Davies contre un certain Pacus, réduit à écrire pour les marionnettes, et que M. Gifford croit être Dekker. — *Works of Ben Jonson*, t. IV, p. 363 et note.
(3) *Bankside* est un quartier de Londres sur la rive méridionale de la Tamise où se trouvaient alors beaucoup de cabarets et plusieurs salles de spectacle.

Il ne faut pas croire qu'il n'y eût alors à Londres et en Angleterre que des *motion-men* ambulans et forains. Outre les joueurs de marionnettes en plein air, qui dressaient leurs petites scènes à *Stourbridge fair* (1) et à *Smithfield*, il y avait des *puppet-showmen* en possession de salles permanentes, à *Paris-Garden* entre autres (2), et dans les quartiers les plus populeux de la Cité, à *Holborn-Bridge* et à *Fleet-street* (3). La curiosité poussait même souvent la foule hors de Londres, à *Eltham*, par exemple, résidence royale, dans le comté de Kent, dont les *motions* étaient célèbres. Jasper Mayne, dans sa pièce intitulée *the City match*, fait allusion à la coutume qu'avaient les femmes de Londres d'aller à Brentford voir les marionnettes. Ce divertissement était aussi fort recherché dans les provinces. On comptait les marionnettes au nombre des plus agréables passe-temps que pût se procurer la *gentry*. Dans une comédie de Ben Jonson, *Cynthia's Revels*, un personnage allégorique (Phantaste), énumérant les plus doux plaisirs dont une femme puisse espérer de jouir dans les diverses conditions de la vie, dit :

Si j'étais fermière, je voudrais aller danser aux *may-poles* et faire des fromages de lait et de fruits aigres; si j'étais la femme d'un gentilhomme campagnard, je voudrais tenir une bonne maison et aller à la ville les jours de fête voir les marionnettes (4).

Quelquefois de graves provinciaux venaient chercher ce divertissement jusqu'à Londres, comme on le voit dans *Every man out of his humour*, de Ben Jonson. Ajoutons que les *motion-men* transportaient souvent leurs petits acteurs de bois chez les riches bourgeois et négocians de la Cité pour égayer les réunions de famille. Il arrivait même

---

(1) *Lingua*, acte III, sc. VII; *a select Collection of old plays*, t. V, p. 164.

(2) Voy. John Hall, *Satires*, Book IV, sat. 1 (1599), et Thomas Nash, *Strange-newes*, etc., 1592.

(3) *Punch and Judy*, p. 29. Ben Jonson indique *Fleet-bridge*. *Every man out of his humour*, acte II, sc. 1; *Works*, t. II, p. 66 et la note.

(4) *Cynthia's Revels*, acte IV, sc. 1; *Works*, t. II, p. 297. Le texte dit *to term*, aux jours fériés; dans une autre pièce, on lit *every term*, ce que M. Gifford explique par *law-terms*, c'est-à-dire les époques légales de repos et de plaisir. Voy. *Every man out of his humour*. — *Works*, t. II, p. 7.

quelquefois que des particuliers contribuaient de leur adresse et de leur esprit à l'agrément de ces spectacles. C'est ainsi que Ben Jonson nous montre, dans *the Tale of a tub*, un jeune *esquire* qui offre à ses parens et à ses voisins le régal d'un *puppet-show* dont il est à la fois le sujet et l'inventeur. Sous Henri VII, il y avait même dans les rues de Londres des joueurs de marionnettes étrangers. Une lettre du conseil privé, adressée au lord maire le 14 juillet 1573, autorise quelques Italiens à montrer leurs *strange motions* dans la Cité (1), et nous savons qu'en 1609 les marionnettes françaises étaient connues en Angleterre (2).

Quant aux procédés de mise en scène, nous avons vu précédemment qu'en Italie, en France et en Espagne il y avait eu deux sortes de jeux de marionnettes : ceux où les petites figures étaient muettes, et ceux où elles étaient supposées parler. Il en a été de même en Angleterre. Les deux *puppet-shows* placés dans les œuvres de Ben Jonson nous fournissent un exemple de l'un et de l'autre mode de représentation. Le *masque* joué par les marionnettes, qui termine *the Tale of a tub*, est exécuté suivant le procédé que je considère comme un legs fait aux bateleurs du moyen-âge par les derniers pantomimes de l'antiquité. Ce procédé consiste en une action muette, expliquée par une exposition verbale ou une cantilène narrative, ce que les Anglais appellent un *pageant*, et ce dont Cervantes nous a laissé une si charmante description dans le spectacle que maître Pierre, le *titerero*, donne à la compagnie rassemblée dans une *venta* de la Manche (3). Le *masque*, dans *the Tale of a tub*, se compose de cinq *motions* ou tableaux, qui passent sous les yeux des spectateurs, à la manière des ombres chinoises, derrière un transparent. Le maître du jeu, tenant à la main une baguette garnie d'argent et armé du sifflet de commandement (*whistle of command*), se montre en avant du rideau, et expose dans un court programme la marche de la pièce; puis il tire le rideau et raconte chacun des incidens à mesure qu'ils se produisent, nommant chaque personnage à son entrée, et indiquant avec sa baguette (*virge*

---

(1) Voyez G. Chalmers, *Farther account on the early English stage*; ap. *Malone's Shakspeare by Boswell*, t. III, p. 439, note.
(2) Ben Jonson, *Epicœne*, acte III, sc. II.
(3) Voyez *Don Quijote*, part. II, cap. 25.

of interpreter) les divers mouvemens que font les acteurs (1). Dans l'autre comédie de Ben Jonson, *the Bartholomew Fair*, la mise en scène du *puppet-show* qui la termine est tout-à-fait différente. Ici les marionnettes parlent, je veux dire qu'une voix officieuse parle pour elles dans la coulisse. On donne en Angleterre le nom d'*interpreter* tant à celui qui fait le récit et explique les gestes qu'à celui qui parle pour les *puppets* derrière la toile du fond. Plusieurs comédiens anglais ont commencé leur carrière, et beaucoup d'autres l'ont tristement achevée dans cette modeste fonction. Parmi les cruelles extravagances dont Hamlet afflige l'amour d'Ophélia, on remarque cette blessante réplique :

OPHÉLIA.

En vérité, un chœur n'annoncerait pas mieux que vous chaque personnage, seigneur!

HAMLET.

Oh! oui, je pourrais fort bien servir d'interprète entre vous et votre amant dans un jeu de marionnettes!

OPHÉLIA.

Vous êtes bien piquant aujourd'hui, monseigneur.

Shakspeare s'est servi une autre fois de cette locution dans *les deux Gentilshommes de Vérone*; mais là, c'est un *clown* qui parle (2).

Le directeur du *puppet-show* s'acquittait ordinairement lui-même de l'office d'*interpreter*, et parlait seul pour toute sa troupe. Lanterne Tête-de-cuir, dans *la Foire de Saint-Barthélemy*, nous fait connaître cet usage d'une manière assez piquante. Pour satisfaire la curiosité d'un gentilhomme provincial qui n'a aucune idée d'un *puppet-show*, et qui lui a témoigné le désir de faire, avant la pièce, connaissance avec ses acteurs, il va chercher le panier qui renferme ses *puppets*. « Quoi! s'écrie le provincial, c'est là qu'habitent vos acteurs? — Oui, monsieur; ce sont de petits comédiens. — Oh! des comédiens fort petits, en vérité. Et vous appelez cela des acteurs? — Assurément, monsieur, et de très bons acteurs, aussi parfaits qu'aucun de ceux qui se soient

---

(1) *A Tale of a tub. Works of Ben Jonson*, t. VI, p. 220-241.
(2) *The two Gentlemen of Verona*, acte II, sc. 1.

jamais montrés sur un théâtre de pantomimes. A la vérité, je suis la bouche d'eux tous (1). »

Ben Jonson, à qui nous devons déjà tant de curieux renseignemens sur le sujet qui nous occupe, nous a transmis le nom de deux joueurs de marionnettes anglais, plus anciens que notre Brioché. Le premier était le vieux Pod, qu'il appelle aussi parfois avec une certaine courtoisie le capitaine Pod. Il cite le nom de ce *puppet-showman* comme étant, en 1599, inséparable de l'idée de marionnettes (2). En 1614, cet artiste n'existait plus, et depuis même assez long-temps (3). Deux années après, un nommé Cokely était en possession de la faveur publique (4). Il paraît, à la manière dont Ben Jonson parle à plusieurs reprises de ce nouveau joueur de marionnettes, qu'il était alors du bel usage de le faire venir avec ses *puppets* dans les réunions aristocratiques ou bourgeoises pour divertir les invités (5).

(1) *The Bartolomew Fair*, acte V, sc. II. Cette scène contient plusieurs allusions aux acteurs du temps.
(2) *Every man out of his humour*, acte III, sc. I.
(3) *The Bartholomew Fair*, acte V, sc. I. — Cf. Ben Jonson, épigramme XCVIII; *Works*, t. VIII, p. 209.
(4) *The Bartholomew Fair*, acte III, sc. I.
(5) *The Devil is an ass*, acte I, sc. I.

VII.

GUERRE DES PURITAINS CONTRE LES ACTEURS.

Dans aucune autre contrée de l'Europe, la guerre entre l'église et le théâtre n'a été aussi longue et aussi acharnée que dans l'Angleterre protestante. Nous avons vu, après l'établissement du schisme de Henri VIII, les nouveaux ministres expulser de l'intérieur des temples presque tout ce que le catholicisme y avait introduit ou toléré de cérémonies propres à émouvoir les sens; nous avons vu les chefs de l'église anglicane, sous la pression du fanatisme presbytérien, abolir, comme un legs dangereux du paganisme, les divertissemens séculaires qui égayaient les villes et les campagnes à certaines époques. Si l'on ne supprima pas du même coup les *miracle-plays* et les moralités joués par les confréries de plusieurs villes, c'est que, pendant que les puritains et les *new gospellers* traitaient ces jeux de profanation et d'idolâtrie, les anglicans, plus politiques, jugeaient bon d'employer ce puissant levier de prosélytisme au profit du nouvel établissement religieux. John Bale, évêque d'Ossory, composa et fit représenter avec un grand succès, par les élèves du collége épiscopal de Kilkenny, une vingtaine de mystères et de moralités, tous empreints de l'esprit du protestantisme. Le clergé anglican entra même avec tant d'ardeur dans cette singulière voie de propagande, qu'il recommanda aux fidèles certains drames de ce genre, disposés de manière à pouvoir être joués dans l'intérieur des familles par un très petit nombre de personnes (1). Toutefois, ce mode d'instruction protestante ayant été supprimé en 1553 par une proclamation de la reine Marie, qui restaurait en même temps dans toute leur splendeur catholique les mystères et les *miracle-plays* (2), le rétablissement de ces sortes de prêches dramatiques n'eut pas lieu, comme on pouvait s'y attendre, à l'avénement d'Élisabeth. Cette princesse, quoique portée sur le trône par le parti protestant, se hâta d'interdire la scène à toutes les controverses religieuses, prétendant, en vraie fille de Henri VIII, régler seule tout ce qui avait rapport à la foi. Cette disgrace du drame théologique fut une des principales causes de l'essor subit que prit le théâtre profane et classique, qui avait l'appui de la jeune reine et qui répondait d'ailleurs si bien à ses goûts d'érudition, d'élégance et de poésie. Tout souriait donc à la comédie et à la tragédie renaissantes, lorsqu'en 1562 (l'année même où l'on applaudit la première pièce anglaise modelée sur la forme antique) se répandit en Angleterre la traduction des lois de Genève, qui prohibent, comme on sait, avec la dernière rigueur toutes les représentations scéniques. L'effet fut immense : tous les presbytériens des trois royaumes, pour qui la parole de Calvin était plus sainte et plus révérée que l'Évangile, jetèrent un cri de réprobation contre ce théâtre qui sortait, disaient-ils, des cendres du paganisme, et qu'ils maudissaient comme un retour à l'idolâtrie. De ce moment commença entre les puritains et les acteurs une guerre à outrance qui a duré plus d'un siècle. Geoffrey Fenton en 1574 (3), John Northebrooke en 1577 (4), Stephen Gosson

(1) Entre autres moralités protestantes ainsi disposées, on peut voir *New Custom* dans a select *Collection of old plays*, t. I, p. 266.

(2) En 1566 et 1567, on représenta en grande pompe à Londres, sous les auspices de la reine Marie, *la Passion de notre Sauveur* et quelques *miracle-plays* tirés de la vie des saints.

(3) *A Form of christian policie*, London, 1574, in-8°.

(4) *Treatise wherein dicing, dauncing, vaine plaies, etc., are reprooved*.

en 1579 (1), Philip Stubbes en 1589 (2), William Rankin en 1587 (3), le docteur Rainolds en 1599 (4), William Prynne en 1633 (5), Jeremy Collier en 1697 (6), etc., furent les principaux champions de cette longue croisade, qui, après avoir fait suspendre plusieurs fois, sous divers prétextes, les représentations théâtrales, obtint enfin, sous le long parlement et pendant le protectorat de Cromwell, la clôture et la suppression complète des théâtres.

Avant ce dénoûment funeste et lorsque durait encore la lutte, les comédiens et les auteurs dramatiques, soutenus par la faveur particulière d'Élisabeth et de Jacques I*er*, exercèrent contre l'intolérance de leurs persécuteurs les plus cruelles et les plus mortifiantes représailles. En France, les acteurs et les écrivains dramatiques, violemment attaqués par les jansénistes et les gallicans, n'ont tiré de leurs adversaires que de rares, mais bien éclatantes revanches : *Tartufe*, une scène de *Don Juan*, et les deux lettres de Racine contre messieurs de Port-Royal; je ne compte pas le Basile du *Barbier de Séville*, parce que ç'a été là plutôt, ce me semble, une agression qu'une représaille. En Angleterre au contraire, sous les règnes d'Élisabeth, de Jacques I*er* et de Charles I*er*, il n'y a pas eu un seul auteur comique qui n'ait introduit dans presque tous ses ouvrages quelques figures d'hypocrites, de *precisians*, de *Banbury-men* (7), sur lesquelles la verve des auteurs répandait à pleines mains les traits les plus acérés du ridicule et de la satire. Je ne puis résister au désir de donner ici quelques fragmens d'une scène de ce genre, qui rentre d'ailleurs d'une manière toute spéciale dans l'histoire des marionnettes. Un des caractères les mieux tracés de la comédie de Ben Jonson intitulée *the Bartolomew Fair*, est celui de Rabbi Busy,

---

(1) *The School of abuse*, 1579, et *Plays confuted in five actions*, 1582.
(2) *Anatomie of abuses*.
(3) *Mirror of monsters*.
(4) *Overthrow of stage-plays*.
(5) *Histriomastix*, 1633, in-4°.
(6) *On the profaneness and immorality of the English stage*, 1697, in-8°.
(7) Le bourg de Banbury était célèbre par le nombre et la violence des sectaires qui l'habitaient. — Ben Jonson s'est aussi moqué des femmes de Banbury, notamment dans *the Gypsies metamorphosed*.

que la liste des personnages désigne comme un *Banbury-man*. Conduit par les incidens du drame dans un *puppet-show* de Smithfield, il ne peut contenir les bouillons de son zèle à la vue des petits acteurs; il interrompt brusquement la pièce par un déluge d'invectives tirées de son vocabulaire biblique :

BUSY.

A bas Dagon ! à bas Dagon ! Je ne puis endurer plus long-temps vos profanations détestables.

LE JOUEUR DE MARIONNETTES.

Que voulez-vous, monsieur?

BUSY.

Je veux chasser cette idole, cette idole païenne! cette poutre monstrueuse qui blesse l'œil des frères !... Vos acteurs, vos rimailleurs, vos danseurs moresques se donnent tous la main, au mépris des frères et de la cause.

LE JOUEUR DE MARIONNETTES.

Je ne montre rien ici, monsieur, qui n'ait reçu la licence de l'autorité (1).

BUSY.

Oui, vous n'êtes que licence! vous êtes la Licence elle-même! *Shimey!*

LE JOUEUR DE MARIONNETTES.

J'ai, monsieur, la signature du maître des menus plaisirs (*the master of the revel's hand*).

BUSY.

Dites la signature du maître des rebelles, la griffe de Satan! Allez vous cacher! fermez la bouche, bouffons ! votre profession est damnable. Plaider pour la défendre, c'est plaider pour Baal. J'ai aspiré aussi ardemment après votre destruction que l'huître aspire après la marée...

Et le bouillant puritain se fait fort de prouver sa proposition en forme. A ce défi le malin joueur de marionnettes répond narquoisement :

Ma foi, monsieur, je ne suis pas fort instruit des controverses qui se sont

(1) Ces traits et les suivans prouvent que l'autorité exerçait une surveillance préalable sur les *puppet-plays*. Outre l'autorisation qu'ils devaient obtenir, les joueurs de marionnettes payaient une certaine somme aux constables. Voyez *the Tatler*, n° 50.

élevées entre les hypocrites et nous; mais j'ai là dans ma troupe un *puppet* nommé Denis (Denis de Syracuse, qui a été maître d'école); il essaiera de vous répondre, et je ne crains pas de lui remettre ma cause.

UN SPECTATEUR.

Bien dit, bien dit! maître Lanterne! Je ne connais point, pour opposer à un hypocrite, de champion qui convienne mieux qu'une marionnette.

Alors s'engage entre le puritain et le *puppet* la controverse la plus burlesque. A la fin, épuisé et à bout d'argumens, le théologâtre s'écrie: « Oui, vous êtes l'abomination même, car parmi vous le mâle revêt l'accoutrement de la femelle, et la femelle l'habit du mâle. — Tu mens, tu mens! riposte le *puppet*. C'est là le vieil et éternel argument que vous adressez aux comédiens (1); mais il est sans force contre nous autres : il n'y a parmi les marionnettes ni mâle ni femelle, et cela, tu peux le vérifier, si tu veux, toi, homme zélé, malicieux et myope. » Et là-dessus, la petite poupée, levant prestement sa jaquette, administre au puritain déconcerté la preuve démonstrative de ce qu'elle avance. Alors le joueur de marionnettes, joyeux de son triomphe et jaloux de pousser jusqu'au bout ses avantages, soutient résolument que sa profession est aussi conforme à la loi que celle de son adversaire; puis continuant son parallèle : « Ne parlé-je pas, dit-il, d'inspiration comme lui (2)? Ai-je plus que lui rien à démêler avec l'érudition? » accablant ainsi le triste ennemi du théâtre d'une grêle de plaisanteries du plus gai, du plus mordant, du plus excellent comique.

(1) Cet argument n'a fait défaut aux puritains qu'en 1659, quand les femmes furent enfin admises à jouer sur la scène anglaise. Déjà, en 1657, mistress Coleman avait paru dans *le Siége de Rhodes*, mais plutôt comme chanteuse que comme actrice. En 1629, sous Charles Ier, des comédiennes venues de France s'étaient montrées sur le théâtre de Blackfriars; de plus, les filles françaises de la reine avaient rempli des rôles dans plusieurs *masques* joués à la cour, et la reine elle-même figura dans une pastorale à Sommerset-house, aux fêtes de Noël de 1632. Cette fantaisie royale fit condamner William Prynne au pilori et lui coûta une oreille, pour avoir, dans son *Histriomastix* publié l'année suivante, traité brutalement de *prostituée* (*notorious whore*) toute femme qui prenait part à une représentation théâtrale.

(2) Ce passage nous montre que, si le canevas des *puppet-plays* devait être soumis à l'approbation du lord-maire, le dialogue était laissé à l'improvisation de *l'interpreter* et à la discrétion du directeur.

Cependant cette passion contre les marionnettes, que Ben Jonson prête à son *Banbury-man* comme une extravagance hyperbolique, s'était bien réellement logée dans quelques cervelles de *precisians*. Geoffrey Fenton a employé tout le septième chapitre de son fameux livre, *a Form of christian policie* (1), à établir que les ménétriers et les *puppet-players* sont aussi indignes que les comédiens eux-mêmes de jouir du droit de bourgeoisie. Il semble même que, dans quelques comtés, les *puppet-shows* faillirent être enveloppés dans la suppression des *hobby-horses*, car Jacques Ier ne crut pas inutile de les comprendre nommément dans la liste des jeux permis les dimanches et fêtes après les prières (2); mais ce ne fut là qu'un orage passager. La plupart des puritains eux-mêmes ne se faisaient aucun scrupule d'assister aux *scriptural plays* jouées par les marionnettes. La preuve de cet usage nous est fournie par une comédie de Cowley, *the Guardian*, représentée à la fin du règne de Charles Ier, et remise au théâtre, après la restauration, sous le titre de *the Cutter of Coleman street*. Dans cette pièce, on introduit au cinquième acte un *masque*, accompagné de quelques violons, pour donner un divertissement à une dame puritaine. Un des personnages de la pièce remarque que ce galant impromptu sera un plaisir céleste pour cette respectable veuve, qui n'a de ses jours vu d'autre spectacle que *la Cité de Ninive aux marionnettes* (3).

(1) Le titre porte en outre : *gathered out of french*. Je regrette de ne pas savoir de quel auteur français a été tiré ce singulier livre. Pour le passage cité, voyez G. Chalmers, *Malone's Shakspeare by Boswell*, t. III, p. 433 et note 8.
(2) Burton, *Anatomie of melancholy*, sous le nom de *Democritus junior*, 1638, p. 273.
(3) *The Cutter of Coleman street*, acte V, sc. II. Cette pièce, refaite et remise au théâtre sous Charles II, offrait une piquante critique des faux émigrés et des prétendues victimes de la révolution, qui exploitaient impudemment la monarchie restaurée.

VIII.

MARIONNETTES ANGLAISES PENDANT LA SUPPRESSION DES SPECTACLES ET DEPUIS LEUR RÉOUVERTURE JUSQU'A LA RÉVOLUTION DE 1688.

Lorsque tous les jeux de théâtre furent suspendus par le bill du 2 septembre 1642, et enfin abolis par le bill du 22 octobre 1647, les *puppet-shows* ne furent pas atteints par cette proscription. La tolérance exceptionnelle dont ils jouirent est nettement établie dans une supplique que les comédiens de Londres adressèrent au parlement le 24 janvier 1643. Ces pauvres gens se plaignaient dans cette pièce du silence qu'on leur imposait et de la clôture qui frappait les théâtres réguliers, tandis qu'on autorisait les combats de taureaux et les jeux de marionnettes (1).

Libres de toute concurrence, il ne paraît pas que les *motion-men* se soient fort ingéniés pour accroître leur répertoire durant cette époque, pour eux prospère. Je ne puis, en effet, ajouter qu'un seul titre

---

(1) *The actor's remonstrance or complaint for the silencing of their profession and banishment from their several play-houses.* Voyez M. Payne Collier, *the History of English dramatic poetry*, t. II, p. 110.

à la liste que j'ai déjà donnée de ce genre de pièces; mais ce titre nous présente un intérêt tout particulier, parce qu'il indique un *puppet-show* sur le sujet du *Paradis perdu*, et que, par une rencontre singulière, ce renseignement nous est fourni par Milton. En 1643, vingt ans avant la publication de son chef-d'œuvre, ce grand homme adressait au parlement un éloquent plaidoyer pour la défense de ce que nous appelons aujourd'hui la liberté de la presse (*Areopagitica, a speech for the liberty of unlicensed printing*). L'auteur dans les premières pages, voulant établir les bases légitimes de la liberté humaine, dit : « Il y a des gens qui osent blâmer la divine Providence d'avoir permis qu'Adam péchât. Folles langues! Lorsque Dieu donna la raison à l'homme, il lui donna la liberté de choisir, car choisir est proprement user de la raison. Autrement, notre premier père n'aurait été qu'un Adam mécanique, comme l'Adam qu'on voit aux marionnettes. »

Non-seulement, pendant la fermeture des théâtres, les *puppet-plays* étaient représentées librement dans tout le royaume, mais les joueurs de marionnettes de Norwich, alors très en vogue, venaient montrer à Londres leurs meilleurs *opera-puppets*. Je trouve cette indication au milieu de beaucoup d'autres, également curieuses, dans une pièce de William Davenant intitulée *la Salle de spectacle à louer*, sorte de potpourri dramatique que ce poète ingénieux obtint de faire représenter en 1656, malgré l'édit de suppression, en y insérant sur les cruautés des Espagnols au Pérou un épisode conforme aux vues de Cromwell, qui préparait alors un armement contre Philippe IV (1).

La restauration rendit la vie aux théâtres. Affranchis de ce long silence, poètes et comédiens déployèrent une excessive activité. Les *motion-men*, pour leur part, s'efforcèrent de conserver la faveur qu'ils possédaient. La concurrence qu'ils firent aux grands théâtres parut assez redoutable aux intéressés pour que, vers 1675, la troupe royale de

---

(1) Cette pièce à tiroirs, où la détresse des comédiens est peinte avec autant de vérité que d'humour, est intitulée *Play-house to be let, containing the history of sir Francis Drake and the cruelty of the Spaniards in Peru, expressed by instruments and vocal music*. M. Payne Collier s'est trompé en donnant à ce drame, composé pour servir les desseins de Cromwell, la date de 1663 et ailleurs celle de 1673 (*the History of English dramatic poetry*, t. III, p. 326 et 424); ces dates sont celles de l'impression.

Drury-Lane et celle du duc d'York, réunies dans le théâtre de *Dorset-Garden*, crussent devoir présenter une requête à Charles II pour obtenir la fermeture ou au moins l'éloignement d'un jeu de marionnettes qui s'était établi sur l'emplacement de *Cecil-street* dans le *Strand*, et dont le voisinage portait un très notable préjudice à leurs recettes (1).

Mais nous approchons d'une grande date, d'une date qui a ouvert une nouvelle ère politique et une nouvelle époque dans l'histoire des marionnettes; je veux parler de la glorieuse révolution de 1688, qui a produit, suivant M. Payne Collier, deux événemens mémorables, l'avénement de l'illustre maison d'Orange et l'heureuse arrivée de Punch ou Polichinelle en Angleterre.

(1) Voyez *Punch and Judy*, p. 28.

IX.

MARIONNETTES ANGLAISES DEPUIS 1688 JUSQU'A NOS JOURS.
— RÉPERTOIRE ET CARACTÈRE DE PUNCH.

A partir de 1688, l'histoire des marionnettes anglaises se concentre tout entière dans l'histoire et le répertoire de Punch. Nous dirons d'abord que le nom de Punch a donné lieu à plusieurs fausses explications étymologiques. On a cru saisir, par exemple, je ne sais quels secrets et fantastiques rapports entre le nom et même entre les flammes de l'esprit de Punch et le breuvage ardent dont la recette nous est, dit-on, venue de la Perse. C'était aller chercher une erreur beaucoup trop loin (1). Punch est tout uniment le nom de notre ami *Pulchinello*, un peu altéré et contracté par le génie monosyllabique de la langue anglaise. On trouve en effet dans cette première époque les noms de *Punch* et de *Punchinello* pris indifféremment l'un pour l'autre; mais est-il bien certain que Punch soit arrivé de La Haye à Londres, à la suite de

(1) *Punch and Judy*, p. 85. Suivant quelques personnes, le mot *punch* viendrait du persan *pantche*, qui signifie cinq, parce que ce breuvage est composé de cinq élémens.

Guillaume d'Orange? J'ai, à cet égard, quelque doute. De l'aveu même de son savant et spirituel biographe, on peut trouver quelques traces de sa présence en Angleterre avant l'abdication de Jacques II (1). Dès lors, le héros des marionnettes ne serait pas venu de Hollande détrôner *the old Vice*, à la suite de Guillaume III; il serait venu de France avec les Stuarts.

Une remarque plus importante, c'est que Punch ne possédait pas dans ces premiers temps la profonde et plus que satanique immoralité dont on l'a accusé et même dont on l'a complimenté plus tard. S'il faut en croire un portrait d'une touche très fine, tracé dans une jolie pièce de vers latins par un jeune *fellow* de *Magdalen-College* qui se nommait *Joseph Addison*, Punch n'était encore en 1697 qu'un vert galant, joyeux et tapageur, une sorte de petit roi d'Yvetot ou de Cocagne, un peu libertin, très hâbleur, mais faisant beaucoup plus de bruit que de mal. Laissons parler Addison, dont la pièce est intitulée *Machinæ gesticulantes, Anglice puppet-shows* (2) :

> Ludit in exiguo plebecula parva theatro;
> Sed præter cæteros incedit homuncio, rauca
> Voce strepens.....
> In ventrem tumet immodicum; pone eminet ingens
> A tergo gibbus; pygmæum territat agmen
> Major, et immanem miratur turba gigantem.

Après la description des avantages physiques, l'auteur passe à la peinture du caractère :

> . . . . Jactat convitia vulgo,
> Et risu importunus adest atque omnia turbat.

---

(1) Voyez Grainger, *Biograph. histor.*, t. IV, p. 350.

(2) Le badinage dont on va lire quelques extraits a été imprimé pour la première fois, je pense, dans un recueil ayant pour titre : *Musarum Anglicarum delectus alter*, Londini, 1698, et l'année suivante, avec quelques corrections, dans le second volume des *Musarum Anglicanarum analecta*, Oxonii, 1699, volume publié par Addison lui-même et dédié à son compagnon d'études sir Charles Montague.

Quant à sa galanterie, elle est plus vive et plus étourdie que perverse :

> Nec raro invadit molles, pictamque proterve
> Ore petit nympham, invitoque dat oscula ligno.

Quelques passages de cette jolie pièce nous prouvent que le théâtre de Punch était en grand progrès sur les anciens *puppet-shows* que nous avons vus à Londres du temps de la reine Élisabeth. On se rappelle qu'en 1614, il n'y avait aux marionnettes de la foire de Saint-Barthélemy qu'une seule espèce de places, et à très bas prix : « deux pence, messieurs, deux pence par personne, les meilleures marionnettes de la foire! » En 1637, le théâtre de Punch était devenu plus comfortable et moins exclusivement plébéien; il y avait des places à divers prix :

> Nec confusus honos; nummo subsellia cedunt
> Diverso, et varii ad pretium stat copia nummi.

Il ne manquait à la mise en scène aucun des artifices employés en France et en Italie pour faire naître et entretenir l'illusion, tels que les fils perpendiculaires tendus devant la scène pour dérouter l'œil du spectateur :

> . . . . Lumina passim
> Angustos penetrant aditus, qua plurima visum
> Fila secant, ne, cum vacuo datur ore fenestra,
> Pervia fraus pateat (1).

Tous les membres de ces petites figures étaient articulés, et du sommet de leur tête sortait une tige métallique qui réunissait tous les fils dans la main qui leur imprimait le mouvement :

> ......Truncos opifex et inutile lignum
> Cogit in humanas species, et robore natam
> Progeniem telo efformat, nexuque tenaci
> Crura ligat pedibus, humerisque accommodat armos,
> Et membris membra aptat, et artubus inserit artus.
> Tunc habiles addit trochleas, quibus arte pusillum

(1) Le *Tatler*, dans son n° 44, décrit aussi les divers artifices employés dans les *puppet-shows*.

Versat onus, molique manu famulatus inerti
Sufficit occultos motus, vocemque ministrat.

Malheureusement, dans sa composition scolaire, Addison n'a mentionné ni un seul titre de *puppet-play*, ni un seul nom de joueur de marionnettes. Nous le regrettons, parce que nous n'avons que très peu de renseignemens relatifs à ce sujet sous le règne de Guillaume III; tout au plus pouvons-nous citer *le Siége de Namur*, joué en 1695 à la foire de Saint-Barthélemy, pièce à spectacle à laquelle un bel esprit de cette époque, un critique de profession, John Dennis, a consacré quelques lignes dans une de ses lettres (1). Quelques années plus tard, on jouait à la même foire quelques *opéra-puppets* tirés de l'Écriture sainte, et dans lesquels, malgré la gravité des sujets, se montrait constamment le seigneur Punch. Voici la traduction d'une affiche non datée, mais qui paraît remonter aux premières années du règne de la reine Anne (1703), et dont l'original est conservé au *British Museum*. Le style rappelle celui des annonces de notre ancienne foire Saint-Germain (2).

A la loge de Crawley, vis-à-vis la taverne de la couronne, à Smithfield, pendant toute la durée de la foire de Saint-Barthélemy, on représentera un petit *opéra*, appelé *l'antique Création du monde*, nouvellement retouché et augmenté du *Déluge de Noé*. Plusieurs fontaines jetteront de l'eau pendant toute la pièce. La dernière scène montrera Noé et sa famille sortant de l'arche avec tous les animaux par couple, et tous les oiseaux de l'air perchés sur des arbres... Enfin, au moyen de diverses machines, on verra le *mauvais riche* sortant de l'enfer, et Lazare porté dans le sein d'Abraham, outre plusieurs figures dansant des gigues, des sarabandes et des quadrilles, à l'admiration des spectateurs; le tout accompagné des joyeuses fantaisies du seigneur Punch et de sir John Spendall.

Ce John Spendall était le vieux *Jean Mange-tout*, acteur des moralités, passé au théâtre des marionnettes avec *the old Vice* et sa bande.

On peut lire dans le seizième numéro du *Tatler*, daté du 17 mai 1709, le récit d'une représentation de marionnettes donnée à Bath,

(1) *Select Works of John Dennis*, t. II, p. 512.
(2) Le texte de ce document a été publié par J. Strutt et reproduit par M. W. Hone, *Ancient Mysteries*, p. 230.

dont le sujet était encore la *Création du monde*, également suivie du *Déluge*. « Quand on fut arrivé à la seconde partie, dit l'auteur, on introduisit Punch et sa femme, qui dansèrent dans l'arche. » L'avis de l'auditoire fut que ce spectacle était fort instructif pour les jeunes gens. A la fin de la pièce, Punch salua respectueusement jusqu'à terre et fit un compliment très civil à la compagnie. Dans un autre *puppet-show*, toujours sur le *déluge*, lorsque la pluie commençait à tomber par torrens, Punch avançait la tête hors du rideau d'une coulisse, et disait à demi-voix au patriarche : « Il fait un peu de brouillard, maître Noé (1). »

Addison, devenu, sous la reine Anne, un écrivain à la mode et l'associé de sir Richard Steele dans la rédaction du *Tatler* et du *Spectator*, se plut, de moitié avec son ingénieux collaborateur, à élever une réputation colossale à un habile *puppet-showman* qui commençait à se produire. Les deux amis tirèrent des petits danseurs et chanteurs mécaniques de M. Powell et des pièces que ce spirituel petit bossu (2) arrangeait lui-même une agréable occasion de critiques malignes et de piquantes comparaisons. Grace à cette fantaisie de deux écrivains d'esprit, au goût peu élevé du public et à son talent réel, M. Powell acquit et conserva, sous la reine Anne, George Ier et les commencemens de George II, une célébrité fort étendue et presque sérieuse. Il paraît avoir d'abord essayé son savoir-faire dans diverses grandes villes du royaume. Il se rendait particulièrement à Bath dans la saison des bains. En 1709, Steele publia dans plusieurs numéros du *Tatler* une amusante correspondance entre le fantastique esculape Isaac Bickerstaff, qui est presque toujours supposé tenir la plume dans le *Tatler* (3), et notre déjà célèbre et très réel *puppet-showman*, M. Powell. L'infortuné docteur se plaint amèrement de la malignité des prologues et des épilogues satiriques de M. Powell, et surtout des brocards qu'un certain M. Punch ne cesse

---

(1) *Punch and Judy*, p. 29.
(2) Une note de la traduction du *Tatler* nous apprend cette particularité. Voy. le *Babillard*, t. 1, p. 240.
(3) Isaac Bickerstaff est une heureuse création de Swift; Steele recueillit dans le *Tatler* cet excellent type. Le doyen de Saint-Patrice ne fut pas, à ce qu'il paraît, fort reconnaissant de cette adoption.

de lancer contre sa science et sa personne (1). M. Powell, dans la réponse ironiquement apologétique que le *Tatler* lui prête, affirme n'avoir rien négligé pour se perfectionner dans son art : il a voyagé en Italie, en France, en Espagne, et il n'ignore aucun des procédés à l'usage des plus habiles mécaniciens de l'Allemagne. Il impute à son adversaire d'être un brouillon et un dangereux niveleur, qui voudrait introduire l'insubordination dans sa troupe et persuader notamment à l'honnête Punch de briser les fils qui font mouvoir ses mâchoires : complot odieux, car c'est par le droit le plus légitime, par le droit de création, qu'il est maître absolu de sa petite troupe, pouvant, si bon lui semble, allumer sa pipe avec une jambe de M. Punch, ou même se réchauffer les doigts avec sa carcasse.

En janvier 1710, nous voyons les *puppets* de M. Powell et ses drames quelque peu fantastiques fort bien accueillis, non plus seulement à Bath, mais à Londres même. *Punchinello* et sa grondeuse compagne, accompagnés du *docteur Faust*, faisaient, suivant le *Tatler*, pâlir le nouvel opéra italien de *Hay-Market*, et lui enlevaient la meilleure partie de son brillant auditoire. *Punchinello* surtout balançait, dans l'opinion du beau sexe, le mérite du fameux chanteur Nicolini (2).

Au commencement de l'année suivante (1711), M. Powell établit son théâtre sous les petites galeries de *Covent-Garden*, du côté opposé à l'église paroissiale de Saint-Paul. Dans le numéro quatorze du *Spectateur*, Steele suppose qu'il a reçu un billet du sous-sacristain de cette paroisse tout rempli des doléances de ce fonctionnaire vexé. Depuis vingt ans, ce brave homme n'a pas manqué six fois de sonner l'heure de l'office; mais il éprouve, depuis quinze jours, une extrême mortification en voyant ses habitués cesser de se rendre à son pieux appel. C'est que M. Powell a choisi précisément l'heure de la prière pour celle de l'ouverture de son *puppet-show*. Le digne sacristain, fort scandalisé d'annoncer le commencement d'un jeu profane au lieu d'un exercice de piété, demande à M. le Spectateur ce qu'il doit faire pour éloigner ce

---

(1) *The Tatler*, nᵒˢ 44 et 45.
(2) *The Tatler*, nᵒ 115, 3 janvier 1709-10. L'année commençait encore à Pâques en Angleterre. Cette circonstance m'a fait rectifier quelques dates, sans en avertir le lecteur.

M. Punchinello, ou le forcer du moins à choisir pour ses ébats des heures moins canoniques (1). La pièce de M. Powell, qui enlevait ainsi ses paroissiens à l'église de Saint-Paul, était tirée d'une légende très populaire, *Whittington et son Chat, ou Whittington trois fois maire de Londres*. Ce conte, que l'on retrouve chez presque toutes les nations commerçantes du monde, en Italie, en Bretagne, en Portugal, en Orient même, est l'histoire d'un pauvre marmiton qui n'avait rien qu'une chatte à remettre pour pacotille au patron d'un vaisseau de commerce partant pour les Indes. On embarqua pourtant, par plaisanterie, le chat sur le navire. Or, ayant relâché dans une île qu'infestait une multitude de rats, le patron pensa que la chatte et les petits qu'elle avait faits pendant la traversée seraient de bonne défaite en ce pays, et les vendit avantageusement au roi de l'île. Cette somme, remise à Whittington, prospéra entre ses mains, et fut l'origine d'une fortune qui le conduisit à être trois fois maire de Londres. Steele eut la cruauté d'établir un parallèle en règle entre *Whittington and his cat* et un grand opéra qu'on jouait à *Hay-Market*, *Rinaldo ed Armida*, et de donner, comme on le pense bien, tout l'avantage au premier. Il prit en outre soin d'annoncer que, pour continuer sa lutte avec le théâtre de Hay-Market, M. Powell se disposait à représenter incessamment l'opéra de *Suzanne ou l'Innocence découverte*, avec une paire de vieillards tout neufs.

L'habileté de M. Powell était alors proverbiale, et l'on mettait son nom en avant dans toutes les occasions sérieuses ou badines qui touchaient à la mécanique. *Le Spectateur*, dans son 277e numéro, rappelle qu'avant la rupture avec la France, les dames anglaises recevaient leurs modes de Paris, au moyen d'une poupée à ressorts (*a jointed baby*) habillée dans le dernier goût, et qui faisait régulièrement tous les mois la traversée de Calais à Londres. Le Spectateur raconte qu'il a été invité à aller voir une de ces poupées, arrivée malgré la guerre, et donne une agréable description de tous ses atours, jusque, mais non compris, les nœuds de ses jarretières, « car je porte trop de respect, dit-il, même à du bois couvert d'un jupon, pour avoir consenti à pousser jusque-là

(1) *The Spectator*, n° 14, 16 mars 1710-11.

mon examen. » Puis il ajoute : « Comme j'allais me retirer, la marchande de modes m'apprit qu'avec l'aide d'un horloger voisin et de l'ingénieux M. Powell, elle avait inventé une autre poupée (*another puppet*), qui, au moyen de petits ressorts intérieurs, pouvait mouvoir tous ses membres, et qu'elle l'avait envoyée à son correspondant de Paris pour qu'on lui enseignât les inclinations et les mouvemens gracieux de la tête, l'élévation méthodique de la gorge, la révérence, la démarche, toutes les graces enfin qui se pratiquent aujourd'hui à la cour de France. »

La popularité dont jouissaient les marionnettes de M. Powell, et même les marionnettes beaucoup plus vulgaires, était si grande alors, que le docteur Arbuthnot, publiant en 1712 un pamphlet allégorique sur les affaires du temps, intitulé *Histoire de John Bull*, n'oublie pas de signaler, comme un trait qui caractérisait le peuple de Londres, l'amour effréné de ce genre de plaisir. Parmi les reproches que la colérique mistress Bull adresse à son mari, elle place au premier rang le temps qu'il perd aux marionnettes : « Vous êtes un sot, dit-elle, un pilier d'estaminets et de tavernes; vous perdez le meilleur de votre temps aux billards, aux jeux de quilles et devant les boutiques de marionnettes. » Et un peu plus loin : « Toute cette génération n'a d'amour que pour les joueurs de cornemuse et pour les puppets-shows. » *Le Spectateur*, dans son n° 377, énumérant les lieux de Londres où l'on a le plus de chances de périr de mort violente, et dressant la liste des derniers accidens de ce genre, place en tête de ce nécrologe fantastique « Lysandre étouffé aux marionnettes. »

Quelles étaient ces si dangereuses et si attractives marionnettes? Probablement celles que M. Powell avait logées sous les galeries de Covent-Garden. En 1713, cette petite salle portait le nom de *Punch's Theatre*. Ce renseignement nous est fourni par le titre d'une pièce ainsi conçu : *Venus and Adonis, or the Triumphs of love, by Martin Powell; a mock opera, acted in Punch's Theatre in Covent-Garden*; 1713, in-8°. Ce Martin Powell était-il notre fameux directeur, le favori de Steele et d'Addison? Je le crois, sans pouvoir l'affirmer. Les admirateurs de cet artiste prétendent qu'il fabriquait tous ses acteurs et composait lui-même presque toutes ses pièces; mais ils ne nous apprennent pas qu'il en eût fait imprimer aucune. L'auteur de *Punch and Judy* affirme même qu'il les improvisait (1); cependant il y avait dans plusieurs d'entre elles des vers et des ariettes qui étaient certainement écrits, et qui ont pu être imprimés. Il est assez surprenant que ni Steele, ni Addison, ni Swift, qui ont si souvent parlé de M. Powell, ne nous aient pas fait connaître son prénom. Une seule fois, Addison, pour le distinguer de George Powell, le célèbre tragédien, qu'il proposait par raillerie de faire jouer dans une même pièce avec les pantins de notre Powell, appelle celui-ci Powell *junior* (2).

Il parut en 1715 un piquant pamphlet qu'on attribue à M. Thomas Burnet, intitulé *a Second Tale of a tub, or the history of Robert Powell, the puppet-showman; dedicated to the earl of Oxford*. Ce titre semblerait lever tous les doutes et prouver que le prénom de M. Powell était *Robert*; mais il faut prendre garde. *Le second Conte du tonneau* est une satire fort maligne, dirigée contre Robert Walpole (3). L'allégorie commence avec le titre, par l'attribution facétieuse faite à M. Powell du prénom appartenant à l'homme d'état. La gravure du frontispice représente le ministre, en habit de cour, tenant à la main la baguette de M. Powell (la fameuse baguette garnie d'argent de l'*interpreter*). Dans le fond, sur un petit théâtre qu'éclairent des flambeaux à pieds, paraissent deux marionnettes en scène, Punch et sa femme (4). M. Thomas Wright, dans son histoire de la maison de Hanovre, *illustrée* par les caricatures et les pamphlets du jour, a reproduit la figure grotesque du ministre-jongleur; mais il a négligé malheureusement de nous montrer le théâtre et les deux *puppets*, qui auraient eu pour nous un intérêt particulier.

L'auteur du *second Conte du tonneau*, tout en frappant rudement Robert Walpole sous le nom et le costume de M. Powell, nous fait con-

---

(1) *Punch and Judy*, p. 39 et 40.
(2) *The Spectator*, n° 31.
(3) Le comte d'Oxford était alors placé à la tête du cabinet, dont Robert Walpole était le membre le plus influent. (Walpole porta aussi le titre de comte d'Oxford, mais beaucoup plus tard, et seulement à sa sortie des affaires.)
(4) Cette description nous est fournie par l'éditeur de *Punch and Judy*, qui paraît avoir eu ce curieux ouvrage sous les yeux. Voyez p. 39 et 40.

naître, chemin faisant (surtout dans son avant-propos), plusieurs des meilleurs *opera-puppets* composés ou arrangés par cet ingénieux artiste. Il cite comme faisant couler bien des larmes *the Children in the wood* (les enfans dans la forêt), tirés d'une touchante ballade populaire, — *King Bladud*, peinture héroïque d'un vrai roi patriote, — *Friar Bacon and friar Bungay*, — *Robin Hood and Little John*, — *Mother Shipton* — et *Mother Goose* (ma mère l'Oie). Quant au caractère de Punch, il ne l'indique encore que comme celui d'un bouffon qui provoque le rire par ses impertinences et ses *quiproquo*.

C'est à cet âge d'or des marionnettes anglaises qu'il faut, je crois, rapporter une suite de strophes composées par Swift sur les *puppet-shows*. Je traduis cette pièce où l'auteur, à un brillant filet d'imagination poétique, mêle, suivant le tour de son génie, un flot encore plus abondant de verve capricieuse et sarcastique :

LE SPECTACLE DES MARIONNETTES.

Pour représenter la vie humaine et montrer tout le ridicule qu'elle contient, l'esprit a inventé le spectacle des marionnettes, dont le principal acteur est un fou.

Les dieux de l'antiquité étaient de bois, et les marionnettes eurent jadis des adorateurs. L'idole se tenait droite et parée d'une robe antique; prêtres et peuple courbaient la tête devant elle.

Qu'on ne s'étonne pas que l'art ait commencé par façonner des figurines votives et par tailler un bouffon dans un soliveau, ni qu'on ait songé à consacrer ce bloc à la renommée.

Ainsi la fantaisie poétique a appris que les arbres peuvent recevoir des formes humaines, qu'un corps peut se changer en tronc, et des bras s'allonger en branches.

Ainsi Dédale et Ovide ont reconnu, chacun à sa manière, que l'homme n'est qu'une souche. Powell et Stretch ont poussé cette idée plus loin : pour eux, la vie est une farce et le monde une plaisanterie.

La compagnie de la mer du Sud prouve aussi cette grande vérité sur le fameux théâtre qu'on appelle la bourse. Les directeurs tiennent les fils, et à leur impulsion obéissent des milliers de niais, tristes monumens de folie.

Ce que Momus fut jadis pour Jupiter, Arlequin l'est aujourd'hui pour nous : le premier fut un bouffon dans l'Olympe, l'autre est un polichinelle ici-bas.

La scène changeante de la vie n'est qu'un théâtre où paraissent des figures de toutes sortes. Jeunes gens et vieillards, princes et paysans s'y partagent les rôles.

Quelques-uns attirent nos regards par une fausse grandeur, trompeuse apparence, qui empêche d'apercevoir que l'intérieur est de bois. Que sont nos législateurs sur leurs sièges de parade? Bien souvent des machines qui ont l'air de penser.

Il peut arriver qu'une bûche porte un diadème, qu'une poutre occupe la place d'un lord; une statue peut avoir le sourcil froncé et nous tromper par un air pensif.

Voici d'autres gens qui entreprennent des actes dont ils ne prévoient pas la fin; ils obéissent à l'impulsion des fils qui les mènent; les paroles qu'ils prononcent ne leur appartiennent même pas (1).

Trop souvent, hélas! une femme impérieuse usurpe la souveraineté. Combien de maris boivent la coupe de la vie troublée et rendue amère par une Jeanne!

Bref, toutes les pensées que les hommes poursuivent, plaisirs, folies, guerre ou amour, la race imitatrice des pantins nous les montre en elle. Ils s'habillent, parlent et se meuvent comme des hommes.

Continue, grand Stretch (2), d'amuser les mortels d'une main habile, et de te moquer d'eux! Et quand la mort tranchera le fil de ta vie, tu recevras pour récompense tout ce qui flatte l'orgueil d'une marionnette.

On taillera ton image dans un chétif morceau de chêne; le ciseau fera vivre ta mémoire; l'avenir proclamera ton mérite; la postérité connaîtra les traits de ton visage, et elle se plaira à répéter ton nom.

En attendant, dis à Tom que c'est perdre le temps que d'esquisser une farce avant d'avoir consulté le miroir de la nature. Dis-lui que des pointes ne

(1) Swift semble traduire ici le vers très heureux qui termine la pièce latine d'Addison sur les *puppet-shows* :

Vocesque emittit tenues et non sua verba.

(2) Stretch était probablement un directeur de marionnettes de Dublin.

suffisent pas pour composer une scène ingénieuse, et que la pédanterie n'est pas l'enjouement (1).

Quant à vouloir réduire les hommes à l'état de bois inerte et les forcer de marmoter des formules mystiques, c'est faire visiblement violence à la chair et au sang : un tel dessein dénote une fêlure au cerveau.

Celui qui essaiera de pousser le raffinement plus loin que toi, et voudra changer ton théâtre en une école, sera éternellement le jouet de Polichinelle, et doit se tenir pour le plus grand des fous.

Cette prétention des *drolleries* à se transformer en un spectacle grave, sérieux et moral, que Swift voyait poindre avec humeur, ne tarda pas à grandir et à se développer, aidée des tendances déclamatoires et philosophiques de l'époque. Fielding, grand ami du naturel et en particulier de maître Punch, qu'il a fait agréablement parler dans une comédie de sa jeunesse, où il a, par parenthèse, introduit un *puppet-show* tout entier (2), s'est très finement moqué de cette ambition déplacée dans un excellent chapitre de *Tom Jones*. Il fait arriver son héros dans une auberge de village, au moment où un *motionman* représente, avec tout le *decorum* désirable, et avec des pantins presque aussi grands que nature (car on commençait à exiger de la vraisemblance, même aux marionnettes), les plus belles et les plus ennuyeuses scènes d'une comédie fort à la mode de Colley Cibber, le *Mari poussé à bout* (*the provoked Husband*). L'assemblée, où étaient réunis tous les beaux-esprits du lieu, se montra très contente de ce divertissement sérieux, convenable, sans aucune basse plaisanterie, sans gaieté, et, pour dire toute la vérité, sans le moindre mot pour rire. Après la pièce, le joueur, encouragé par la satisfaction non équivoque de son auditoire, crut pouvoir faire remarquer que rien, dans

---

(1) C'est ici un conseil amical donné par Swift au docteur irlandais Thomas Sheridan, ou plutôt à son jeune fils, nommé aussi Thomas, pour le détourner du goût précoce qu'il montrait pour le théâtre. Ces deux Sheridan, hommes d'esprit et de mérite, sont l'aïeul et le père de l'illustre Richard Brinsley Sheridan.

(2) Cette petite pièce de Fielding, jouée à Hay-Market en 1729, et reprise, quelques années plus tard, à Drury-Lane, est intitulée *the Author's farce, with a puppet-show, call'd the Pleasures of the town*; elle est en trois actes et mêlée de couplets, dans le goût des petites pièces de Lesage et de Piron.

le siècle actuel, ne s'était autant perfectionné que les marionnettes, et qu'en mettant de côté Punch, sa femme Jeanne et tous les quolibets à leur usage, elles étaient parvenues à prendre place parmi les spectacles raisonnables. « Je me souviens, ajoutait-il, que, quand j'ai commencé ma carrière, on débitait encore force niaiseries pour faire rire la foule; mais rien ne tendait à améliorer les dispositions morales des jeunes gens, ce qui certainement doit être le but principal des marionnettes. » Au milieu de l'assentiment universel, Tom Jones se permit d'émettre un léger doute sur ce progrès prétendu. Il ne pouvait, pour son compte, s'empêcher de regretter son vieil ami Punch, et il avait grand-peur qu'en supprimant ce personnage, ainsi que Jeanne, sa joyeuse compagne, on n'eût gâté cet agréable jeu. La prétendue moralité des nouvelles pièces reçut presque aussitôt un fort grave échec. Une des filles de l'auberge, surprise dans une conversation peu décente avec le compère du joueur, donna effrontément pour excuse qu'elle n'avait fait que suivre l'exemple de la belle dame que tout le monde venait d'applaudir dans *le Mari poussé à bout;* ce qui fournit à l'hôtesse, qui n'avait encore rien dit jusque-là, l'occasion naturelle de se plaindre hautement des mauvais principes que les marionnettes répandaient dans les campagnes et de regretter le temps où les *puppet-players* ne jouaient que des pièces irréprochables, comme *le Vœu téméraire de Jephté,* dont on ne pouvait jamais tirer aucune mauvaise interprétation (1).

On voit qu'à l'époque où nous sommes parvenus il s'était formé, à l'exemple des grands théâtres, une école de marionnettes déclamatoire et sentimentale à laquelle appartenaient, je pense, Russel, un des plus renommés successeurs de Powell, et l'infortunée Charlotte Charke, fille du poète et comédien Colley Cibber. Cette femme, d'un esprit et d'une éducation distingués, mais d'une humeur aventureuse et inconstante, abandonna la scène, où elle avait débuté avec quelque succès, et ouvrit vers 1737 un grand théâtre de marionnettes, *a great puppet-show,* situé, comme elle nous l'apprend dans son autobiogra-

(1) *History of a foundling,* liv. XII, ch. v et vi. L'éditeur de *Punch and Judy* accuse Fielding d'une étrange méprise pour avoir donné à mistress Punch le nom de *Jeanne.* Je crois que ni Swift, qui lui donne le même nom, ni Fielding ne se sont trompés; le nom de *Judith* n'a prévalu que plus tard.

phie, à *Tennis-Court*, dans *James street*, près de *Hay-Market*. Ruinée bientôt par sa mauvaise conduite, elle se trouva heureuse de recevoir une guinée par jour pour faire agir et parler les marionnettes de Russel, dont la loge était située à *Kickford's great Rome*, dans *Brewer street* (1).

Cependant les sujets bibliques, les ballades populaires et les joyeuses plaisanteries de Punch n'en continuaient pas moins d'intéresser ou d'égayer la foule, au moins dans les foires. Hogarth a réuni, dans une belle gravure datée de 1733, toutes les merveilles accumulées à *Southwark fair*. Ici, un petit joueur de musette, accompagné d'un singe en habit militaire, fait danser deux poupées avec le pied; là, une femme dans le costume de la Savoie, et sa vielle sur le dos, montre la lanterne magique à un enfant émerveillé. Dans le fond, on voit l'entrée d'un *puppet-show*, sur la porte duquel est écrit en grosses lettres *Punch's Opera*. Une grande pancarte qui pend sur le balcon indique le spectacle du jour. Dans un des compartimens, Polichinelle est peint chevauchant tant bien que mal, tandis que son coursier bien dressé visite à fond les poches d'Arlequin; sur un autre compartiment, on reconnaît une scène de la Bible, Adam, Ève et le serpent : c'est encore le sujet du *Paradis perdu* (2).

Gay, dans la peinture d'une *foire de village*, touchée à la manière fine et naïve de Gérard Dow, introduit une scène à peu près semblable, et où Punch n'est pas oublié :

... Ici un charlatan, monté sur des tréteaux, vend à la foule rustique ses baumes, ses pilules et ses spécifiques contre la pierre; là, le sauteur agile s'élance, et la jeune fille vole hardiment sur la corde. Plus loin, Jack Pudding, habillé d'une veste de deux couleurs, agite un gant et chante les divertissantes prouesses de Punch, à savoir, les poches vidées dans la foule et toutes sortes de gaies fourberies; puis, passant à un mode plus triste, il chante les enfans dans la forêt, l'oncle barbare, les pauvres petits cueillant des mûres dans le désert sauvage, et souriant sans défiance à la vue du poignard qui brille... Il

(1) *Biograph. dramat.*
(2) Voyez à la Bibliothèque nationale (département des estampes) l'œuvre de Hogarth, 2 vol. grand in-folio.

chante la complainte de Jeanne violée par un matelot... et les guerres déplorables qui ensanglantèrent la forêt de Chévy (1).

Jusqu'ici, comme on voit, poètes et chanteurs forains n'imputent encore à maître Punch que quelques peccadilles amusantes; mais nous touchons à l'époque critique où ses mœurs vont de plus en plus se dépraver, et où il va commencer à prendre les habitudes de férocité goguenarde qui font aujourd'hui le fond de son caractère. Swift, vers 1728, nous le montre déjà sur cette pente, dans une satire en vers à l'adresse d'un whig brouillon et malfaisant, Richard Lighe, qu'il met aux prises, sous le nom de Timothy, avec un pauvre infirme nommé Mad Mullinix, bien connu dans les rues de Dublin pour ses opinions tories. Celui-ci compare son adversaire à un malicieux Polichinelle, et nous fait connaître par occasion quelques-uns des *puppet-shows* que l'on représentait alors avec le plus de succès à Dublin :

....Tim, vous croyez être le fléau des tories, vous vous trompez; vous êtes leurs délices. Ce serait si vous changiez de rôle, si vous deveniez grave et sérieux, que vous leur causeriez un poignant chagrin; mais, Tim, vous avez un goût que je connais ; vous allez voir souvent les marionnettes. Ne remarquez-vous pas quel malaise éprouvent les spectateurs, tant que Punch reste derrière la scène? Mais, dès qu'on entend sa voix rauque, comme on s'apprête à se réjouir! — Alors l'auditoire ne donnerait pas un fétu pour savoir quel jugement Salomon va prononcer, ni quelle est la véritable mère, ou celle qui prétend l'être. — On n'écoute pas davantage la pythonisse d'Endor. — Faust lui-même a beau traverser le théâtre, suivi pas à pas par le diable, on n'y fait aucune attention. — Mais que Punch, pour éveiller les imaginations, montre à la porte son nez monstrueux et le retire prestement, oh! quelle joie mêlée d'impatience! Chaque minute paraît un siècle jusqu'au moment où il entre en scène. D'abord il s'assied impoliment sur les genoux de la reine de Saba. — Le duc de Lorraine met sans succès l'épée à la main. — Punch crie, Punch court, Punch injurie tout le monde dans son jargon. — Il rend au roi d'Espagne plus que la moitié de sa pièce. — Il n'y a pas jusqu'à saint George qu'il n'attaque, à cheval sur le dragon. Il empoche un millier de coups et de gourmades, sans renoncer à un seul de ses méchans tours; il se jette dans toutes les intrigues : à quelle intention? Dieu le sait. Au milieu des scènes les plus pathétiques et les plus

(1) John Gay, *the Shepherd's week*; sixth pastoral (*the flights*), v. 81-94.

déchirantes, il arrive étourdiment et lâche une plaisanterie incongrue. Il n'y a pas une marionnette faite de bois qui ne le pendît volontiers, si elle pouvait. Il vexe chacun, et chacun le vexe. Quel plaisir pour les spectateurs, eux qui ne mettent point le pied sur le théâtre, et qui ne viennent que pour voir et écouter! Peu leur importe le sort de la jeune Sabra, et l'issue du combat entre le dragon et le saint, pourvu que Punch (car c'est là tout le beau du jeu) soit bien étrillé, et finisse par assommer tous ses adversaires. — Cependant, Tim, des philosophes prétendent que le monde est un grand jeu de marionnettes, où de turbulens coquins jouent le rôle de Polichinelles (*Punchinelloes*). Ainsi, Tim, dans cette loge de marionnettes qu'on appelle Dublin, vous êtes le Polichinelle, toujours prêt à exciter la noise. Vous vous agitez, vous vous démenez, vous faites un affreux sabbat; vous jetez à la porte vos sœurs les marionnettes; vous tournez dans un cercle perpétuel de malices, semant la crainte, l'anxiété et la discorde partout; vous vous lancez, avec des cris et des grimaces de singe, au milieu de toutes les affaires sérieuses; vous êtes la peste de votre clan, où chaque homme vous hait et vous méprise; mais, avec tout cela, vous divertissez les spectateurs (les tories) qui s'amusent de vos histoires bouffonnes. Ils consentiraient plutôt à laisser pendre toute la troupe qu'à se voir privés de vous (1).

Dans ce portrait, qui n'est pas flatté, non plus que dans quelques couplets chantés vers 1731 et tirés de je ne sais quelle *puppet-play* (2), Punch, ou plutôt Punchinello (car c'est le nom qu'il se donne), ne se montre encore qu'un *little fellow* fort libertin, fort tapageur, et déjà passablement brutal; mais on ne le voit commettre encore aucune de ces énormités conjugales et paternelles qui vont bientôt lui donner une si singulière ressemblance avec Henri VIII ou Barbe-bleue. Les critiques anglais glissent sur ce rapprochement; ils préfèrent comparer leur ami Punch à don Juan. M. William Hone a même établi entre ces deux personnages un parallèle en forme où, contre ses habitudes de critique exacte, il avance que les déportemens de Punch ont pu suggérer l'idée du caractère et des exploits du fameux *burlador de Sevilla* (3).

(1) L'abbé Morellet, qui connaissait bien la littérature anglaise, a composé, à l'imitation de Swift, une petite satire en prose, intitulée *les Marionnettes*. Cette pièce assez piquante circula manuscrite sous le ministère de l'abbé Terray, et ne fut imprimée à la suite de ses *Mémoires* qu'en 1822. Voy. t. II, p. 853-370.
(2) Voy. *Punch and Judy*, p. 46.
(3) M. William Hone, *Ancient Mysteries*, p. 220.

Il est obligé, pour donner une apparence de vérité à cette opinion que repoussent les faits et les dates, de supposer que Punch, comme don Juan, est emporté au dénoûment par le diable, ce qui est l'opposé du vrai. Il oublie même qu'en 1676, lorsque Shadwell introduisit sur la scène de Londres la première imitation de *Don Juan* (*the Libertine destroyed*), Punchinello n'était pas encore connu dans la Grande-Bretagne. M. Payne Collier pense, avec beaucoup plus de raison, que le drame de *Punch and Judy* est d'une date assez récente en Angleterre, et, prenant le contre-pied de l'opinion de M. Hone, il attribue les licences hyperboliques de cette composition à l'engouement qu'excita le chef-d'œuvre de Mozart à la fin du dernier siècle. Punch, suivant la définition de M. Payne, est le don Juan de la populace. D'ailleurs le plus ancien texte où cet habile critique ait trouvé la mention des aventures de Punch et Judy est une ballade qu'il ne croit pas remonter au-delà de 1790, et qu'il a extraite d'un recueil de pièces, tant imprimées que manuscrites, formé pendant les années 1791, 92 et 93. Il présume que ces stances ont suivi d'assez près le drame, et ont été composées par un amateur que la représentation avait charmé. Je dois ajouter pourtant que je ne serais pas fort surpris que M. Payne ne fût quelque chose de plus que l'éditeur de cette ballade. Quoi qu'il en soit, on lira ici, je crois, la traduction de cette pièce avec plaisir :

LES FREDAINES DE M. PUNCH.

Oh! prêtez-moi l'oreille un moment! je vais vous conter une histoire, l'histoire de M. Punch, qui fut un vil et mauvais garnement, sans foi et meurtrier. Il avait une femme, et un enfant aussi, tous les deux d'une beauté sans égale. Le nom de l'enfant, je ne le sais pas; celui de la mère était Judith. — *Right tol de rol lol*, etc.

M. Punch n'était pas aussi beau. Il avait un nez d'éléphant, monsieur! Sur son dos s'élevait un cône qui atteignait la hauteur de sa tête; mais cela n'empêchait pas qu'il n'eût, disait-on, la voix aussi séduisante qu'une sirène, et par cette voix (une superbe haute-contre, en vérité!), il séduisit Judith, cette belle jeune fille. — *Right tol de rol lol*, etc.

Mais il était aussi cruel qu'un Turc, et, comme un Turc, il ne pouvait se contenter de n'avoir qu'une femme (c'est en effet un pauvre ordinaire qu'une seule femme), et cependant la loi lui défendait d'en avoir deux, ni vingt-deux, quoiqu'il pût suffire à toutes. Que fit-il donc dans cette conjoncture, le scélérat! Il entretint une dame. — *Right tol de rol lol*, etc.

Mistress Judith découvrit la chose, et, dans sa fureur jalouse, s'en prit au nez de son époux et à celui de sa folâtre compagne. Alors Punch se fâcha, se posa en acteur tragique, et, d'un revers de bâton, lui fendit bel et bien la tête en deux. Oh! le monstre! — *Right tol de rol lol*, etc.

Puis il saisit son tendre héritier... oh! le père dénaturé! et le lança par la fenêtre d'un second étage, car il aimait mieux posséder la femme de son amour que son épouse légitime, monsieur! et il ne se souciait pas plus de son enfant que d'une prise de macouba. — *Right tol de rol lol*, etc.

Les parens de sa femme vinrent à la ville pour lui demander compte de ce procédé, monsieur! Il prit une trique pour les recevoir et leur servit la même sauce qu'à sa femme, monsieur! Il osait dire que la loi n'était pas *sa* loi, qu'il se moquait de la lettre, et que, si la justice mettait sur lui sa griffe, il saurait lui apprendre à vivre. — *Right tol de rol lol*, etc.

Alors il se mit à voyager par tous pays, si aimable et si séduisant, que trois femmes seulement refusèrent de suivre ses leçons si instructives. La première était une simple jeune fille de la campagne; la seconde une pieuse abbesse; la troisième, je voudrais bien dire ce qu'elle était, mais je n'ose : c'était la plus impure des impures. — *Right tol de rol lol*, etc.

En Italie, il rencontra les femmes de la pire espèce; en France, elles avaient la voix trop haute (*too clamorous*); en Angleterre, timides et prudes au début, elles devenaient les plus amoureuses du monde; en Espagne, elles étaient fières comme des infantes, quoique fragiles; en Allemagne, elles n'étaient que glace. Il n'alla pas plus loin vers le Nord; c'eût été folie. — *Right tol de rol lol*, etc.

Dans toutes ces courses, il ne se faisait aucun scrupule de jouer avec la vie des hommes. Pères et frères passaient par ses mains. On frémit rien qu'à penser à l'horrible traînée de sang qu'il a versé par système. Quoiqu'il eût une bosse sur le dos, les femmes ne pouvaient lui résister.—*Right tol de rol lol*, etc.

On disait qu'il avait signé un pacte avec le vieux *Nick'las*, comme on l'appelle; mais, quand j'en serais mieux informé, je n'en dirais pas plus long. C'est peut-être à cela qu'il a dû ses succès partout où il est allé, monsieur; mais je crois aussi, convenons-en, que ces dames étaient un peu coucy-coucy, monsieur! — *Right tol de rol lol*, etc.

A la fin, il revint en Angleterre, franc libertin et vrai corsaire. Dès qu'il eut touché Douvres, il se pourvut d'un nouveau nom, car il en avait de rechange. De son côté, la police prit de promptes mesures pour le mettre en prison. On l'arrêta au moment où il pouvait le moins prévoir un pareil sort. — *Right tol de rol lol*, etc.

Cependant le jour approchait, le jour où il devait solder ses comptes. Quand le jugement fut prononcé, il ne lui vint que des pensées de ruses en songeant à l'exécution; et quand le bourreau, au front sinistre, lui annonça que tout était prêt, il lui fit un signe de l'œil et demanda à voir sa maîtresse. — *Right tol de rol lol*, etc.

Prétextant qu'il ne savait comment se servir de la corde qui pendait de la potence, monsieur! il passa la tête du bourreau dans le nœud coulant et en retira la sienne sauve. Enfin le diable vint réclamer sa dette; mais Punch lui demanda ce qu'il voulait dire : on le prenait pour un autre; il ne connaissait pas l'engagement dont on lui parlait. — *Right tol de rol lol*, etc.

Ah! vous ne le connaissez pas! s'écria le diable. Très bien! je vais vous le faire connaître. Et aussitôt ils s'attaquèrent avec fureur et aussi durement qu'ils le purent. Le diable combattait avec sa fourche; Punch n'avait que son bâton, monsieur! et cependant il tua le diable, comme il le devait. Hourra! Old Nick est mort (1), monsieur! — *Right tol de rol lol*, etc.

J'admets avec M. Payne Collier que le drame dont cette ballade offre l'analyse soit d'une date assez récente; mais je ne la crois pourtant pas, à beaucoup près, aussi rapprochée que le pense ce critique. En effet, le docteur Johnson, qui publia, comme on sait, son édition de Shakspeare en 1765, dit dans sa note finale sur *Richard III*, qu'il a vu, dans les boutiques de marionnettes, Punch rosser vigoureusement le diable (*the Devil very lustily belaboured by Punch*), ce qui d'ailleurs était, comme nous allons voir, une ancienne tradition anglaise. Cependant M. Payne Collier, sans méconnaître certaines nuances vraiment britanniques de la physionomie de son héros, dans lequel il nous fait très finement apercevoir le mélange de la sensualité obèse de Falstaff et de la froide atrocité du roi bossu, Richard III (2), n'en est pas moins disposé à renvoyer

---

(1) *Old Nick*, le vieux Nick ou Nicholas, Satan.

(2) *Punch and Judy*, p. 76. Shakspeare a signalé la ressemblance énergie de Richard

à la France (par pure courtoisie railleuse) le principal honneur de cette peu édifiante création. Je ne refuse pas assurément la part fort étendue qui nous appartient dans cette œuvre populaire, aujourd'hui européenne. Cette part, c'est la gaieté; mais je crois devoir, en conscience, et sans pensée aucune de réciprocité épigrammatique, restituer à l'Angleterre une notable portion de cette légende. Les droits de nos voisins à cet égard sont anciens et réels; ils sont même antérieurs à l'arrivée de Punch en Angleterre. On se rappelle que, dans les anciennes *moral-plays*, le vieux *Vice* tenait hardiment tête à *master Devil*, et lui en remontrait même sur le chapitre des péchés capitaux; mais au dénoûment *master Devil* finissait par avoir raison du vieux pécheur ou plutôt de l'antique Péché personnifié, et il emportait le *Vice* en enfer, sans plus de façon que Judas, le docteur Faust ou le valet de frère Bacon. Eh bien, Ben Jonson, en 1616, soit de sa propre inspiration, soit acceptant une fantaisie nouvelle de quelque *stroller* inventif, renversa ce lieu commun, et imagina de nous montrer un pauvre sot de diable, surpassé en malice et en perversité par un simple représentant de l'iniquité humaine. Ben Jonson a réalisé, ou, pour ne rien surfaire, a finement esquissé cette heureuse pensée dans *the Devil is an ass* (le Diable est un âne). « Autrefois, remarque un des acteurs au dénoûment, le diable avait coutume d'emporter le *Vice*; aujourd'hui les rôles sont changés; c'est le *Vice* qui emporte le diable. » Cette nouveauté plut au public, et passa du théâtre de *Blackfriars* sur les théâtres de marionnettes, et Punch, en arrivant de Paris ou d'Amsterdam à Londres, ne manqua pas de s'approprier cette partie du répertoire de *old Vice*, son devancier (1). Remarquons toutefois que jusqu'ici la majesté

et du *old Vice* : « Comme l'ancien *Vice* des moralités, dit ce prince, je donne aux mots un double sens. » Act. III, sc. 1.

(1) Le docteur Johnson a dit dans une note sur *Hamlet* que « *the Vice* est l'antique bouffon des farces anglaises dont le moderne Punch est descendu. » M. Douce (*Illustrations on Shakspeare*, t. II, p. 254) n'a pas eu beaucoup de peine à prouver qu'aucun lien de parenté ne rattache Punch au vieux *Vice*; mais ce n'est pas là non plus ce qu'avait voulu dire Johnson. Sa pensée, qu'il a mieux exprimée dans sa note finale sur *Richard III*, est que Punch, en offrant à la foule un type supérieur de difformité physique et morale, a supplanté le *Vice* et lui a naturellement succédé dans les farces.

de Satan n'est nullement compromise. Le diable, si mal mené par un fils d'Adam, n'est qu'un démon subalterne, un pauvre diablotin; ce n'est point *Old Nick* en personne. Puis, rosser le diable, l'emporter même (*to carry away*), ce n'est pas le tuer (*to kill him*). Or, tuer le diable, c'est là la grande affaire, le mot suprême, quelque chose de supérieur, comme le duel de Satan et du Péché dans Milton : c'est là aussi le grand exploit de Polichinelle. Si Ben Jonson n'a pas poussé sa pensée jusqu'à ce point extrême, il est juste au moins de reconnaître qu'il s'en est singulièrement approché. D'ailleurs la multitude anglaise a bien compris que c'est dans l'étrangeté même de ce dénoûment fantastique que réside toute l'excellence du drame de *Punch and Judy*. Au rapport de M. Payne, un certain joueur de marionnettes ambulant ayant un jour refusé, par scrupules religieux ou autres, de faire tuer le diable par maître Punch, non-seulement vit s'évanouir l'espoir de sa collecte, mais fut hué et maltraité par les spectateurs (1).

Le drame de *Punch and Judy*, qui fait les délices de la multitude anglaise, a commencé, vers les premières années du xix° siècle, à piquer la curiosité blasée du monde élégant. Aussi a-t-il reçu depuis lors de nombreuses retouches et des embellissemens plus ou moins heureux. Le *Morning Chronicle* du 22 septembre 1813 rend compte d'une de ces rédactions nouvelles et plus raffinées. — Punch, dans cette pièce, en proie, comme un second Zéluco, à une jalousie frénétique, donne la mort à sa femme et à son fils; puis il passe en Espagne, où il est jeté dans les cachots de l'inquisition, dont il parvient à s'ouvrir les portes au moyen d'une clé d'or. Attaqué par la Pauvreté que suivent ses deux acolytes, la Dissipation et la Paresse, il la combat sous la forme qu'elle prend d'un chien noir et la met en fuite. Il triomphe également de la Maladie, qui l'accoste sournoisement sous le costume d'un médecin. La Mort, à son tour, veut le saisir; mais il secoue si bien les os desséchés du vieux squelette, qu'il lui donne enfin à elle-même le *coup de la mort* (2). Parmi les autres rédactions qui portent le cachet de l'*humour* britannique, j'en signalerai une encore où l'on applaudissait une con-

(1) *Punch and Judy*, p. 66.
(2) *Ibid.*, p. 68 et 69.

versation assez originale entre Punch et Barbe-bleue sur la question si intéressante pour les deux sexes de la pluralité des femmes.

Ce n'est aucune de ces versions enjolivées, c'est le texte pur et populaire de la *Tragical comedy of Punch and Judy* que M. Payne Collier a publié en 1828, avec les jolies illustrations de George Cruikshank. Ce texte a été en grande partie fourni à l'éditeur par un vieux joueur de marionnettes italien, nommé Piccini, qui, à la fin du dernier siècle, parcourait les villes et les hameaux d'Angleterre avec de jolies marionnettes apportées de son pays. Devenu avec les années plus célèbre et moins ingambe, Piccini fixa sa résidence à Londres. Vers 1820, il ne promenait plus son petit théâtre que dans le voisinage classique de Drury-Lane. Il avait joué d'abord *Pulcinella* dans sa langue natale; mais peu à peu il avait saisi le vrai caractère et l'accent de Punch et finit par adopter le canevas plus sombre que préférait le goût national. L'éditeur de *Punch and Judy*, pour obtenir un texte tout-à-fait satisfaisant, a dû confronter le manuscrit de Piccini avec ceux de plusieurs autres *puppet-players* ambulans. Ainsi Punch, après avoir eu ses rapsodes, comme Homère, a trouvé comme lui un Aristarque. Il y a plus, *Punch and Judy*, cette création sensuelle et sceptique où se heurtent la vie et la mort, le rire et le meurtre, le surnaturel et le trivial, a fait vibrer une des cordes de la lyre de lord Byron. Voici un sonnet attribué à l'auteur de *Childe Harold* et du dernier *Don Juan*. Je le traduis, comme M. Payne nous le donne, sans en garantir l'attribution :

Triomphant Polichinelle, je te suis avec joie à travers les gais détours de ta course badine, où la vie humaine est peinte avec tant de vérité et d'énergie. Jamais acteur ne nous en montrera une image aussi frappante sur aucun autre théâtre, soit que tu assommes gaiement ta femme, soit que tu jettes sans remords ton doux enfant par la fenêtre, soit que tu enfourches ton cheval, et sois aussitôt désarçonné, soit que tu danses avec la gracieuse Polly, si belle et si facile, ayant tué préalablement son père dans un mouvement de juste dédain, car il était sourd à l'harmonie de ta lyre, aussi agréable que la clochette des brebis, et « qui n'aime pas la musique est indigne de vivre. » Puis, lorsque le bourreau te conduit à la potence, peut-on ne pas rire en te voyant pousser si adroitement sa tête dans le nœud coulant dont il ne peut se dégager? Celui qui feint d'être scandalisé quand il te voit sortir impuni des serres de la loi et de celles du diable, et qui regrette que tu le tues lui-même, celui-là est un hypocrite. Il n'y a rien de si charmant que de te voir frapper à coups redoublés son antique et noire carcasse.

Mais à côté de ce Punch ironique, paradoxal et ultradiabolique, que Byron salue en riant d'un air de parenté, il n'a pas cessé d'y avoir en Angleterre, et il y a encore aujourd'hui un autre Punch, satirique, franc-parleur, jovial, prêt à siffler tous les scandales, à fustiger tous les ridicules. Ce Punch, sorte de Figaro britannique qui s'est personnifié de nos jours dans un recueil qui porte son nom, a commencé, dès le dernier siècle, à jouer un grand rôle dans la politique. Voici le titre d'une pièce de marionnettes imprimée en 1742 : *Politicks in miniature or the humours of Punch's resignation; tragi-comi-farcical, operatical puppet-show* (1). On peut soupçonner, d'après la seconde des quatre grandes estampes composées sur les élections de 1754 par Hogarth, que les marionnettes ne furent pas, à cette époque, des dernières à fronder la corruption électorale. Dans cette gravure, intitulée *Canvassing for votes* (manière de briguer les votes), parmi plusieurs ingénieux épisodes, on remarque, dans le fond, un grand poteau auquel est suspendue une pancarte ou affiche peinte, semblable à celles des *puppet-shows*. Cette affiche représente Punch, candidat de la trésorerie, promenant par les rues une brouette pleine de *bank-notes* et de guinées qu'il distribue de droite et de gauche à la foule. On lit au bas de cette pancarte : *Punch candidate for Guzzledown* (2). Une autre caricature, qui a trait aux événements de 1756, semble nous révéler également un titre de *puppet-play*. Elle est intitulée : *Punch's Opera, with the humours of little Ben, the sailor* (3).

Vers 1763, il s'établit à Londres, sous le nom de *Fantoccini*, de nouvelles marionnettes très perfectionnées; aussi leur faisait-on exécuter toutes sortes de tours d'adresse (4). Le minutieux biographe du doc-

---

(1) 1 volume in-12. Voyez *the Westminster Journal*, 1742.
(2) Les deux épreuves de cette pièce que possède la Bibliothèque nationale portent la date de 1757. Voyez l'œuvre de Hogarth, t. I et II, grand in-folio. M. Thomas Wright a reproduit cette belle planche dans son ouvrage *England under the house of Hanover*, etc., 2ᵉ édition, t. I, p. 256.
(3) Voyez M. Th. Wright, *ibid.*, t. I. p. 286.
Jos. Strutt, *Sports and pastimes of people of England*, p. 173 et 231.

teur Johnson, James Boswell, raconte à cette occasion une anecdote qui montre bien toute la puérile vanité du grand critique. Johnson fréquentait volontiers les *puppet-shows*. Étant allé un soir aux *Fantoccini*, il s'impatienta d'entendre ses voisins vanter la dextérité des petits acteurs artificiels et s'écria : « Bah! j'en ferais bien autant, moi. » Et en effet, soupant le soir même chez M. Burke, le pesant docteur faillit se rompre le cou en voulant montrer à la compagnie qu'il sauterait par-dessus un bâton aussi lestement que les marionnettes (1).

Il existait à Londres, en 1779, un *puppet-show* connu sous le nom de *Pantagonian theatre*, situé à *Exeter-change*. Voici le titre d'une pièce de son répertoire qui a eu les honneurs de l'impression : *The Apotheosis of Punch; a satirical masque, with a monody on the death of the late master Punch*. C'était la parodie fort inopportune d'une pièce de vers composée, sous le titre de *monody*, par l'illustre Richard Brinsley Sheridan, à l'occasion de la mort de Garrick, et récitée avec pompe sur le théâtre royal de Drury-Lane, dont Sheridan avait pris la direction après la retraite du grand tragédien.

Depuis le commencement du XIX° siècle, les marionnettes anglaises et Punch en particulier n'ont pas failli à leur mission satirique. Tout homme célèbre, tout événement important, ne manquent jamais d'être salués ou sifflés à Londres par maître Punch. Lord Nelson fut naturellement un de ses favoris. Après la bataille d'Aboukir, qu'on appelle en Angleterre la bataille du Nil, les *puppet-players* exploitèrent la popularité du vainqueur : « Viens ici, Punch, mon garçon, disait l'amiral; viens sur mon bord m'aider à combattre les Français. Je te ferai capitaine ou commodore, si tu le veux. — Nenni, nenni répondait Punch, je ne m'en soucie pas; je me noierais. — N'aie donc pas cette crainte, répliquait le marin; ne sais-tu pas bien que celui qui est né pour être pendu ne court aucun risque de se noyer? »

Pendant une de ses candidatures pour le siége de Westminster, sir Francis Burdett eut aussi l'honneur d'être joué par les marionnettes. Le baronnet se glissait en humble solliciteur chez M. Punch. — « Pour

(1) *The Life of Sam. Johnson*, by James Boswell, t. I, p. 396. Plusieurs autres *puppet-shows* se sont établis plus tard à Londres sous le nom de *Fantoccini*, notamment en 1801 ou 1802. Voyez J. Strutt, *ibid.*, p. 168.

qui êtes-vous, monsieur Punch? demandait-il. J'espère que vous me donnerez votre appui. — Je n'en sais rien, répondait maître Punch; demandez à ma femme; je laisse toutes ces choses à gouverner à mistress Punch. — C'est très bien fait, reprenait sir Francis. Et que dites-vous, mistress Judith? Vive Dieu! le joli petit poupon que vous avez fait là! Je voudrais que le mien lui ressemblât. — Eh! mais, cela aurait bien pu arriver, sir Francis, observait mistress Judith, car vous ressemblez beaucoup à mon mari. Vous avez, comme lui, un nez de grande et belle dimension. — C'est la vérité, mistress Judith; mais lady Burdett ne vous ressemble pas, ajoutait le baronnet en l'embrassant. Oh! le joli nourrisson, vraiment! j'espère qu'il est en bonne santé? Comment vont ses petites entrailles? — Comme un charme, je vous assure, » répondait mistress Judith. Et on pense bien qu'elle n'avait garde de refuser la voix de son mari à un aussi gracieux et aussi galant candidat (1).

Il ne faut pas trop s'étonner de la piquante originalité que présentent quelques-unes de ces railleries politiques jetées au vent des carrefours. Plus d'une fois, grace à l'incognito qui couvre le truchement des marionnettes, il s'est trouvé en Angleterre de jeunes hommes à la parole exubérante, à l'esprit inflammable, à la verve agressive ou plaisante, qui se sont passé, sous le nom de Punch, la fantaisie de l'improvisation satirique ou bouffonne, comme chez nous, à l'Opéra, le jeune Helvétius se passa, dit-on, une ou deux fois, sous le masque du fameux Dupré, la fantaisie de la danse théâtrale (2). Je puis citer pour exemple un homme devenu célèbre dans le barreau et dans le parlement britannique, John Curran, qui, à New-Market, sa patrie, jeune étudiant et grand amateur de *puppet-shows*, sollicita et obtint d'un joueur de marionnettes la permission de faire, pendant une soirée, parler et gesticuler ses pantins. La verve et l'esprit du nouvel interprète enlevèrent tous les suffrages, et la collecte fut quatre fois plus abondante qu'à l'ordinaire. Charmé de son succès, le jeune Curran

---

(1) *Punch and Judy*, p. 72 et 73.

(2) Grimm, *Correspondance*, t. VII, p. 386, édit. de 1829. Saint-Lambert dit que ce fut sous le masque de Javillier qu'Helvétius dansa une ou deux fois à l'Opéra dans sa jeunesse.

continua cet exercice pendant quelques jours; puis, remarquant avec quelle facilité il prêtait à ses petits cliens des argumens pour et contre, il entrevit sa vocation, et se lança dans le barreau. D'avocat brillant et pathétique, il devint membre du parlement d'Irlande et de la chambre des communes; puis, en 1806, sous l'administration de Fox et de Sheridan, il fut nommé maître des rôles en Irlande et siégea dans le conseil privé (1). Ne serait-ce pas aussi quelque futur et malin collègue de Francis Burdett, qui, blotti dans la coulisse d'un *puppet-show*, avait si finement persiflé le candidat de Westminster?

Après avoir vu en Espagne les *titeres* représenter des combats de taureaux sur leurs petits théâtres, nous trouverons tout naturel que les joueurs de marionnettes anglais aient cherché à complaire au goût national en représentant des courses, voire des courses d'ânes (*donkey races*). Dans celles de ces pièces dont quelques détails nous sont parvenus, Punch, qui n'est pas, comme on sait, un très habile écuyer, remplit avec beaucoup de finesse et d'esprit les rôles de parieur et de maquignon (2).

Ne croyez pas cependant que les *puppet-players* ambulans et les *gallantee-showmen* de Londres aient tout-à-fait abandonné de nos jours leur ancien répertoire religieux. Outre *le Vœu téméraire de Jephté*, qu'on jouait, comme nous l'avons vu, du temps de Fielding, et *la Cour du roi Salomon*, dont Goldsmith parle dans sa jolie comédie *She stoops to conquer* (3), M. William Hone nous a fait connaître un habile artiste, M. J. Laverge, qui avait conservé presque jusqu'à ces derniers temps la tradition des *puppet-shows* religieux. Son théâtre, sous le nom de *Royal gallantee-show*, était, en 1818, placé à *Holborn-hill* dans *Ely-court*; Laverge montrait en ce lieu ou chez les particuliers la *Passion de Jésus-Christ*, l'*Arche de Noé*, l'*Enfant prodigue* et une pièce fantastique intitulée *Pull devil, Pull baker*, où se voyait la punition d'un *boulanger qui vend à faux poids, et que le diable emporte en enfer dans son pétrin* (4).

(1) Voy. *the Life of John Philpot Curran*, by his son, W. H. Curran, 2 vol. in-12.
(2) *Punch and Judy*, p. 73.
(3) *She stoops to conquer*, acte III, sc. 1. Cette pièce a été jouée à *Covent-Garden* en 1773.
(4) Will. Hone, *Ancient Mysteries*, p. 231.

Punch et les *puppet-shows* n'ont pas eu seulement, comme je le disais tout à l'heure, leurs rapsodes et leurs Aristarques; ils ont encore rencontré de nos jours un Aristote. Un critique à la fois ingénieux et philosophe, M. William Hazlitt n'a pas dédaigné de chercher à fonder la poétique du genre, et de rendre psychologiquement raison de l'attrait que les marionnettes exercent en tous pays. Dans ses excellentes *Lectures on the English comic writers*, à la fin de l'introduction (*On wit and humour*), il a brièvement, mais magistralement indiqué quelques-unes des raisons naturelles qui assurent aux *puppet-shows* ce qu'il appelle leur *irresistible and universal attraction*. Je regrette de ne pouvoir suivre l'habile critique dans cette étude d'esthétique originale et piquante (1), mais j'ai cru devoir au moins la signaler.

Je terminerai l'histoire des marionnettes anglaises en exposant un dernier fait qui leur est particulièrement honorable. Le docteur Samuel Johnson, très amateur, comme nous l'avons dit, des *puppet-shows*, a répété souvent dans l'intimité que des marionnettes représenteraient tout aussi bien que des acteurs vivans les drames de Shakspeare, et que l'effet de *Macbeth* en particulier était, à son avis, plus affaibli qu'augmenté par l'appareil scénique *et quidquid telorum habent armamentaria theatri*. M. Boswell, en confirmant l'authenticité de ce dire singulier, fait cependant observer que le judicieux et humoriste critique n'a consigné ce paradoxe ni dans son commentaire sur Shakspeare, ni dans aucun autre de ses ouvrages imprimés. Ce propos n'était qu'une des mille boutades où il se laissait si facilement emporter dans la chaleur de la conversation, et où le poussaient particulièrement ses préjugés contre les comédiens (2). Quoi qu'il en soit, avant la fin du dernier siècle, un joueur de marionnettes nommé Henry Rowe, sans

---

(1) Voy. *Lectures on the English writers*; London, 1817; p. 43 et 44.

(2) Voyez *Malone's Shakspeare*, t. XI, p. 301-303, et James Boswell, *Life of Johnson*, t. I, p. 146, et t. II, p. 88. L'antipathie du docteur Johnson pour la profession de comédien venait de l'imperfection de ses organes (il avait l'oreille dure et était myope), du peu de succès de sa tragédie d'*Irène*, et de la grande fortune que Garrick, son élève, s'était faite par un genre de mérite qu'il regardait comme bien inférieur au sien. Cela ne l'empêchait pas, cependant, d'aimer et d'estimer beaucoup ce grand artiste. De son côté, Garrick, que le docteur rudoyait souvent, disait de Johnson qu'il n'avait d'un ours que la peau.

connaître assurément l'opinion du grand critique, conçut l'idée hardie de faire jouer en entier les pièces de Shakspeare par ses acteurs de bois. Il récitait lui-même et avec talent, dit-on, toutes les parties du dialogue. Il continua ces représentations pendant plusieurs années dans la ville d'York, sa patrie. Et, ce qui est encore plus digne de remarque, non-seulement il joua ainsi fort long-temps *Macbeth*, mais il fit imprimer, en 1797, une édition critique de cette pièce, et ce travail d'un humble *puppet-showman* tient aujourd'hui dignement sa place parmi les nombreux ouvrages destinés à élucider et à honorer Shakspeare. Ce brave Henry Rowe était d'ailleurs un esprit original et un musicien passionné. On l'appelait le *trompette d'York*, parce qu'il avait sonné la charge et la retraite à la bataille de Culloden, et que, revenu dans sa ville natale après la soumission des jacobites, il fit, pendant près d'un demi-siècle, entendre sa trompette dans toutes les solennités publiques. Mort en 1800, il a mérité que l'on consacrât à sa mémoire les vers suivans, où je regrette qu'on n'ait pas rappelé le souvenir de ses marionnettes :

« Lorsque l'ange redoutable sonnera la trompette du jugement, il devra toucher de sa main Harry Rowe, car, sans cela, le pauvre Harry ne se réveillerait pas. Il se méprendrait au bruit de la trompette céleste, et croirait entendre la sienne. Toute sa vie, il a sonné de cet instrument avec habileté et sans relâche, et il en sonnerait encore, si le souffle ne lui avait pas manqué. »

Je voudrais être poète pour consacrer à Henry Rowe une autre épitaphe où j'enlacerais son nom modeste aux noms illustres de Shakspeare, de John Kemble et de mistress Siddons.

V.

MARIONNETTES EN ALLEMAGNE

ET

DANS LES CONTRÉES DU NORD.

I.

DERNIÈRE EXCURSION. — L'ALLEMAGNE ET LE NORD.

Il ne nous reste plus qu'une traite à parcourir. Nous allons, sans désemparer, traverser l'Allemagne et le Nord, et achever ainsi le tour de l'Europe que nous avons entrepris, non pas, on le sait, pour constater, comme l'ont fait avant nous de plus habiles, quelque grande loi cosmogonique, mais seulement pour éclaircir une simple question d'esthétique, et étudier, sous diverses latitudes, un penchant bizarre et frivole, digne pourtant d'être observé, parce qu'il est universel et qu'il tient sa place parmi les instincts profonds de l'humanité.

On pourra trouver que le champ de cette dernière exploration est bien vaste : l'Allemagne et les états du Nord renferment, outre deux races distinctes, un grand nombre de centres intellectuels, dont chacun mériterait, à bon droit, une visite à part. Cela est vrai; mais nous saurons résister aux séductions de la route. Nous ferons comme le voyageur qui aperçoit à l'horizon le terme de sa course : nous presserons un peu la marche, et ne grossirons pas imprudemment notre bagage. Vous avez vu quelquefois au printemps se répandre, à travers les bois et les prairies, des essaims de jeunes botanistes. Quand l'herborisation commence, la troupe alerte et curieuse fait main basse sur les moindres plantes; elle butine, elle recueille tout ce qui s'offre à elle. Pas un buisson, pas un arbuste, pas un brin d'herbe qui ne l'attire; mais, quand la journée s'avance, quand la boîte de fer-blanc portée en sautoir est presque remplie, on devient plus difficile; on choisit, on rejette; on ne conserve de tant de brillantes dépouilles que des échantillons nouveaux ou des variétés indispensables. Ainsi allons-nous faire : nous n'admettrons dans notre corbeille, déjà suffisamment garnie, que ceux des produits de la Flore boréale dont l'absence ferait un vide trop regrettable dans notre herbier.

II.

GOUT NATUREL DES ALLEMANDS POUR LA SCULPTURE MOBILE.

Les forêts séculaires de la Germanie sont célèbres, et, en raison de la sympathique influence que la nature des lieux ne manque jamais d'exercer sur l'homme, les habitans de cette contrée ont toujours excellé dans l'art de sculpter et de travailler le bois. Non-seulement les artistes proprement dits, mais les simples artisans des bords du Rhin ont réussi constamment à imprimer une perfection magistrale à toutes les œuvres de *boiserie*, en prenant ce mot dans son acception la plus étendue. Parmi les types de la vieille Allemagne que la fantaisie des romanciers modernes s'est complu à faire revivre, un des plus franchement germaniques est la rude et hautaine figure de maître Martin, le riche syndic de l'honorable corporation des tonneliers de Nuremberg, aussi fier dans son atelier, à la tête de ses robustes et joyeux apprentis, qu'un électeur entouré de ses chambellans et de ses conseillers auliques [1]. Outre

[1] Voyez le conte de *Maître Martin* dans *les Frères de Sérapion* d'Hoffmann.

cette habileté à façonner le bois, la race teutonne possède, à un degré non moins éminent, le génie de la mécanique, comme le prouve la construction de tant d'horloges savantes, qui égaient de leurs sonneries, de leurs évolutions astronomiques et de leurs jacquemarts, les façades ou les tours de la plupart des cathédrales et des hôtels-de-ville de la Hollande, de la Suisse et des bords du Rhin. Aussi cette double aptitude a-t-elle produit en Allemagne un développement plus précoce et plus complet que nulle autre part de la statuaire automatique, avec ses diverses applications, religieuses ou civiles, sérieuses ou récréatives, depuis les statuettes mobiles de saints et les grands mannequins des fêtes municipales, jusqu'aux marionnettes proprement dites.

Il y a plus : la passion que les peuples de race germanique et slave ont montrée de tout temps pour cette sorte de jeu, dérive si évidemment d'une disposition propre au caractère national, qu'outre les témoignages historiques que j'ai recueillis et que j'exposerai tout à l'heure, j'aurais pu aisément deviner ce goût indigène et le conclure *à priori* de la nature de certaines créations poétiques dont l'extrême popularité au-delà du Rhin suppose dans l'écrivain qui les invente, et dans les lecteurs qui s'y complaisent, une surprenante sympathie pour les prestiges de la sculpture mobile. Ouvrons les *Tableaux de nuit* d'Hoffmann, par exemple; que voyons-nous dans *l'Homme au sable*? Un jeune étudiant, auditeur assidu des cours de philosophie et de physique, appartenant à une honnête famille d'une ville de province, fiancé à une douce et aimable compagne de son enfance, qui devient tout à coup amoureux fou d'une froide et élégante automate. En France ou en Angleterre, sous la plume de l'auteur de *Zadig*, de *Gulliver* ou d'*Acajou*, une donnée aussi fantasque n'aurait pu que servir de texte à une série d'épigrammes plus ou moins piquantes. En Allemagne au contraire, il est sorti de cette conception bizarre une histoire sérieuse, attachante, presque vraisemblable. Ce n'est pas qu'en y regardant de près, on ne puisse apercevoir un grain d'ironie au fond de la nouvelle allemande; mais cette nuance de léger persiflage disparaît presque entièrement sous la parfaite ingénuité du récit. L'auteur parvient sans peine, par le seul effet d'une analyse scrupuleuse et sagace, à nous faire comprendre et presque partager l'impression vertigineuse que jette dans les sens troublés de Nathanaël chaque tressaillement de cette poupée presque vivante, créature équivoque, produit de combinaisons occultes, mélange de bois et de cire, de poulies cachées, et peut-être..... oui, peut-être aussi de quelques gouttes de vrai sang. Il nous est presque aussi difficile qu'au jeune étudiant de nous détacher de l'inquiète contemplation de cette dangereuse beauté, dont la parole monosyllabique, la marche saccadée, le chant pareil aux sons de l'*harmonica*, l'œil tantôt fixe et comme éteint, tantôt lançant un éclair électrique, la taille cambrée et un peu raide, mais, au signal de l'orchestre, mollement docile au rhythme pressé d'une valse enivrante, entraînent peu à peu le pauvre visionnaire dans l'abîme du vertige, de l'hallucination et de la tombe. Et qu'on ne compare pas l'attraction magnétique qui saisit et fourvoie Nathanaël à l'amour, comparativement naturel et sensé, de Pygmalion pour l'œuvre de son ciseau. Non, Olympia ne tient pas, comme Galatée, au cœur de son amant par les fibres si profondément sensibles de la parenté de l'art. Au contraire, l'œuvre séduisante et presque accomplie du physicien Spallanzani et de l'opticien Coppola fascine précisément Nathanaël par ce qu'elle a de mystérieux, de singulier et d'inexplicable. Ce n'est, je crois, qu'en Allemagne, ce pays des rêves, que pouvait naître l'étrange dessein de mêler d'une manière aussi intime la vie plastique à la vie réelle. Je sais combien il est périlleux pour la critique de chercher à interpréter les conceptions d'une muse étrangère, et surtout celles de la muse allemande. Cependant je ne puis m'empêcher de reconnaître et de signaler dans la préoccupation qui égare et finit par perdre Nathanaël le penchant personnifié des races septentrionales pour la sculpture mécanique, et, dans la prestigieuse Olympia, la vie presque communiquée à la matière par l'union de l'art et de la science; en un mot, ce qu'on chercherait vainement ailleurs, sous une forme aussi saisissante et aussi poétique, L'IDÉAL DE LA MARIONNETTE.

III.

ANCIENNES MARIONNETTES GERMANIQUES.

Parmi les superstitions que la tardive introduction du christianisme n'a pu soudainement extirper du Nord, les mythologues allemands citent le culte de certains génies familiers, lutins espiègles et mystérieux dont toute pauvre ménagère et même tout serviteur de bonne maison recherchaient soigneusement l'assistance et redoutaient les mauvais offices. Un des plus sûrs moyens de rendre ces petits démons doux et serviables était d'entretenir pieusement au logis des figurines peintes ou sculptées à leur image. Ces idoles, que l'influence du christianisme convertit peu à peu en bons ou en mauvais anges, continuèrent d'être taillées dans le bois, et, sous leur nom païen de *Kobolde* (farfadets, marmousets), présidèrent long-temps encore aux petites prospérités comme aux petits accidens du foyer domestique (1). Un poète didac-

(1) Jac. Grimm, *Deutsche Mythologie*, t. Ier, p. 468.

tique de l'école de Souabe, Hugo de Trimberg, dans une sorte de poème cyclique, intitulé *der Renner* (le coursier), nous apprend que les jongleurs du XIII° siècle portaient souvent avec eux de ces figures de follets malicieux. « Ils les tiraient, dit-il, de dessous leur manteau et leur faisaient échanger des railleries, pour faire rire toute l'assemblée avec eux (1). » En effet, ces petits démons étaient naturellement badins et rieurs; on disait, par forme de proverbe : « Rire comme un *Kobold* (2), » et, avec une variante, qui n'est pas pour nous sans intérêt : « rire comme un *Hampelmann*, » c'est-à-dire comme un pantin (3).

Un autre mot théotisque servait encore à désigner les anciennes marionnettes de l'Allemagne, mais seulement, je crois, les marionnettes populaires et auxquelles ne se rattachait aucun souvenir superstitieux. Dans plusieurs manuscrits du XII° siècle, et même dans un du X°, on rencontre le mot *Tocha* ou *Docha*, employé dans le sens de poupée, *puppa* (4) et même avec celui de *mima, mimula* (5). Un siècle plus tard, les mots *Tokke-Spil* ou *Dokke-Spil*, encore usités dans quelques parties de l'Allemagne pour dire un jeu de marionnettes, se montrent dans les chants des *Minnesinger* avec cette signification claire et manifeste. Ulrich von Thürheim, dans son poème sur Guillaume d'Orange, a écrit ce vers remarquable, qui rappelle une jolie pièce de Swift (*the Puppet-show*), que nous avons traduite (6) :

Der Warlde Wroude ist Tokken Spil (7).
La joie du monde est un jeu de marionnettes.

Un autre Minnesinger, maître Sigeher, dont Manesse a réuni les frag-

---

(1) *Der Renner* (Francfort, 1549), v. 5064.
(2) Voy. *Deutschenfranzos*, p. 274.
(3) Abraham a Sancta Clara, *Reim dich oder ich lies dich*, p. 149, cité par Jac. Grimm, *ibid.*
(4) Glossar. *Latino-Theodiscum*; ap. Eccardi Commentar. de rebus Galliæ orientalis, t. II, p. 999, et *Glossæ Florentinæ*, *ibid.*, p. 989.
(5) Voyez le mot *Tocha* dans les *Glossæ super vitas patrum*, ap. B. Pezii Thesaur. anecdot. noviss., t. I, p. 413. Cf. Graff, *Althochdeutscher Sprachschats*, t. V, p. 364.
(6) Voyez plus haut, p. 241.
(7) *Wilhelm der Heilige, von Oranse*, Erster Theil, publié par Casparson, p. 16. La seconde partie de ce poème a été composée par Wolfram d'Eschenbach.

mens, s'est servi, dans un passage qui se rapporte à l'année 1253, du mot déjà populaire de *Tokken-Spil*, pour stigmatiser l'influence abusive exercée par la papauté sur les électeurs de l'empire :

« Tout se passait bien, dit le poète, dans l'élection de l'empereur, quand nos princes la faisaient librement ; mais elle n'est plus que l'ouvrage des prêtres italiens, qui vendent la bénédiction et le baptême. La couronne écherra au Stouphen ; Conrad réglera à Rome le sort du comte de Hollande. Dans cette négociation, Jérusalem, son héritage, sera le prix du marché (1). Le pape a soif de territoires ; l'Italien joue avec les souverains de l'Allemagne, comme un jongleur avec des marionnettes.

Als der Tokken spilt der Welche mit Tutschen Vürsten;

il les impose et les dépose, suivant les dons qu'il attend d'eux ; il les pousse dans tous les sens, comme une balle dans un jeu de paume (2). »

Cette raillerie piquante, adressée par un poète du XIII° siècle à Innocent IV, a été renouvelée, quatre siècles plus tard, dans un facétieux emblème dirigé contre Louis XIV. Entre autres gravures satiriques auxquelles donna lieu la guerre de la succession, il en existe une qui représente une main sortant d'un nuage et tenant une marionnette à chaque doigt. Ces petites figures portent le costume et les attributs des princes de l'empire, alliés dociles du roi de France. On lit au bas cette devise : *In te vivimus, movemur et sumus* (3).

(1) Conrad était héritier titulaire de Jérusalem du chef de sa mère.
(2) Voyez Von der Hagen, *Minnesinger*, etc., t. II, p. 361, et la notice sur l'auteur, maître Sigeher, t. IV, p. 661-664. Cf. *Manessesche Sammlung*, t. II, p. 220.
(3) Cet emblème a été reproduit dans un livre assez curieux, *Abhandlung von der Fingeren...* (*Traité des doigts, de leurs fonctions et de leur signification symbolique*), Leipzig, 1756, in-8°, p. 85. La devise est tirée des *Actes des Apôtres*, XVII, 28.

IV.

RÉPERTOIRE DES ANCIENNES MARIONNETTES ALLEMANDES.

Quant à la nature des pièces que les anciens jongleurs allemands faisaient représenter par leurs marionnettes, nous ne pouvons émettre à cet égard que des conjectures. A en juger par la vignette du manuscrit de Herrade de Lansberg, que nos lecteurs connaissent (1) et qui offre la plus ancienne représentation graphique d'un jeu de marionnettes chez les modernes; à voir la cotte de mailles et la pose guerroyante des deux figurines peintes par le rubriqueur, il est permis de penser que, du temps de la docte abbesse (c'est-à-dire au XII° siècle), les récits mis en action par les *Tokkenspieler* étaient plus particulièrement empruntés à la vie militaire. Cette supposition très vraisemblable une fois admise, il ne sera pas bien téméraire d'ajouter que les principaux personnages de ces petits drames devaient être les acteurs de la grande épopée nationale, les héros de l'Edda ou des *Niebelungen*.

(1) Voyez plus haut, p. 68 et suivantes.

Lorsque, aux XIVe et XVe siècles, l'adoucissement des mœurs introduisit plus de politesse dans les plaisirs, les *Tokkenspieler* puisèrent de préférence la matière de leurs représentations dans les légendes romanesques et populaires qui ont été si souvent imprimées plus tard sur papier gris, à Francfort, dans les *Volksbücher*, et, chez nous, à Troyes et à Rouen, dans la bibliothèque bleue. Ces récits fabuleux, qui n'ont pas cessé de défrayer jusqu'à nos jours le répertoire des marionnettes de France et d'Allemagne (1), sont principalement Geneviève de Brabant, les quatre fils Aymon, Blanche comme neige, la belle Magdelonne, les sept Souabes, la dame de Roussillon, à qui l'on donne à manger le cœur de son amant et qui se tue de désespoir. La légende de Jeanne d'Arc a pris place aussi dans les *Volksbücher*, et, même de son vivant, Jeanne a figuré sur les théâtres populaires de l'Allemagne. Elle avait un rôle épisodique dans une pièce jouée à Ratisbonne en 1430, et dont le sujet était la guerre contre les Hussites. Dans un compte de dépenses daté de 1429, à une époque coïncidente avec le séjour de l'empereur Sigismond dans cette ville, on lit la mention suivante : « Donné 24 deniers pour voir le tableau représentant les combats livrés en France par la Pucelle (2).

Il subsiste un précieux témoignage d'une représentation de marionnettes à cette époque. Dans un fragment du poème de Malagis, écrit en allemand au XVe siècle, sur une traduction flamande de notre vieux roman de Maugis (3), on voit la fée Oriande de Rosefleur, séparée depuis quinze ans de son élève chéri, Malagis, se présenter, sous un habit de jongleur, au château d'Aigremont, où l'on célébrait une noce. Ayant offert à l'assemblée un jeu de marionnettes, qui est agréé, elle

---

(1) Voyez J. Leutbecher, *Der älteste dramatische...* (*Le plus ancien drame composé sur la légende de Faust*), extrait de *Ueber den Faust...* (*Sur le Faust de Goethe, pour l'intelligence des deux parties de ce poème*), reproduit dans le *Closter*, t. V, p. 719.

(2) Voyez M. de Hormayer, *Taschenbuch*, 1835, p. 326, cité par M. Quicherat, *Procès de Jeanne d'Arc*, t. V, p. 82 et 270. Cette légende populaire a fini par aboutir, d'altération en altération, au grand drame de Schiller.

(3) Cette chanson de geste se compose d'environ sept mille vers; on en a tiré un livre populaire en prose, intitulé : *Histoire de Maugis d'Aygremont, dans laquelle est contenu comme le dict Maugis, à l'ayde d'Oriande la fée s'amye, alla en l'isle de Boucaut...* Ce roman fait partie de la bibliothèque bleue.

demande une table pour servir de théâtre, et fait paraître deux élégantes poupées représentant un magicien et une magicienne. Oriande met dans la bouche de celle-ci des stances qui retracent son histoire et la font reconnaître de Malagis (1).

Avec le XVI° siècle commença pour les marionnettes allemandes un nouvel ordre de sujets. La controverse métaphysique fit irruption jusque dans les divertissemens populaires; la foule, dans les foires, n'eut plus d'yeux ni d'oreilles que pour *la Prodigieuse et lamentable histoire du docteur Faust*, écho et résumé de tous les contes de sorciers, si répandus au moyen-âge, et surtout des célèbres légendes du magicien Virgilius et du clerc Théophile. Ce mythe, empreint, à sa naissance, de l'esprit sceptique de la réforme, eut le privilége de charmer tout à la fois les deux partis, les uns ne voyant dans la damnation du docteur que le juste châtiment infligé à l'usage indiscret et impie de la science, les autres se plaisant à personnifier dans Faust l'odieux auteur de la révolution religieuse, le téméraire et sophistique théologien de Wittenberg.

(1) M. Von der Hagen a publié ce fragment d'après le manuscrit de Heidelberg, n° 340. Voyez *Germania; neues Jahrbuch der Berlinischen Gesellschaft für deutsche Sprache und Alterthumskunde*, t. VIII, p. 269. La scène que nous avons citée ne se trouve ni dans notre chanson de geste, ni dans notre roman en prose.

V.

DE L'ANCIEN BOUFFON DES MARIONNETTES ALLEMANDES.

C'était la coutume de tous les *Tokkenspieler* des xive, xve et xvie siècles, comme de tous les auteurs de mystères du même temps (coutume qui s'est perpétuée dans le *clown* et dans le *gracioso* des drames anglais et espagnols, et dans le niais de nos mélodrames), d'égayer constamment les pièces les plus graves et les situations les plus tragiques par les plaisanteries d'un bouffon attitré. On conçoit que cet usage n'eût rien de choquant alors, accoutumé que l'on était à voir un fou à titre d'office auprès de tous les grands personnages, empereurs, abbés, rois et prélats. Il nous serait difficile de dire quel fut, au xive siècle, le nom de l'acteur chargé, en Allemagne, de ce rôle comique dans les parades et les théâtres de marionnettes, à moins que ce ne fût le fameux Eulenspiegel, sous le nom vrai ou supposé duquel on a compilé un recueil de joyeux propos, ou plutôt peut-être maître Hemmerlein, dont la causticité sarcastique tenait à la fois du diable et du bourreau (1). Mais, à la fin du xv⁰ siècle, le bouffon des marionnettes allemandes nous est parfaitement connu : c'est une espèce de *Francatripe*, farceur de haute graisse, nommé, à bon escient, *Hanswurst*, c'est-à-dire Jean Boudin. Cet acteur est, sous un autre masque, le véritable Polichinelle allemand. Je dis sous un autre masque, car, si d'habiles critiques ont pu le comparer, pour le caractère et le tour d'esprit, à Polichinelle et à Arlequin, il diffère entièrement de ces deux types par le costume et par l'allure. Il paraîtra peut-être assez piquant que, pour trouver la plus ancienne et la plus exacte définition de ce grotesque personnage, nous devions recourir aux écrits de Martin Luther. Non-seulement ce docteur assez peu grave a fait souvent intervenir Hanswurst dans ses conversations familières, mais il n'a pas craint de donner ce nom pour titre à un libelle dirigé contre le duc Henri de Brunswick-Wolfenbüttel : « Misérable esprit colérique (c'est au diable que Luther lance cette apostrophe) (2), toi et ton pauvre possédé Henri, vous savez, aussi bien que tous vos poètes et vos écrivains, que le nom de *Hanswurst* n'est pas de mon invention; d'autres l'ont employé avant moi, pour désigner ces gens malencontreux et grossiers qui, voulant montrer de la finesse, ne commettent que balourdises et inconvenances : c'est dans ce sens qu'il m'est arrivé souvent d'en faire usage, principalement dans mes sermons. » Et, pour qu'on ne se méprît pas sur l'application insultante qu'il prétendait faire de ce mot, il ajoute : « Bien des personnes comparent mon très gracieux seigneur, le duc Henri de Brunswick, à Hanswurst, parce que ledit seigneur est replet et corpulent (3). »

Depuis deux siècles, le type physique et moral de Hanswurst a peu

---

(1) Maître Hemmerlein, suivant Frisch, avait un affreux visage de masque; il appartenait aux marionnettes de la dernière classe, sous les vêtemens desquelles le joueur passe la main pour les faire mouvoir. Cet auteur ajoute qu'on donnait quelquefois le nom de Hemmerlein au bourreau et qu'on appelle ainsi le diable dans le *Breviarium historicum* de Sebald. Voyez *Deutsch-lateinisches Wörterbuch*.

(2) Luther avait de très fréquens pourparlers avec le diable. C'est un des motifs qui ont fait que les catholiques l'ont si souvent identifié avec Faust.

(3) *Hanswurst*, Wittenberg, 1541, in-4°, cité par Flœgel, *Geschichte des groteskecomischen*, p. 118.

varié. Ce bouffon, suivant Lessing, possède deux qualités caractéristiques : il est balourd et vorace, mais d'une voracité qui lui profite, bien différent en cela d'Arlequin, à qui sa gloutonnerie ne profite pas, et qui reste toujours léger, svelte et alerte (1). En Hollande, Hanswurth ne fait plus depuis long-temps que l'office de Paillasse : il bat la caisse à la porte, et invite la foule à entrer. Comme acteur et comme marionnette, il a été supplanté par *Hans Pickelhäring*, *Jean-Hareng-salé* (nous dirions plutôt *dessalé*), et plus récemment par *Jan Klaassen*, *Jean-Nicolas* (2). Celui-ci, devenu le héros des marionnettes hollandaises, s'est approprié, non sans succès, les mœurs turbulentes et gaiement scélérates du Punch anglais et du Polichinelle parisien. Son nom est aujourd'hui si populaire en Hollande, que l'on dit communément *Jan Klaassen-Kast* pour *Poppe-Kast* (le théâtre des marionnettes). En Allemagne, Hanswurst a eu plusieurs rivaux : il a dû céder plusieurs fois le pas à Arlequin, à Polichinelle et à Pickelhäring. Banni, au milieu du dernier siècle, du théâtre de Vienne par l'autorité classique de Gottsched, il a été remplacé par le joyeux paysan autrichien Casperle (3), qui s'empara tellement de la faveur publique, que le principal théâtre de marionnettes des faubourgs de Vienne reçut le nom de *Casperle-Theater*, et qu'on appela *Casperle* une pièce de monnaie dont la valeur était celle d'une place de parterre à ce théâtre (4). Mais ne devançons pas l'ordre des faits.

(1) Lessing, *Theatralischer Nachlass* (Œuvres dramatiques posthumes), t. I, p. 47.
(2) Ce personnage a paru sur le théâtre d'Amsterdam dès la fin du XVIIe siècle, notamment dans une comédie où il joue le rôle d'un amoureux ridicule. Voyez un recueil de J. Jonker, intitulé *De Vrolijke Bruiloftsgast* (le joyeux convive des noces), Amsterdam, 1697, p. 162.
(3) Flœgel, ouvrage cité, p. 154; Prutz, *Vorlesungen* (Leçons sur l'histoire du théâtre allemand), p. 174.
(4) Voyez *Das Puppenspiel vom Doctor Faust* (Leipzig, 1850, in-8°), introd., p. XII.

VI.

SCULPTURE MOBILE DANS LES ÉGLISES ALLEMANDES, POLONAISES ET RUSSES. — EFFETS OPPOSÉS PRODUITS PAR LA RÉFORME.

Avant que de courir les foires et de porter la joie dans les manoirs féodaux, la sculpture mobile avait servi dans les contrées du Nord, comme dans tout le reste de l'Europe, à augmenter sur l'imagination des fidèles l'effet des cérémonies sacrées. On a long-temps conservé dans plusieurs villes des Pays-Bas, de l'Alsace et des bords du Rhin, de curieux débris qui attestent l'emploi prolongé dans les églises de la statuaire à ressorts. C'est ainsi qu'à la fin du dernier siècle on voyait dans la cathédrale de Strasbourg, au bas d'un escalier qui conduisait de la nef aux orgues, un groupe de bois sculpté, représentant Samson monté sur un lion dont il ouvrait la gueule. De chaque côté se tenait une figure de grandeur naturelle : l'une embouchait une trompette, l'autre avait à la main un rouleau pour battre la mesure. « Ces figures, dit l'historien qui nous a transmis ces détails, se mouvaient autrefois par des ressorts qui sont aujourd'hui usés (1). » M. Prutz, dans son histoire du théâtre allemand (2), énonce, comme un fait qui n'a pas besoin de preuves, que dans les anciennes représentations ecclésiastiques, notamment dans celles qui accompagnaient les processions patronales, le personnage du saint ou de la sainte dont on célébrait la fête était rempli d'ordinaire par une simple figure de bois probablement mue par des ressorts (*nur eine Puppe*). En Pologne, on faisait le plus fréquent usage de ces moyens d'illusion. Au temps de Noël, dans beaucoup d'églises, surtout dans celles des monastères, on offrait au peuple, entre la messe et les vêpres, le spectacle de la *Szopka*, c'est-à-dire *de l'étable* (3). Dans ces espèces de drames, des *lalki* (petites poupées de bois ou de carton) représentaient Marie, Jésus, Joseph, les anges, les bergers et les trois mages à genoux, avec leurs offrandes d'or, d'encens et de myrrhe, sans oublier le bœuf, l'âne, et le mouton de saint Jean-Baptiste. Venait ensuite le massacre des innocens, au milieu duquel le fils d'Hérode périssait par méprise. Le méchant prince, dans son désespoir, appelait la mort, qui arrivait aussitôt sous la forme d'un squelette, et lui tranchait la tête avec sa faux. Puis surgissait un diable noir, à la langue rouge, ayant des cornes pointues et une longue queue, qui ramassait le corps du roi et l'emportait en enfer, au bout de sa fourche. Des représentations du même genre, exécutées par des personnes vivantes ou par des marionnettes, étaient aussi fréquentes dans les églises du rit grec. Tous les ans, le dimanche d'avant Noël, on jouait, à Moscou et à Nowgorode, le mystère des trois jeunes hommes dans la fournaise. Un historien de l'église russe nous apprend que ces représentations avaient lieu d'ordinaire devant le maître-autel (4).

Un des premiers résultats des prédications de Luther, surtout quand elles eurent été exagérées et dépassées par ses fougueux émules, les Car-

(1) Grandidier, *Essai sur l'histoire de la cathédrale de Strasbourg*, p. 281.
(2) Prutz, *Vorlesungen... (Leçons sur l'histoire du théâtre allemand)*, p. 16.
(3) Du mot *szopa*, qui signifie une *cabane de terre* couverte de paille, on a formé le diminutif *szopka*, une *étable*.
(4) Ph. Strahl, *Geschichte der russischen Kirche (Histoire de l'église russe)*, Halle, 1830, t. 1er, p. 695. Une analyse détaillée du mystère des trois jeunes hommes se trouve dans le recueil intitulé : *Altrussische Bibliothek*, t. V, p. 1-26.

lostadt et les Münzer, fut d'exciter un soulèvement général et comme une sorte de croisade contre ce que les religionnaires fanatiques appelaient l'idolâtrie des images. On ne saurait énumérer combien de statues et de tableaux de dévotion furent brisés ou brûlés en Thuringe, en Franconie, en Bavière, en Suisse, en Hollande, par ces énergumènes de toutes sectes, anabaptistes, lollards, zwingliens, beghards, et par les paysans ou bûcherons des environs de la Forêt-Noire. Non-seulement les cérémonies dramatiques furent retranchées de la nouvelle liturgie, mais, dans beaucoup de contrées demeurées fidèles au catholicisme, on crut devoir se conformer plus strictement qu'on n'avait fait jusque-là aux prescriptions des conciles et renoncer à tout ce qui s'était glissé de quelque peu théâtral dans les processions et dans les offices, afin de ne laisser aucun prétexte aux déclamations ou aux railleries des novateurs.

Il est vrai que dans diverses contrées, comme en Pologne, en Autriche et dans les Pays-Bas catholiques, on maintint, au contraire, avec une obstination calculée, tous ces anciens spectacles, y compris les jeux les moins graves de la sculpture mécanique, comme une éclatante protestation contre l'hérésie. Un voyageur, homme d'esprit et d'une piété sage, M. Guillot de Marcilly, raconte avoir vu, en 1718 (et on a dû voir long-temps encore après cette époque), dans une des principales églises de Louvain, une grande figure de bois, représentant Notre-Seigneur monté sur un âne, faisant son entrée triomphante dans Jérusalem. « Cette machine, placée près du chœur, sert, dit-il, tous les ans, pour la cérémonie qui a lieu le matin du dimanche des Rameaux (1). » Vers le même temps, M. l'abbé d'Artigny, voyageant en Autriche, assista dans une église de Vienne à un spectacle tout pareil (2). Enfin à Anvers, outre la grande procession annuelle, où l'on promenait la figure du géant Goliath, M. Guillot de Marcilly vit dans le petit cimetière, attenant à une des portes latérales de l'église des dominicains, une crypte où ces religieux donnaient, avec des figures ex-

---

(1) *Relation historique et théologique d'un voyage en Hollande*, Paris, 1719, p. 429.
(2) D'Artigny, *Nouveaux Mémoires*, etc., t. IV, p. 815, note; et Fr. Ern. Brükmann, *Centuria tertia epistola itineraria* XXVIII^a, *exhibens memorabilia Viennensia*.

pressives et des illusions d'optique, une effrayante et grotesque représentation des peines du purgatoire. « Dans ce souterrain, écrit-il, tout est peint en couleur de feu; la lumière ne sort que par quelques petites lucarnes dont les vitres sont aussi peintes en rouge, ce qui donne une assez juste idée d'une fournaise ardente. On aperçoit enchaînées au milieu des flammes une infinité de figures au naturel qui font des grimaces épouvantables et semblent pousser des hurlemens. Un ange descend du ciel pour les consoler; mais ces désespérés ne paraissent seulement pas l'apercevoir. Vient un autre ange avec un grand rosaire à la main; aussitôt ces pauvres ames se jettent dessus et grimpent, comme à une échelle, le long des grains du rosaire. Quand elles sont parvenues au haut, leurs chaînes se détachent et tombent. Alors la sainte Vierge, accompagnée de saint Dominique, les prend par la main et les présente à Notre-Seigneur, qui donne à chacune la place qu'elle a méritée dans le ciel. — C'est ce que j'ai vu aussi, ajoute le narrateur, à Gand, à Bruges, etc. (1).... »

En Pologne, la *Szopka*, dont nous venons de parler, a été jouée dans les églises jusqu'au milieu du xviiie siècle. Une lettre pastorale du prince Czartorisky, évêque de Posen, ordonna seulement, en 1739, aux bernardins, aux capucins et aux franciscains de cette ville de cesser ces représentations dans lesquelles s'étaient introduites des scènes tout-à-fait messéantes dans le lieu saint (2). C'étaient des danses très vives entre des soldats et des paysannes, des quolibets et des chansons placés dans la bouche d'un charlatan hongrois, des cabrioles exécutées par un hardi cosaque de l'Ukraine polonaise, plus le babil et le joli costume d'un *Drociarz*, c'est-à-dire d'un de ces jeunes habitans des monts Karpathes qui descendent dans la plaine pour vendre des chaînes et de petits ouvrages de fils de laiton; enfin les fourberies d'un Juif, joaillier, antiquaire, cabaretier ou maquignon, qu'en dépit de ses ruses le diable, qui ne perd jamais rien pour attendre, finit par emporter en enfer. Le tout se terminait par une quête que faisait une marionnette à barbe blanche,

---

(1) M. Guillot de Marcilly, *Relation historique*, etc., p. 433-435.
(2) J. Dan. Janosky, *Polonia litterata*, pars 1a, p. 16, et M. Golembiowsky, *Mœurs et coutumes des Polonais*, t. II, p. 280.

en agitant une sonnette suspendue à une bourse. Expulsée des églises, la *Szopka* se répandit dans toutes les provinces de l'ancien royaume de Pologne, où elle s'est conservée sans altération. On lui donne dans l'Ukraine le nom de *wertep*, en Lithuanie celui de *jaselka*, c'est-à-dire *jeu de la crèche*. Partout elle est la même, sauf quelques variétés de costumes, qui naturellement diffèrent de province à province. Depuis Noël jusqu'au mardi gras, des joueurs ambulans promènent la *Szopka* dans les villes et dans les hameaux, désirée par le peuple, fêtée par les enfans, bien accueillie chez les bourgeois et même dans les demeures de la noblesse. Sous le règne d'Auguste III, quelques entrepreneurs fondèrent dans les grandes villes de la Pologne des établissemens fixes où des comédiens de bois représentaient, outre la *Szopka* et ses accessoires, des pièces empruntées aux grands théâtres. On cite, entre autres, un nommé Zamojsky, propriétaire d'une grande maison dans le faubourg de Praga à Varsovie, dans laquelle il établit un spectacle de ce genre, qui ne comptait pas moins de mille figures. Mais revenons au xvie siècle.

VII.

DRAMES RELIGIEUX REPRÉSENTÉS HORS DES ÉGLISES, SOIT PAR DES CORPORATIONS D'ARTISANS, SOIT PAR DES MARIONNETTES.

Malgré le maintien de quelques rites dramatiques dans les églises, on peut dire que les faits de ce genre ne constituaient que des exceptions rares et purement locales, et qu'à partir du concile de Trente, la règle fut la suppression de ces jeux. Une des conséquences tout-à-fait imprévues qu'amena ce changement dans la discipline ecclésiastique, fut de répandre au dehors et de multiplier, sur une échelle immense, les représentations par personnages que donnaient, depuis quelque temps, des associations mi-parties de clercs et de laïques. Le peuple, privé des enseignemens récréatifs qu'il aimait à recevoir du clergé, les demanda avec instance, dans les grandes villes, aux échafauds des confréries, et, dans les villages, aux boutiques de marionnettes. Le grand promoteur de la réforme lui-même, Luther, en mettant par sa version allemande de la Bible, l'Écriture sainte entre les mains de toutes les classes, surexcita indirectement la passion du peuple et des corporations d'artisans pour les grandes représentations religieuses. D'ailleurs, il est juste de reconnaître que Luther ne prohibait pas d'une manière absolue le jeu des mystères. Ce grand esprit, que n'avait pas desséché la controverse, conservait, par un heureux désaccord entre ses inclinations et ses doctrines, un vif sentiment de la poésie et des arts. Après avoir écrit et prêché contre les images, il s'opposa, avec une louable inconséquence, à leur destruction violente. Il déclare quelque part la musique un des plus magnifiques présens de Dieu (1). Il a composé des cantiques qui l'ont fait surnommer par Hans Sachs *le Rossignol de Wittenberg* (2). Consulté un jour sur ce qu'il fallait penser des représentations tirées de l'Écriture sainte, dont plusieurs ministres condamnaient l'usage, il fit, le 5 avril 1543, cette belle réponse (3) : « Il a été commandé aux hommes de propager le verbe de Dieu par tous les moyens, non-seulement par la parole, mais par écriture, peinture, sculpture, psaumes, chansons, instrumens de musique. Moïse, ajoute-t-il excellemment, veut que la parole se meuve devant les yeux (4)... »

Aussi ces représentations prirent-elles, même dans les états protestans d'Allemagne, un énorme développement. *Le Mystère de Saül*, en dix actes, composé par Mathias Holzwart, fut représenté près de Prague par six cents personnes, dont cent parlantes et cinq cents muettes (5). Jean Brummer, recteur de l'école latine à Kaufbeuern en Souabe, fit jouer dans cette ville l'histoire des saints apôtres le lundi de la Pentecôte 1592, et ce mystère, imprimé à Lauengen, sous le titre de *Tra-*

---

(1) Mart. Luther, *Werke* (Wittenberg, 1539), t. II, p. 18 et 58; *Briefe*, ed. Lebe-recht de Wette, Berlin, 1825; décembre, 1521. Luther admit les images même dans le temple de Wittenberg. *Briefe*, 14 mai et 16 juillet 1528; 11 janvier 1731; Voyez M. Michelet, *Mémoires de Luther*, t. II, p. 130, 155, 286, et t. III, p. 115.

(2) C'est le titre d'une des meilleures pièces lyriques de Hans Sachs.

(3) Luther, *Briefe*, t. V, p. 553.

(4) *Deuter.*, cap. VI, v. 8 et 9. L'application que Luther fait de ce passage aux représentations par personnages est belle et poétique assurément; mais elle va, je crois, bien au-delà de la pensée du texte hébreu qu'il a rendue lui-même fort exactement dans sa traduction de la Bible. Mais il citait ici de mémoire.

(5) Koch, *Grundriss...* (*Esquisse d'une histoire de la langue et de la littérature allemandes*); t. Ier, p. 266 et 269.

gicomœdia apostolica, exigeait le concours de deux cent quarante-six acteurs.

Des spectacles aussi dispendieux ne pouvaient se déployer que dans des centres de populations considérables. Les joueurs de marionnettes se chargèrent, dans les lieux moins favorisés, de satisfaire le goût public, en joignant à leurs légendes romanesques et aux facéties de leur Hanswurst des pièces tirées de l'Ancien et du Nouveau Testament, telles que la chute d'Adam et d'Ève, le combat de David et de Goliath, Judith et Holopherne, la parabole de l'enfant prodigue, surtout les scènes de la crèche et de la persécution d'Hérode (1), toutes pièces demeurées en possession des théâtres de marionnettes et qui faisaient, il y a peu d'années encore, l'ornement des foires de Francfort et de Leipzig (2).

(1) Nous avons sous les yeux une pièce de marionnettes intitulée *le Roi Hérode*, publiée d'après le manuscrit d'un joueur ambulant, Jean Walck de Neustadt, qui la représentait encore en 1834. M. Scheible dit avoir conservé, autant que possible, le style de l'original. Voyez *Das Schaltjahr* (*l'Année bissextile*); Stuttgard, 1846, t. IV, p. 702-709.

(2) M. le docteur J. Leutbecher (*Der älteste dramatische Bearbeitung...*) regrette que les *Puppenspieler* aient cessé de représenter des sujets bibliques dans ces deux villes depuis 1838. Voyez *Das Closter*, t. V, p. 719.

VIII.

LE DOOLHOF OU LABYRINTHE D'AMSTERDAM.

Malgré la fureur des nouveaux iconoclastes, plusieurs figures mécaniques, jetées par eux hors des églises, étaient si généralement aimées et vénérées des habitans, que dans plusieurs cités, même très protestantes, l'affection populaire fit ouvrir à ces débris des espèces d'asiles permanens où la foule put aller les visiter, comme dans un musée. Telle fut l'origine du *Doolhof* ou *labyrinthe* d'Amsterdam, vaste galerie élevée, en 1539, au milieu d'une sorte de parc, où l'on a réuni une collection d'anciennes figures de bois dont plusieurs sont automatiques. Un peu plus tard, on établit un second labyrinthe et on agrandit le premier, auquel on ajouta successivement des figures nouvelles. Cet établissement fut, en Hollande, à la suite des ravages de la réforme, ce que fut en France, après 1793, le musée des Petits-Augustins. Les deux *Doolhof* jouissaient d'une telle célébrité dès 1666, que Pierre Le Jolle, auteur de *la Semaine burlesque à Amsterdam*, crut devoir consacrer près de deux cents vers à les décrire (1). Presque tout ce qu'il y vit alors s'y trouve encore aujourd'hui, comme l'atteste une récente description, insérée dans une revue néerlandaise (2). Le Jolle signale, entre autres curiosités du nouveau labyrinthe, deux groupes automatiques représentant le roi David. Dans l'un, le prince joue de la harpe, et un ange, quand l'air est fini, vient lui présenter une couronne; dans l'autre, le roi danse devant l'arche d'alliance que portent des lévites.

L'ancien *Doolhof*, beaucoup plus vaste que le nouveau, offre une suite de statues historiques dont plusieurs sont à ressorts. A côté de Cromwell, du roi de France Henri IV, de Guillaume de Nassau, de Gustave-Adolphe, de la reine Christine, de Guillaume-le-Taciturne, on voit Guillaume III qui se lève et se rassied, un musicien qui joue un air sur l'orgue, tandis que le géant Goliath remue la tête et roule des yeux effrayans. Près du colosse est assise sa femme Walburge, robuste *gigantesse*, dit Le Jolle, qui berce sur ses genoux

Son fanfan
Tout aussi gros qu'un éléphant.

Un peu plus loin, Sémiramis fait son entrée dans Babylone, et la reine de Saba défile avec un nombreux cortége devant le trône de Salomon. La plus récente et, en même temps, la plus intéressante de ces figures automatiques est celle du jeune et héroïque lieutenant de marine Van Speyk, qui, pendant le dernier siége d'Anvers, commandait une chaloupe canonnière de la flottille chargée de défendre l'entrée de l'Escaut. Ce bâtiment, entraîné par un gros temps au milieu des nôtres, fut sommé de se rendre; mais Van Speyk, plutôt que d'amener son pavillon, tira un coup de pistolet dans les poudres et se fit sauter le 5 février 1831. Le brave commandant redresse sa tête avec fierté; d'une main il agite un drapeau, de l'autre il tient son pistolet. Nous soupçonnons le rédacteur du *Leeskabinet*, à qui nous avons emprunté

---

(1) *Description d'Amsterdam*, en vers burlesques, selon la visite de six jours d'une semaine; Amsterdam, 1666, in-12, p. 240-246.

(2) *Het Leeskabinet*, n° 5.

ces détails, d'avoir un peu exagéré les curiosités du *Doolhof*; mais, devant cette dernière figure, nous concevons que l'écrivain patriote s'abandonne à un élan d'orgueil national, et exhorte chaleureusement les habitans d'Amsterdam à conduire leur jeune famille à une aussi bonne école.

IX.

MARIONNETTES DEPUIS L'ÉTABLISSEMENT DES THÉATRES RÉGULIERS JUSQU'A LA QUERELLE DES COMÉDIENS ET DES CONSISTOIRES (1680-1691).

L'établissement du théâtre, sous la forme qu'on lui voit aujourd'hui, ne date en Allemagne, que des premières années du XVIIe siècle. Jusque-là on n'avait connu au-delà du Rhin, que les grands échafauds où les confréries représentaient des mystères, et les tréteaux plus modestes où les *Meistersinger* exécutaient des jeux de carnaval composés par des poètes-artisans, tels que le barbier de Nuremberg Hans Folz, et le peintre d'armoiries Rosenblüt. Ce fut à peu près avec les mêmes moyens de mise en scène que furent jouées dans cette ville, au XVIe siècle, les deux cent huit comédies, tragédies et farces du fameux cordonnier Hans Sachs et les soixante-six comédies, farces et tragédies du tabellion Jacques Ayrer (1). Enfin, au commencement du

(1) Ce n'est là que le chiffre de ses pièces imprimées ; ce poète en a composé beaucoup d'autres restées inédites.

xvii⁰ siècle, quelques acteurs de profession s'établirent dans des salles couvertes, dont plusieurs devinrent permanentes. Alors Jean Klai et Martin Opitz tentèrent en Allemagne, comme chez nous Garnier et Hardi, de fonder un théâtre national; mais ils ne furent suivis ni d'un Mairet ni d'un Rotrou. Les agitations de la guerre de trente ans firent misérablement avorter ces premiers essais dramatiques. Durant cette période calamiteuse (de 1619 à 1648), les cantiques religieux furent la seule poésie du peuple et les marionnettes le seul divertissement scénique (1).

Après la paix de Munster, le théâtre allemand essaya de reprendre son essor; mais, en retard sur tous ses voisins, il ne put échapper à l'influence étrangère. Déjà l'Angleterre avait eu son Shakspeare, l'Espagne son Lope de Vega, la Hollande son Vondel, la France son Corneille. Dans ses efforts pour régénérer la scène allemande, André Gryph ne put que flotter entre l'imitation de ces divers modèles. Il faut lui savoir gré toutefois d'avoir jeté quelques traits de véritable originalité au milieu de ses imitations, même les plus flagrantes. C'est ainsi qu'il a su rajeunir, par quelques touches du plus heureux à-propos, un type depuis long-temps trivial en France, en Italie et en Espagne. Le bravache *Horribilicribrifax*, copie du Pyrgopolinice de Plaute, du Matamore castillan, du Spavento milanais, du capitaine Fracasse, a pris sous sa plume une physionomie tout-à-fait allemande, en étalant les ridicules prétentions de cette foule d'officiers retraités après la guerre de trente ans, qui rentraient avec une comique répugnance dans la monotonie de la vie civile.

Et non-seulement Gryph et ses confrères imitaient les théâtres voisins, mais l'Allemagne pacifiée eut en quelque sorte à subir une invasion des comédiens plus exercés et plus habiles des autres contrées de l'Europe. Des troupes anglaises, françaises, hollandaises, italiennes, espagnoles, affluèrent dans toutes les villes, et surtout dans toutes les cours. Il n'y eut pas jusqu'aux marionnettes qui ne passassent le Rhin. La chronique de Francfort mentionne pendant l'année 1657 d'excel-

(1) Phil. von Leitner, *Ueber den Faust von Marlow*... (sur le Faust de Marlow; Faust joué par des marionnettes...); extrait des *Annales dramatiques*, Leipzig, 1837, p. 145-152, reproduit par M. Scheible, *Das Closter*, t. V, p. 706.

lentes représentations de marionnettes italiennes (1). Il en fut de même à Leipzig et à Hambourg (2). M. Schlager, dans ses *Esquisses de Vienne au moyen-âge*, a dressé une liste fort étendue, et pourtant encore incomplète, de tous les saltimbanques allemands et étrangers qui, de 1667 à 1736, furent autorisés à s'établir dans les faubourgs de cette ville. En tête de la liste figure Pierre Resonier, qui montra, pendant le carnaval de 1667, ses marionnettes italiennes sur la place du Marché des Juifs, et continua ainsi pendant plus de quarante ans. Chaque année (sauf les temps de guerre, d'épidémies ou de deuils princiers), des *Pulzinella-Spieler* ou des *Marionnetten-Spieler* (car c'étaient là les noms qu'ils se donnaient) s'installaient dans le faubourg de Léopold, sur le Marché-Neuf et sur la *Frayung*, où ils donnaient leurs représentations le soir, avant l'*Angelus*, les vendredi et samedi exceptés (3).

Cette influence des marionnettes italiennes s'est fait sentir, le croirait-on? jusqu'au fond des steppes de la Russie. Un voyageur anglais, Daniel Clarke, traversant la Tartarie en 1812, a trouvé les marionnettes que les Calabrois font danser avec le pied ou le genou, et qu'ils transportent dans toutes les contrées de l'Europe, très en vogue chez les Cosaques du Don (4).

Cependant la scène allemande semblait près de sortir de sa longue léthargie et de regagner le temps perdu, grâce aux efforts habiles de Daniel-Gaspar Lohenstein, lorsque le rigorisme du clergé protestant, passant d'une sourde animosité à une violence ouverte, suscita à la renaissance du théâtre de nouveaux retards. Ce fut à Hambourg, en 1680, qu'éclata cette guerre théologique, qui se répandit de là dans toute l'Allemagne. L'occasion des hostilités fut le refus qu'un ministre fit à deux comédiens de les admettre à la sainte cène. Une ardente polémique, prolongée jusqu'en 1690, envenima tellement la querelle,

(1) Voyez Lerspcr, cité par M. Scheible, *Das Closter*, t. VI, p. 552.
(2) M. Schütze, dans son histoire du théâtre de Hambourg, a réuni de nombreux documens sur les marionnettes de cette ville. Voy. *Hamburgische Theatergeschichte*, p. 93-126.
(3) Schlager, *Wiener Skizzen*... (Esquisses de Vienne au moyen-âge), p. 268 et 359.
(4) Dan. Clarke, *Travels in various countries*, part. 1; *Russia*, etc., cap. 12; t. 1er; 3e édit., in-4°, p. 288.

que cet acte d'intolérance isolé devint la cause commune de tout le clergé protestant. En vain les acteurs firent-ils publier des apologies très judicieuses de leur profession, en vain les universités consultées établirent-elles, par les autorités les plus respectables, l'innocence de la condition de comédien, en vain plusieurs princes prirent-ils à cœur de contrebalancer, par des marques éclatantes de bienveillance et d'estime, l'excessive sévérité des théologiens; le gros du public accorda plus de créance à la voix de ses pasteurs qu'aux argumens des apologistes mondains. On n'alla pas jusqu'à s'interdire la fréquentation des théâtres, mais on fuyait la compagnie des acteurs, qu'on regardait comme des libertins et des vagabonds, de sorte que la plupart de ces artistes humiliés cédèrent la place aux comédiens du dehors ou abandonnèrent leurs salles et leur répertoire aux marionnettes (1). Celles-ci, chose singulière, ne laissèrent pas que d'avoir d'assez vifs démêlés avec les consistoires. A Dordrecht, en 1688, la régence, cédant aux remontrances des ministres, ordonna de cesser, pendant la kermesse, les jeux de hasard, les parades et les représentations de marionnettes, et cette défense fut presque constamment renouvelée d'année en année, jusqu'en 1754 (2). Il est vrai que la plupart des autres cités néerlandaises se refusèrent à ces violences. On sait que, pendant le laborieux séjour que le célèbre Bayle fit à Rotterdam, lorsque, épuisé par la lecture, il entendait la joyeuse trompette annoncer la représentation prochaine des marionnettes, il quittait sa bibliothèque et courait jouir au grand air de sa récréation favorite (3). Dans une description en vers que J. van Hoven a tracée, en 1709, de la kermesse d'Amsterdam (*Rariteit van de Amsterdamsche kermis*), cet auteur décrit un *Poppespel* que montre un Brabançon, et qui n'est autre que le jeu des quatre couronnes (*vier-kroonen-spul*), qui s'est conservé jusqu'à ce jour pour le plaisir des enfans, et aussi, comme du temps de van Hoven, pour

---

(1) Prutz, *Vorlesungen...* (*Leçons sur l'histoire du théâtre allemand*), p. 189.
(2) Voyez d'intéressans détails sur ce sujet dans l'ouvrage de M. le docteur Schotel, *Tilburgsche avondstonden...* (*Soirées de Tilbourg...*), Amsterdam, 1850, p. 208 et suiv.
(3) Ce goût bien connu de Bayle a fourni au spirituel auteur du *Roi de Bohême et ses sept châteaux* un demi-verset pour ses litanies de Polichinelle. Voy. p. 205

celui de leurs parens et de leurs maîtres (1). Un autre poète burlesque de la même époque, L. Rotgans, a introduit dans sa *Kermesse de village* un joueur de marionnettes qui fait danser de grandes demoiselles richement parées et de jeunes seigneurs vêtus à la dernière mode. La supériorité des marionnettes hollandaises était même alors si bien établie à l'étranger, que le sarcastique biographe de l'habile M. Powell reconnaissait, en 1715, que les Hollandais étaient le premier peuple du monde pour les *puppet-shows* (2).

A Berlin, les marionnettes subirent aussi de vives attaques. Sébastien di Scio, qui avait à Vienne, en 1705, des marionnettes renommées par la perfection de leur mécanisme, étant allé représenter dans le nord de l'Allemagne, et notamment à Berlin, *la Vie, les actes et la descente aux enfers du docteur Jean Faust*, ce spectacle produisit une impression si vive sur la population de cette ville, que le clergé s'en alarma, et que le ministre Ph.-Jacq. Spener présenta une véhémente requête au roi pour en obtenir la suppression (3). Au reste, ces actes d'hostilité contre les marionnettes ne furent, en somme, que des cas assez rares, et la guerre déclarée aux comédiens par les consistoires, loin d'avoir nui aux marionnettes, fut pour elles au contraire l'occasion d'une excessive prospérité.

(1) Je dois ces détails et plusieurs autres aux obligeantes communications de M. J.-J. Belinfante de La Haye.
(2) *The second Tale of a tub*, cité par l'auteur de *Punch and Judy*, p. 45.
(3) Voyez l'article *Faust* de M. Em. Sommer dans l'*Encyclopédie* d'Ersch et Gruber, et *Das Puppenspiel vom Doctor Faust*, Leipzig, 1850; préface, p. XIII.

X.

MARIONNETTES ALLEMANDES DEPUIS 1690 JUSQU'AU MILIEU DU XVIII° SIÈCLE.
— DIRECTEURS ET RÉPERTOIRE.

A mesure que décrut le nombre des théâtres réguliers, on vit augmenter celui des théâtres de marionnettes. Les troupes de ce genre furent particulièrement nombreuses à Hambourg et à Vienne, et de ces deux villes elles se répandaient dans le reste de l'Allemagne. Je dis *troupes de marionnettes*, et c'est aussi la dénomination singulière, mais juste, qu'emploient les critiques allemands quand ils parlent des marionnettes de cette époque. En effet, contrairement à l'ancien usage, où une seule voix habilement ménagée parlait pour tous les personnages, chaque poupée mécanique eut un interprète à part, choisi d'ordinaire parmi les comédiens découragés qui n'osaient plus exercer ouvertement leur profession (1). Ces acteurs, lorsque le temps, les lieux

---

(1) Suivant l'éditeur du *Puppenspiel vom Doctor Faust* (Leipzig, 1850), le nombre des interprètes dans cette pièce a été réduit récemment à quatre au théâtre de marionnettes de Leipzig, p. 83.

et la disposition du public le leur permettaient, replaçaient au magasin leurs Sosies de bois et se remettaient à jouer leurs rôles en personne. Cette organisation bizarre et complexe des théâtres allemands explique comment nous allons rencontrer, pendant un demi-siècle, les mêmes pièces, et notamment celles que l'on appelait *Haupt-und Staatsactionen*, jouées tantôt par des acteurs, tantôt par des marionnettes, sans que l'on puisse en faire bien nettement la distinction.

C'est ici le moment d'expliquer la signification assez obscure, même en Allemagne, du nom de *Haupt-und Staatsactionen*, donné à de certains drames très en vogue depuis la fin du xviie siècle jusqu'à la moitié du xviiie. Un historien du théâtre allemand, cherchant à déterminer exactement le cercle dans lequel pouvaient se mouvoir les auteurs des pièces de ce genre, a dressé la liste des diverses sources où il leur était permis de prendre leurs sujets. Les *Haupt-Actionen* pouvaient, suivant M. Prutz, mettre à contribution la mythologie, la Bible, la chevalerie, l'histoire, la féerie, tout en un mot, comme on voit, ou peu s'en faut (1). Trois seules conditions leur étaient imposées : elles devaient contenir beaucoup d'incidens et de spectacle, être soutenues de temps en temps par de la musique instrumentale, et égayer le spectateur par les bons mots d'un personnage bouffon. On voit que ces pièces ressemblaient beaucoup à nos mélodrames d'il y a quarante ans. Ajoutons que, pendant la période de leur succès, leur nom fut souvent synonyme de pièces de marionnettes, par suite de l'association singulière que je viens d'exposer. Goethe, dans la fameuse scène entre Faust et Wagner, a fait une allusion sarcastique à ces drames de bas aloi, que lui-même, avec Schiller et après Lessing, a tant contribué à faire oublier.

WAGNER.

Maître, n'est-ce pas une bien grande jouissance que de pénétrer dans l'esprit des temps passés, de savoir exactement ce qu'un sage a pensé avant nous, et de mesurer de quel bond vigoureux nous l'avons dépassé?

FAUST.

Oh! oui, de toute la hauteur des étoiles! — Franchement, mon cher, les siè-

(1) Prutz, ouvrage cité, p. 207 et suiv.

cles passés sont pour nous le livre aux sept cachets. Ce qu'on appelle l'*esprit des temps* n'est que l'esprit de ces messieurs qui a déteint sur les siècles. En conscience, c'est la plupart du temps une misère, et le premier coup d'œil que l'on y jette suffit pour vous faire fuir. C'est un sac à ordures, un vieux garde-meuble, ou tout au plus une pièce à grand spectacle (*eine Haupt-und Staatsaction*), avec de belles maximes de morale, comme on en met dans la bouche des marionnettes.

« A la fin du XVII° siècle, dit Flœgel, les *Haupt-und Staatsactionen* usurpèrent la place des véritables drames. On a conservé quelques-unes de leurs affiches, rédigées dans un style de charlatan qui répond parfaitement à leur valeur réelle. Ces pièces étaient jouées tantôt par des poupées mécaniques, tantôt par des acteurs. L'emploi exclusif des aventures romanesques et des ressorts surnaturels, les ignobles plaisanteries du bouffon, le mélange de la trivialité la plus basse et de l'enflure la plus ridicule, placent ces ouvrages au dernier degré de l'échelle dramatique (1). »

Mais si la vogue des *Haupt-Actionen* a été pour l'art dramatique une cause momentanée de retard et même de décadence, elle a eu pour les marionnettes un effet tout contraire : elle a associé pendant cinquante ans leurs destinées à celles des théâtres réguliers, de sorte que nous ne pouvons séparer leur histoire de celle des troupes ambulantes que gouvernaient alors les actifs directeurs Weltheim, Beck, Reibehand et Kuniger, et quelques autres.

Weltheim, né vers 1650 à Leipzig, avait formé, dès 1679, une troupe de comédiens et de marionnettes. Nous le voyons, à cette époque, bien accueilli par les autorités municipales de Nuremberg, de Hambourg et de Breslau. C'est lui qui, le premier, fit jouer en Allemagne la traduction des comédies de Molière (2). Il recrutait ordinairement ses acteurs et les interprètes de ses pantins parmi les étudians de Leipzig et d'Iéna. Lui-même était habile à improviser à la manière italienne (3). En 1688, il fit jouer à Hambourg une *Haupt-und Staatsac-*

---

(1) Flœgel, ouvrage cité, p. 115.
(2) Voyez Scheible, *Das Closter*, t. VI, p. 359.
(3) Flœgel, *Geschichte der komischen Litteratur*, t. IV, p. 319 et *Geschichte des groteskecomischen*, p. 115.

tion sur la chute d'Adam et d'Ève, suivie d'une pièce bouffonne : *Pickelhäring im Kasten* (1). Après l'avoir perdu quelque temps de vue, nous le retrouvons en 1702 directeur de la troupe royale et ducale de Pologne et de Saxe, et faisant jouer à Hambourg, le 15 juin, *Élie montant au ciel ou la Lapidation de Naboth*, excellente *Haupt-Action* (c'est l'affiche qui le dit), avec une agréable pièce finale intitulée : *le Maître d'école assassiné par Pickelhäring ou les Voleurs de lard joliment attrapés*. Remarquons que Weltheim avait une prédilection marquée pour Pickelhäring, qu'il substitue presque toujours à Hanswurst. Après une nouvelle éclipse, Weltheim reparaît à Hambourg en 1719, où il fait jouer un drame à grand spectacle : *le Tyran amoureux ou Asphalides, roi d'Arabie*, avec Arlequin, jurisconsulte sans cervelle, et les *Précieuses ridicules* de Molière (2). En 1721, ses marionnettes donnent dans la même ville deux *Haupt-Actionen* sur des sujets religieux : 1° l'*Histoire édifiante et digne d'être vue de la chute du roi David et de son adultère avec Bethsabée, suivie de son profond repentir excité par le sermon du prophète Nathan*, avec une pièce finale : *le Souper coûteux de Pickelhäring*; 2° *la Destruction de Jérusalem*, dédiée au sénat de Hambourg et suivie de la divertissante comédie *le Malade imaginaire*. Ce titre, comme celui des *Précieuses ridicules*, que nous avons vu plus haut, était écrit en français sur l'affiche, à cause de l'extrême célébrité des deux pièces; mais elles étaient jouées en allemand.

Ferdinand Beck, directeur de la troupe privilégiée des cours de Saxe et de Waldeck, donna à Hambourg, en 1736, trois pièces de marionnettes remarquables : 1° une *Haupt-Action*, sur un sujet traité depuis par Schiller : *le plus grand Monstre de l'univers ou la Vie et la mort de l'ancien général impérialiste Wallenstein*, avec Hanswurst; 2° un prologue musical, dédié au sénat de Hambourg, intitulé *le Séjour de la paix confirmée par le ciel lui-même*, avec *Cinna ou la Clémence d'Auguste*, probablement d'après Corneille (3); 3° un petit drame en musique sur la chute d'Adam et d'Ève, qui est, je crois, la pièce fort singulière

(1) C'est-à-dire *Pickelhäring dans une boutique de Polichinelle*. Prutz, *ibid.*, p. 207.
(2) Schütze, ouvrage cité, p. 34-40. — Prutz, *ibid.*, p. 208-211.
(3) Schütze, ouvrage cité, 45-60. — Prutz, *ibid.*

que M. Schütze (l'historien du théâtre de Hambourg) dit avoir vu jouer dans sa jeunesse : « Les rôles, y compris celui du serpent, étaient, dit-il, remplis par des marionnettes. On voyait le reptile tentateur, roulé autour de l'arbre de la science, darder sa langue pernicieuse. Hanswurst, après la chute de nos premiers parens, leur adressait des railleries grossières qui divertissaient beaucoup l'auditoire. Deux ours dansaient un ballet, et, au dénoûment, un ange apparaissant, comme dans la Genèse, tirait du fourreau une épée de papier doré, et tranchait d'un coup le nœud de la pièce (1). »

Reibehand, d'abord tailleur, s'associa à un certain Lorenz pour élever un théâtre de marionnettes. En 1734, il joignit à ses poupées des comédiens vivans. Son association était probablement rompue dès 1728, car nous voyons à cette date Lorenz, directeur des comédiens de la cour princière de Weimar, donner seul à Hambourg une *Haupt- und Staatsaction*, intitulée *Bajazet précipité du faîte du bonheur dans l'abîme du désespoir* (2). Reibehand, après bien des vicissitudes, vint en 1752, muni d'un privilége prussien, donner des représentations à Hambourg. Voici une de ses affiches : « Avec permission, etc., on représentera l'*Amour maçon* (ces mots sont en français) ou *le Secret des francs-maçons*, que voudrait bien découvrir Isabelle, franc-maçon femelle, poussée par l'humeur curieuse de son sexe; suivi du *Châtiment de la folle ambition d'un cordonnier*, qui reçoit le sobriquet de *Baron de Windsak*, s'enfuit de chez son maître, et finit par passer pour fou. Le spectacle se terminera par un ballet imité de la plaisante comédie de Molière, *le Mari confondu* (3). »

Reibehand trouva le moyen de rendre ridicule la touchante parabole de l'*Enfant prodigue*. L'affiche de la *Haupt-Action* qu'il fit jouer sur ce sujet était ainsi conçue : « *L'Archi-Prodigue*, châtié par les quatre élémens, avec Arlequin, joyeux compagnon d'un maître criminel. » L'objet principal de cette pièce était d'offrir beaucoup de

---

(1) Schütze, cité par M. Prutz, *ibid.* L'âge de M. Schütze, qui a publié son livre en 1794, s'accorde avec ma supposition.

(2) Prutz, *ibid.*, p. 210.

(3) C'est, comme on le sait, le second titre de *George Dandin*. Voy. Prutz, p. 220.

spectacle et de changemens à vue. Ainsi les fruits que le jeune prodigue voulait manger se transformaient en têtes de mort, l'eau qu'il s'apprêtait à boire se changeait en flammes; des rochers se fendaient et laissaient voir une potence avec un pendu. Les membres de ce malheureux, agités par le vent, se détachaient et tombaient un à un sur le sol, puis se rapprochaient et se recomposaient, de façon que le mort se levait et poursuivait le jeune débauché. Ensuite on voyait ce voluptueux déchu réduit à manger des immondices dans la compagnie des pourceaux. Alors le désespoir personnifié se présentait devant lui, et lui offrait le choix entre une corde et un poignard; mais la Miséricorde divine l'arrêtait, et, comme dans la parabole évangélique, le père, touché du repentir de l'enfant égaré, lui accordait son pardon (1).

Reibehand eut pour émule un certain Kuniger, né à Leipzig, qui, après avoir commencé par être équilibriste et joueur de gobelets, ouvrit un spectacle de marionnettes, et prit, en 1752, la direction d'un vrai théâtre, muni de grandes machines mobiles et d'acteurs vivans. Cette troupe portait le nom de comédiens privilégiés des cours de Brandebourg et Brandebourg-Bayreuth. Entre autres drames à grand spectacle que Kuniger fit représenter à Hambourg, on cite *la Vie et la mort de sainte Dorothée, martyre pleine de constance*. L'annonce avait bien soin d'avertir « qu'il y aurait dans la pièce assez de décorations et de machines pour satisfaire les yeux les plus exigeans, et qu'on ne pourrait rien voir de plus terrible. » Il est vrai que les scènes de martyre, dont l'exécution est si difficile pour des acteurs vivans, offrent de grandes facilités aux joueurs de marionnettes. Cette circonstance toute technique explique la prédilection des *Puppenspieler* pour les sujets de ce genre, et en particulier pour la légende de sainte Dorothée, dont la décapitation faisait ressortir leur adresse. M. Schütze raconte un incident qui signala d'une manière assez plaisante la représentation d'une des nombreuses pièces de marionnettes composées sur ce sujet. On jouait un soir à Hambourg, dans l'auberge des cordonniers, près le marché aux oies, en face du grand théâtre, le drame intitulé *les Joies et les souffrances de Doro-*

(1) Schütze, ouvrage cité, p. 88. — Prutz, *ibid.*

thée. La pièce fut accueillie par les applaudissemens unanimes de l'auditoire plébéien, et obtint même des marques de satisfaction de plusieurs spectateurs d'une classe plus relevée. La scène de la décapitation surtout fut si bien rendue, que l'assemblée tout entière cria *bis*. Aussitôt le complaisant directeur replaça la tête sur les épaules de la sainte, et la décolation eut lieu une seconde fois, au milieu des bravos frénétiques de toute la salle (1).

Nous avons vu que les *Haupt-und Staatsactionen* ne puisaient pas seulement leurs sujets dans toutes les sources anciennes, sacrées ou profanes; elles exploitaient encore les événemens modernes, et se jetaient sur tous les grands noms, témoin celui de Wallenstein. Elles n'épargnèrent pas davantage ceux de Marie Stuart, du comte d'Essex et de Cromwell (2). Enfin à peine l'Alexandre du Nord, Charles XII, fut-il tombé dans la tranchée de Frederichshall, sous le coup d'une balle ennemie, ou, pour parler la langue de la superstition populaire, sous le coup d'une balle enchantée (*eine Freikugel*), que les faiseurs de *Haupt-Actionen* s'emparèrent de ce héros, sûrs d'attirer la foule au spectacle de sa fin tragique. Nous avons pu lire une de ces pièces, mêlée de prose et de vers, intitulée *la Mort malheureuse de Charles XII*, jouée sur le théâtre de Hambourg, en 1746, par la troupe allemande des princes de Brandebourg-Bayreuth et Onolzbach. M. H. Lindner l'a publiée à Dessau en 1845, et M. Prutz l'a réimprimée en partie dans son histoire du théâtre allemand (3). Les personnages sont Charles XII, Frédéric, prince de Hesse-Cassel, le duc de Holstein-Gottorp, l'adjudant-général Sicker, le major-général Budde, le commandant de Frederichshall, un lieutenant, un tambour, Arlequin, dame Plapperlieschen (c'est le type populaire de la femme bavarde), des soldats, une cantinière, le Destin, Bellone, et (dans l'épilogue) la Renommée, Mercure et Mars. Le drame s'ouvre par un long monologue, où le roi de Suède se raconte à lui-même, en style de gazette, les principaux faits de sa vie militaire. Cette *Haupt-Action* ne pouvait offrir d'autre inté-

(1) Schütze, cité par M. Prutz, p. 208. Ce récit de M. Schütze paraît se rapporter à 1705.
(2) Prutz, *ibid.*, p. 210.
(3) Le même, ouvrage cité, p. 198-205.

rêt que celui du spectacle. Frederichshall avait à supporter deux bombardemens, et les projectiles étaient, au dire de M. Schütze, lancés de part et d'autre avec une rare précision. On admirait aussi, comme un prodige de mécanique, un soldat qui allumait sa pipe et faisait sortir de sa bouche de légers nuages de fumée, tour d'adresse qu'on ne tarda pas à voir à Paris, et que l'on exécute aujourd'hui avec une grande perfection au théâtre de Séraphin.

Il n'y a pas jusqu'aux infortunes des vivans illustres sur lesquelles les faiseurs de *Haupt-und Staatsactionen* ne missent la main. C'est ainsi que l'éclatante disgrace du prince Menzicoff fournit de son vivant le sujet d'une *Haupt-Action*, représentée en 1731, dans plusieurs villes d'Allemagne, par les grandes marionnettes anglaises de Titus Maas, comédien privilégié de la cour de Baden-Durlach (1). L'affiche de cette pièce est assez curieuse : « Avec permission, etc., on jouera sur un théâtre entièrement nouveau et avec une bonne musique instrumentale une *Haupt-und Staatsaction*, récemment composée et digne d'être vue, qui a pour titre : Les vicissitudes extraordinaires de bonheur et de malheur d'Alexis Danielowitz, prince Menzicoff, grand favori, ministre du cabinet et généralissime du czar de Moscou, Pierre Ier, de glorieuse mémoire, aujourd'hui véritable Bélisaire, précipité du haut de sa grandeur dans le plus profond abime de l'infortune, le tout avec Hanswurst, un crieur de petits pâtés, un garçon rôtisseur, et d'amusans braconniers de Sibérie (2). » Titus Maas avait obtenu l'autorisation de représenter ce merveilleux drame à Berlin; mais le gouvernement de Frédéric-Guillaume Ier, craignant de désobliger son puissant voisin du Nord, défendit, le 28 août, sous les peines les plus sévères, de représenter *Menzicoff* (3).

(1) Flœgel, *Geschichte des groteskekomischen*, p. 116.
(2) Voy. Plümische, *Entwurf... (Esquisse d'une histoire du théâtre de Berlin)*, p. 109, cité par Prutz, p. 180.
(3) Les théâtres de marionnettes sont très sévèrement surveillés par la police de Prusse. En 1794, on supprima beaucoup de ces théâtres, dont les représentations blessaient, disait-on, les mœurs (*Edickten-Sammlung*, 1794, n° 55), ou plus probablement contrariaient les vues du gouvernement. Les marionnettes sont aujourd'hui reléguées dans les faubourgs de Berlin ou même hors des barrières. Voy. *le Siècle*, feuilleton du 27 janvier 1851.

XI.

MARIONNETTES POPULAIRES ET ARISTOCRATIQUES, DEPUIS LES PREMIERS ÉCRITS DE GOTTSCHED JUSQU'A LA FIN DU XVIIIe SIÈCLE.

L'excès d'absurdité auquel était descendu le répertoire de Reibehand et de ses émules provoqua une réaction classique en faveur de la poésie, de la langue et du sens commun. Gottsched fut le promoteur et l'avocat de ce mouvement, qui prit un caractère national. Bientôt une autre école, douée d'un sentiment plus délicat et plus profond de la beauté dans l'art et dans la poésie, se forma sous la haute inspiration de Lessing, qui, comme Gottsched et mieux que Gottsched, donna le précepte et l'exemple. L'Allemagne lettrée était enfin arrivée à se préoccuper des questions les plus fines et les plus fécondes de la philosophie de l'art. Déjà la voix de Klopstock se faisait entendre. Goethe et Schiller enfans croissaient au milieu de ces espérances confuses et de ces élans contradictoires qu'ils devaient bientôt régler et pleinement satisfaire. Cependant la réforme entreprise par Gottsched eut, entre autres résultats salutaires, celui de rendre au théâtre son importance et aux acteurs leur dignité. Poètes et comédiens commencèrent à marcher ensemble vers un même idéal. Cette réhabilitation des artistes dramatiques amena naturellement leur divorce d'avec les marionnettes. La rupture se fit de bon accord et sans secousse, sauf en quelques lieux, comme à Vienne, où il y eut un peu de mauvaise humeur et de rivalité entre les vrais théâtres, notamment celui de la porte de Carinthie (1), et les marionnettes de la *Frayung*, de la place du marché des Juifs et du faubourg de Léopold. Les marionnettes rentrèrent à petit bruit dans leur sphère modeste; elles revinrent de bonne grace à leur ancien répertoire, composé de drames bibliques et de légendes populaires. Le docteur Faust surtout et son humble élève, son *famulus* Wagner, continuèrent d'attirer la foule qui se passionnait de plus en plus pour les subtilités métaphysiques et était tout près d'être atteinte par les rêveries de l'illuminisme. Les *Puppenspieler*, de leur côté, ne négligèrent rien pour varier leurs représentations. Un roman fameux de Lewis, *Abellino, le grand bandit*, fournit, entre autres, aux marionnettes d'Augsbourg le sujet d'un drame à grand spectacle (2).

Parmi les savans du xviiie siècle qui ont cherché quelques distractions devant les tréteaux de marionnettes, nous avons à citer l'illustre géomètre Euler. Ce grand homme, qui vécut à Berlin depuis 1744 jusqu'à 1766, courait avec empressement aux marionnettes qui fixaient son attention ou excitaient son hilarité pendant des heures entières. Cette particularité a été révélée par un de ses confrères, M. Formey, en pleine séance de l'académie des sciences et belles-lettres de Berlin, dans un mémoire lu devant la classe de philosophie spéculative, en 1788 (3).

---

(1) Voyez Schlager, p. 271 et 371. C'est à la porte de Carinthie que Jos. Stranisky établit en 1708, selon M. Schlager, ou en 1710, selon M. Flœgel, le premier théâtre de comédiens allemands qu'on ait vu à Vienne. Stranisky avait aussi des marionnettes; il les sépara de ses acteurs en 1721 et les relégua sur la *Frayung* (voyez Schlager, p. 268, 269 et 383).

(2) M. Scheible a publié cette pièce d'après le manuscrit du théâtre de marionnettes d'Augsbourg. Voyez *Das Schaltjahr*, Stuttgard, 1846, t. IV, p. 555-591.

(3) Ce mémoire est intitulé : *Sur les rapports entre le génie, l'esprit et le goût*. Je ne puis cacher que Formey allègue l'exemple d'Euler pour prouver qu'on peut avoir du génie et manquer de goût et d'esprit. Formey était largement en mesure de prouver qu'on peut manquer de tous les trois.

Le prodigieux succès de l'opéra de *Don Juan*, fit espérer aux joueurs de marionnettes qu'ils pourraient tirer du libertin de Séville un aussi bon parti que du métaphysicien de Wittenberg. Don Juan Tenorio, en effet, n'est-il pas un Faust de cape et d'épée, un frère méridional et sanguin du bilieux émule de Nostradamus et de Théophile? Cependant, malgré tout ce qu'il semblait promettre et quoique très germanisé par Mozart, don Juan se trouva encore trop espagnol pour atteindre, sur les théâtres de marionnettes, à toute la popularité de Faust. Il eut pourtant un long succès. M. le docteur Kahlert a trouvé récemment, dans le répertoire des *Puppenspieler* d'Augsbourg, d'Ulm et de Strasbourg, trois pièces dont le *convive de pierre* est le sujet. On les peut lire dans le *Closter*, avec une dissertation préliminaire sur la légende espagnole, comparée à la légende allemande. (1).

Durant toute la seconde moitié du XVIII° siècle, les marionnettes furent reçues avec une extrême bienveillance dans l'intérieur des riches familles bourgeoises et même dans plusieurs cours ducales et princières. Je pourrais me borner à cette énonciation; mais j'ai à produire sur ce point le témoignage de deux des plus grands génies de l'Allemagne. Il y a plaisir à entendre déposer en faveur des marionnettes des hommes tels que Goëthe et Haydn.

Dans les premières pages de ses mémoires, Goethe nous apprend que la plus grande joie de son enfance fut le présent que son excellente et presque prophétique aïeule lui fit, un soir de Noël, d'un théâtre de marionnettes. Il faut l'entendre raconter l'impression profonde que fit sur sa fraîche imagination la vue de ce monde nouveau qui venait peupler tout à coup la monotone solitude de la maison paternelle. Quelques années plus tard, pendant les jours de tristesse et de malaise que jetèrent sur Francfort quelques épisodes de la guerre de sept ans, notamment l'occupation de la ville par un corps de l'armée française, nous voyons le jeune Wolfgang, retenu au logis par ses parents, se faire de son cher théâtre, autour duquel il convoquait la jeunesse du voisinage, non pas seulement un plaisir, mais comme un champ de manœuvre, et une école de stratégie scénique, où il apprenait déjà le grand art de faire mouvoir sans confusion, devant une rampe, les

(1) Scheible, *Das Closter*, t. III, p. 667-765.

créations de sa pensée (1). Dans un autre ouvrage, où les vives impressions de sa jeunesse ont pris une forme plus idéale sans rien perdre de leur réalité, dans les *Années d'apprentissage de Wilhelm Meister*, avec quel charme et quelle effusion de souvenir ne revient-il pas sur ses bienheureuses marionnettes, l'aiguillon de son naissant instinct dramatique! Il ne nous laisse rien ignorer de la construction du théâtre, du mécanisme des petits acteurs, de la manière de les faire mouvoir, du soin qu'il prenait de les faire parler avec convenance et clarté. Excellent exercice pour l'enfance et le meilleur apprentissage de diction soutenue et même d'improvisation! Caché derrière la toile de fond, l'interprète novice lisait d'ordinaire ou récitait les pièces les plus applaudies dans les foires, particulièrement *David et Goliath*. Le jeune Goethe alla plus loin; il imagina de faire jouer à ses poupées quelques grands ouvrages dramatiques qui ne se trouvèrent (il en fait l'aveu) ni dans les proportions de cette petite scène, ni à la portée de son pétulant auditoire (2).

Les théâtres de marionnettes privés étaient assez nombreux dans les grandes villes, notamment à Hambourg, à Vienne et à Berlin, pour que quelques écrivains de profession n'aient pas dédaigné de composer de petits drames à leur usage. Je citerai, entre autres, Jean-Frédéric Schinck, auteur distingué de romans et de drames, qui, en 1777, a écrit plusieurs petites pièces de ce genre et les a réunies en un volume (3). Goethe lui-même, à peine âgé de vingt ans, mais déjà préoccupé de la conception de *Goetz de Berlichingen* et de *Werther*, écrivit à Francfort, dans une société d'amis, une bagatelle de ce genre intitulée *Fêtes de la foire à Plundersweilern* (4). « Cette petite pièce, dit-il, n'est qu'une épigramme ou plutôt un recueil d'épigrammes en action. Sous l'apparence d'une parade figuraient en réalité des membres de notre société. Le mot de l'énigme était un secret pour la plupart, et tel rieur ne se doutait guère que l'on s'amusait à ses dépens (5). » Cette œuvre

(1) Goethe, *Aus meinem Leben. Dichtung und Wahrheit* (*Mémoires de ma vie. Poésie et Vérité*), 1re partie, livre Ier. *Werke*, t. XXIV, p. 18 et 74.
(2) *Wilhelm Meisters Lehrjahre*, liv. Ier, chap. 4 et suiv. *Werke*, t. XVIII, p. 12.
(3) J.-Fr. Schinck, *Marionettentheater*, Berlin, 1777, in-8o.
(4) Il y a dans ce nom forgé par Goethe une allusion au mot *Plunder*, chiffon, guenilles.
(5) *Aus meinem Leben...* (*Mémoires*), 3e partie, livre XIII. *Werke*, t. XXVI, p. 235.

sans conséquence me paraît pourtant remarquable, en ce que la marche et un peu la pensée des premières scènes a une remarquable analogie avec la disposition du commencement de *Faust*. Elle s'ouvre par un prologue où s'étalent quelques aphorismes moraux dans le goût des *Haupt-Actionen*, au travers desquels Hanswurst jette, à sa manière, une de ses plaisanteries banales. Vient ensuite un *prologue sur le théâtre*, comme dans *Faust*; c'est un dialogue entre un charlatan directeur de marionnettes et un docteur (peut-être le bourgmestre de *Plundersweilern*). Ce directeur, homme de goût classique et quelque peu disciple de Gottsched, soutient que, pour plaire aux spectateurs, il faut peindre les hommes en beau. Puis se déroule sous nos yeux, en guise d'introduction, tout le tohu-bohu d'une foire de village. D'un côté, des marchands de jouets de Nuremberg, des vendeuses de petits balais, des boutiques de comestibles, un joueur d'orgue et un jeune paysan qui fait danser sa marmotte; de l'autre, les visiteurs et les chalands, un petit bohémien sans sou ni maille et en guenilles, qui méprise cette foire, un pasteur et sa gouvernante qui ne regardent pas du même œil une jolie marchande de pain d'épice, tel est le tableau, à la manière d'Hogarth ou de Callot, qui précède la tragédie que va faire jouer le directeur de marionnettes. Cette tragédie a pour sujet l'histoire d'Esther et de Mardochée. Quand le rideau tombe, on a de nouveau devant les yeux le champ de foire et tous les personnages que l'on y a vus déjà, plus un bateleur qui, pour terminer les *Fêtes de la foire*, montre ses ombres chinoises.

Peut-être Goethe a-t-il eu tort de se souvenir de cette bluette et d'en faire jouer quelques parties en 1780, à la cour de Weimar, dont il était le commensal favori depuis le succès immense de *Goetz de Berlichingen* et de *Werther*. Il y ajouta, pour la fête de la princesse Amélie, un épilogue, rempli, comme *la Nuit de Walpurgis*, d'allusions et de critiques littéraires, absolument insaisissables pour nous, qu'il intitula : *Ce qu'il y a de plus nouveau à la foire de Plundersweilern*. Je m'étonne encore plus que ce grand homme ait donné place dans ses œuvres à ces deux badinages, qu'il a réunis sous le titre collectif de : *Un Spectacle de marionnettes moral et politique nouvellement ouvert* (1).

(1) Goethe, *Werke*, t. XIII, p. 1-53.

XII.

HAYDN ET LES MARIONNETTES DU PRINCE ESTERHAZY.

La cour toute poétique de Weimar n'était pas la seule en Allemagne où l'on demandât des distractions aux ombres chinoises et aux marionnettes. Au fond de la Hongrie, à Eisenstadt, dans l'antique et magnifique château des princes Esterhazy, la muse aimable qui préside aux marionnettes a remporté peut-être ses plus merveilleux triomphes. Nous tenons ce que nous allons rapporter d'une confidence faite à Vienne en 1805 par l'illustre compositeur Haydn à M. Charles Bertuch, un de ses fervens admirateurs.

On savait bien que le prince Nicolas-Joseph Esterhazy, protecteur éclairé des artistes et surtout des musiciens, entretenait à grands frais une chapelle composée des chanteurs et des instrumentistes les plus habiles, et qu'il en confia, en 1762, la direction à Joseph Haydn, dont le nom était encore peu connu, mais dont le vieux prince Antoine Esterhazy avait deviné l'avenir et assuré le sort en l'attachant à sa maison. On savait qu'il y avait dans le château d'Eisenstadt un grand théâtre où ces princes faisaient exécuter les meilleurs opéras allemands et italiens; mais ce qu'on savait moins, c'est qu'il y avait encore un petit théâtre de marionnettes, le plus admirable peut-être qui ait jamais existé pour la perfection des acteurs de bois, les décorations et les machines; et ce que nous avons appris enfin par le témoignage même de Haydn, c'est que ce sublime compositeur, qui savait si bien d'ailleurs porter la gaieté dans la musique instrumentale, témoin sa symphonie comique (1), se plut à écrire de 1773 à 1780, c'est-à-dire dans toute la vigueur et la plénitude de son génie, cinq *operette* pour les marionnettes d'Eisenstadt. Dans la liste de toutes ses œuvres musicales que l'illustre vieillard remit, signée de sa main, à M. Charles Bertuch pendant le séjour de ce dernier à Vienne (2), on lit la mention que je transcris : — *Operette* composées pour les marionnettes : *Philémon et Baucis*, 1773. — *Genièvre*, 1777. — *Didon*, parodie, 1778. — *La Vengeance accomplie* (3) ou *la Maison brûlée* (sans date). — Dans la même liste est indiqué le *Diable boiteux*, probablement parce qu'il fut joué par les marionnettes du prince Esterhazy; mais cet ouvrage avait été composé à Vienne, dans la première jeunesse de l'auteur, pour Bernardone, directeur d'un théâtre populaire à la porte de Carinthie, et avait été payé 24 sequins (4). On avait cru que ces curieuses partitions, toutes inédites, avaient péri dans un incendie qui consuma une partie du château d'Eisenstadt, et notamment le corps de logis qu'y occupait Haydn. Il n'en est rien; elles ont été vues en 1827 dans la bibliothèque

(1) Dans ce morceau, tous les instrumens et les instrumentistes disparaissent successivement, de façon que le premier violon se trouve jouer tout seul. Voyez dans Carpani l'histoire ou plutôt les histoires relatives à cette symphonie. Pleyel a fait la contrepartie de cette bouffonnerie musicale. Le premier violon est seul à son poste et les exécutans en retard arrivent, l'un après l'autre, prendre part à la symphonie. *Lettere su la vita del celebre maestro Gius. Haydn*, p. 115-119.

(2) C. Bertuch, *Bemerkungen*... (*Observations faites dans un voyage de Tubingue à Vienne*), t. 1er, p. 179.

(3) Carpani, en reproduisant cette liste, a substitué à *la Maison brûlée* une pièce qu'il intitule *Sabbato delle Streghe*, qui ne semble pas pouvoir être le même ouvrage. Il a également ajouté les dates, qui ne se trouvent point dans la liste donnée par M. Bertuch. Voyez Carpani, ouvrage cité, p. 296.

(4) Gius. Carpani, *ibid.*, p. 81.

musicale des princes Esterhazy, avec une vingtaine d'autres dont on aimerait à connaître les titres (1).

Ce fut peut-être pour servir d'ouverture à une de ces divertissantes représentations, plus particulièrement destinées aux plaisirs des jeunes membres de la famille Esterhazy, que Haydn imagina de composer la singulière symphonie qu'il a intitulée *Fiera dei fanciulli*. Carpani nous en a raconté l'histoire. Un jour, Haydn se rendit seul à la foire d'un village des environs. Là, il fit provision, et rapporta un plein panier de mirlitons, de sifflets, de coucous, de tambourins, de petites trompettes, bref tout un assortiment de ces instrumens plus bruyans qu'harmonieux qui font le bonheur de l'enfance. Il prit la peine d'étudier leur timbre et leur portée, et composa, avec ces périlleux élémens harmoniques, une symphonie de l'originalité la plus bouffonne et la plus savante.

Il faut avouer que ce n'est pas une médiocre gloire pour nos marionnettes que de voir Goethe préluder à ses chefs-d'œuvre dramatiques en se faisant leur organe, et Haydn, dans toute la splendeur de son génie, se plaisant à écrire pour elles une série de petits chefs-d'œuvre.

(1) Voy. *Gazette musicale de Leipzig*, 1827; t. XXIX, n° 49, p. 820.

XIII.

MARIONNETTES EN ALLEMAGNE DEPUIS L'APPARITION DU FAUST DE GOETHE JUSQU'A NOS JOURS.

Pendant les vingt dernières années du XVIII° siècle, les marionnettes aimées, recherchées, fêtées, comme on vient de le voir, dans quelques résidences aristocratiques, toujours chéries du peuple et bienvenues dans les villages et dans les faubourgs des villes, n'avaient cependant, il faut le dire, d'existence et de point d'appui qu'aux deux extrémités de l'échelle sociale. Dans toute l'immense population intermédiaire, parmi les lettrés, les poëtes, les critiques, dans toute cette foule éclairée qui aimait ou cultivait la littérature et les arts, personne ne songeait à elles, et l'on conçoit assez, en effet, qu'au milieu de l'admirable développement épique, lyrique et dramatique, qui se préparait et qui commençait déjà à poindre sous l'influence des glorieux successeurs de Lessing, il ne restât plus dans aucun esprit sérieux d'intérêt disponible pour les marionnettes. Cependant il se passait alors quelque chose dans la tête d'un jeune homme obscur qui allait ramener l'attention du grand public allemand sur la vieille légende de Faust, et par suite sur les marionnettes qui étaient en possession de l'interpréter. Goethe enfant avait vu certainement jouer *Faust* par les marionnettes de la foire de Francfort, sa patrie. Il l'avait revu probablement encore aux foires de Leipzig pendant les trois années qu'il passa dans cette ville à suivre, je devrais dire à observer en critique les cours de l'université; mais ce qui est certain, c'est qu'arrivant à Strasbourg à la fin de 1769, il y portait le dessein arrêté d'élever cette légende si profondément humaine et si profondément germanique aux proportions du drame et de l'épopée. Loin de dissimuler l'origine de son incomparable chef-d'œuvre, Goethe nous l'a fait connaître lui-même de la manière la plus intéressante dans ses mémoires. Pendant les trente mois qu'il passa à Strasbourg, sous prétexte d'achever ses études de droit, mais en réalité pour y méditer et préparer ses trois premières grandes compositions, Goethe vécut dans l'intimité d'un homme d'un esprit éminent, de Herder, dont il fit son confident littéraire et son mentor. Cependant le jeune homme faisait un mystère à son sage ami de quelques-uns de ses projets les plus hasardeux : « J'avais bien soin de lui cacher, dit-il, combien j'étais préoccupé de certaines pensées qui avaient pris racine en moi, et qui allaient grandir peu à peu jusqu'à la hauteur de créations poétiques. » Ces favoris de son imagination, c'étaient *Goetz de Berlichingen* et *Faust*. La pensée de Faust surtout l'obsédait. « L'idée de cette pièce de marionnettes, ajoute-t-il, retentissait et bourdonnait en moi sur tous les tons; je portais en tous lieux ce sujet avec bien d'autres, et j'en faisais mes délices dans mes heures solitaires, sans toutefois en rien écrire (1). » Grande fut la surprise du monde littéraire quand, dix ans plus tard, Goethe publia les premiers fragmens de cette œuvre originale. L'Allemagne épiait avec espérance tous les mouvemens de ce beau génie, qui avait fait, à vingt-cinq ans, une révolution dans l'art dramatique par *Goetz de Berlichingen*, et une révolution dans le roman, et presque dans les mœurs publiques, par *Werther* : elle s'émut de lui voir choisir cette légende de marionnettes pour en faire le sujet d'une épopée dramatique; mais quand, au commencement du

(1) Goethe, *Aus meinem Leben* (*Mémoires*), 3ᵉ partie; livre Xᵉ. *Werke*, t. XXV, p. 318.

siècle, deux publications successives eurent enfin montré dans son ensemble la première partie de *Faust*, l'admiration fut générale, le succès immense. Tous les théâtres, allemands et étrangers, voulurent avoir leur *Faust*; on mit ce sujet en romans, en opéras, en ballets, en pantomimes; on l'arrangea pour les ombres chinoises (1). Chose singulière, l'émotion causée par l'apparition de cette œuvre transcendante, souvenir poétisé et agrandi des marionnettes, ramena presque aussitôt l'attention publique sur la vieille légende et sur l'humble scène qui en avaient fourni l'occasion et la pensée. Des joueurs de marionnettes intelligens, Schütz et Dreher, Geisselbrecht, Thiémé et Éberlé (2), exploitèrent habilement cette nouvelle disposition des esprits.

En 1804, les deux associés, Schütz et Dreher, vinrent de la Haute-Allemagne, apportant une vieille rédaction de *Faust*, purgée des interpolations ridicules qu'y avaient insérées Reibehand et Kuniger au temps des *Haupt-Actionen* (3). Toute la haute compagnie de Berlin y accourut. Les femmes, les poètes, les philosophes, les critiques s'y pressaient en foule, curieux de comparer le vieux drame populaire avec le nouveau chef-d'œuvre qui en était émané (4). Dreher et Schütz se concilièrent tous les suffrages, et attirèrent long-temps la foule par la bonne composition de leur répertoire, à la fois décent et varié. Ils jouèrent successivement, pendant les années 1804 et 1805, *le Chevalier brigand, la Jeune Antonia, Geneviève de Brabant, Mariana ou le Brigand féminin, Trajan et Domitien, la Nuit du meurtre en Éthiopie, Fanny et Durmon* (histoire anglaise), *don Juan, Médée, Alceste, Aman et Esther*,

---

(1) Faust fut joué aux ombres chinoises des frères Lobe. A Dantzig, en 1797, on imprima le *Doctor Faust, ein Schattenriss*, et à Leipzig, en 1831, M. Harro Harring publia dans le *Litterarische Museum, Faust accommodé à la mode de ce temps, ein Schattenspiel*.

(2) Voyez Chr. Ludw. Striglitz ainé, *Faust als Schauspiel*... article du *Taschenbuch* de Raumer, 1834, p. 193-202 reproduit, dans le *Closter*, t. V, p. 692.

(3) Voyez notamment ce que rapporte M. Schütze (ouvr. cité, p. 62) d'une représentation du *Doctor Faust*, remplie d'extravagances, qui fut donnée à Hambourg en 1738.

(4) Franz Horn, *Ueber Volksschauspiele*... (Sur le théâtre populaire en général et sur la pièce de Faust en particulier), extrait de *Die Poesie*... (*La Poésie et l'Éloquence en Allemagne avant Luther*), Berlin, 1823, t. II, p. 256-284, et dans le *Closter*, t. V, p. 672.

Judith et Holopherne, *l'Enfant prodigue* (1). Les marionnettes redevinrent si bien à la mode, que quelques poètes distingués se mirent à écrire pour elles. Auguste Mahlmann, auteur de plusieurs ouvrages estimés, publia à Leipzig, en 1806, sous le titre de *Marionettentheater*, un volume qui contenait quatre petites pièces de ce genre : *le roi Violon et la princesse Clarinette*, *l'Enterrement et la résurrection du docteur Pandolfo*, *la Nouvelle Zurli ou la Prophétie*, et *Arlequin raccommodeur de mariage*.

Dreher et Schütz, après quelques courses, notamment à Breslau, se séparèrent. Schütz s'établit à Potsdam, et revint, en 1807, à Berlin, donner de nouvelles représentations qui furent encore très suivies. Une de ses affiches, du 12 novembre 1807, commence ainsi : « A la demande de beaucoup de personnes, on donnera *le Docteur Faust*. » Il avait rouvert son théâtre à Berlin par une pièce intitulée *Bourgeois et propriétaire à Potsdam*, qui contenait probablement des allusions à son nouvel établissement dans cette ville. Outre *Faust*, il jouait un vieux drame dont Wagner, le *famulus*, l'élève attardé de Faust, était le personnage principal. Elle était intitulée : *le Docteur Wagner ou la Descente de Faust en enfer*, et avait porté autrefois pour second titre : *Infelix sapientia*. Ce second *Faust* était loin de valoir le premier.

Schütz, assez lettré et auteur lui-même, se réservait d'ordinaire les premiers rôles, c'est-à-dire don Juan, Faust, Casperle; il affectionnait ce dernier, où il était fort goûté, surtout dans une petite comédie de sa composition : *Casperle et sa famille*. Deux opéras-comiques figuraient encore dans son répertoire, *Adolphe et Clara* et *la Bague enchantée* (2).

Après un assez long intervalle, Schütz revint à Berlin. M. François Horn le vit en 1820 faire représenter avec succès trois pièces par ses

---

(1) Von der Hagen, *Das alte und neue Spiel von doctor Faust* (*l'ancienne et la nouvelle pièce de Faust*). Voyez *Germania*, 1841, t. IV, p. 211-224, et *Das Closter*, t. V, p. 730. M. von der Hagen dit que Dreher et Schütz vinrent à Berlin quarante ans avant l'époque où il écrivait, ce qui, en prenant ces mots à la lettre, fixerait les représentations de *Faust* données par ces artistes à 1801.

(2) Von der Hagen, *ibid.*, et *Das Closter*, t. V, p. 730 et 731.

acteurs de bois, *Don Juan*, *Faust*, et un drame romanesque et probablement féerique, *la Belle-Mère ou l'Esprit de la montagne* (1).

A l'autre extrémité de l'Allemagne, Geisselbrecht, mécanicien de Vienne, exploita, avec non moins d'habileté, la vogue que le *Faust* de Goethe avait rendue aux marionnettes. Il représenta à Vienne, à Francfort, et même à Weimar, où résidait Goethe, un drame de Faust, d'une rédaction un peu plus moderne que celle de Schütz et Dreher, intitulé : *le Docteur Faust ou le grand nécromancien*, en cinq actes, mêlé de chants. Il avait à Francfort sa résidence principale. Un habitant de cette ville, le docteur Kloss, lui a vu représenter *Faust* en 1800, et, pour la dernière fois, en 1817 (2).

On a conservé le souvenir d'une pièce de son répertoire, probablement féerique, et qui obtint un succès de vogue. Elle portait le titre bizarre de *la Princesse à la hure de porc*. Il s'efforçait de surpasser Dreher et Schütz par la perfection mécanique de ses petits acteurs, auxquels il faisait lever ou baisser les yeux; il était même parvenu à les faire tousser et cracher très naturellement, exercice que Casperle, comme on pense bien, devait répéter le plus souvent possible (3). M. von der Hagen, pour se moquer de cette puérile merveille, applique au mécanicien viennois les deux vers suivans du *Camp de Wallenstein*, que Schiller, par parenthèse, a imités des *Femmes savantes* de Molière :

Cette étude vous a mal réussi. Vous avez peut-être appris comment le général tousse et comment il crache; mais quant à son génie....

> Wie er raüspert und wie er spuckt,
> Das habt ihr ihm glücklich abgeguckt;
> Aber sein Schenie (4)....

(1) Franz Horn, *Faust, ein Gemälde*.... (*Faust, tableau d'après l'ancien allemand*), extrait de *Freundlicher Schriften*... (*Joyeux écrits pour de joyeux lecteurs*), t. II, p. 51-80, et *Das Closter*, t. V, p. 653 et suiv.
(2) Carl Simrock, *Doctor Johannes Faust, Puppenspiel*; Francf., 1846, notes, p. 107.
(3) Von der Hagen, *Das alte*..., etc. Voyez *Das Closter*, t. V, p. 738.
(4) Schiller, *Wallenstein Lager* (*le Camp de Wallenstein*), scène VI.

XIV.

FAUST SUR LES THÉATRES DE MARIONNETTES. — TEXTES IMPRIMÉS.

Quelques critiques ont avancé que la légende de Faust est née sur les théâtres de marionnettes. Il est infiniment plus probable qu'elle a commencé, comme toutes les légendes, dans les veillées et dans les foires par des récits et par des chansons. D'autres ont prétendu que, malgré sa physionomie toute germanique, ce mythe serait venu d'Angleterre en Allemagne, et ils allèguent, à l'appui de cette opinion, une ballade anglaise imprimée en 1588, et d'où Christophe Marlow a emprunté l'idée de sa tragédie de Faust [1]. Cela n'autorise nullement à supposer à cette légende une origine anglaise, surtout quand on sait que cette même année 1588, l'histoire de Faust se vendait à Francfort chez J. Spies et circulait dans toute l'Allemagne, et que l'année précédente, 1587, avait déjà vu paraître un ouvrage intitulé : *Historia Fausti; tractätten von Faust; eine comödie*, attribué à deux étudians de Tubingue. On a dit encore que cette *Historia Fausti*, qui a pré-

[1] Le drame de Marlow, représenté en 1594, a popularisé la légende de Faust en

cédé le livre de Widmann et même la légende de Francfort, était une pièce de marionnettes. Je ne sais sur quelles preuves peut s'appuyer cette assertion. Il n'est même pas bien sûr que ce fût une pièce dramatique. Le sens qu'avait le mot *comédie* au moyen-âge, et qu'il a conservé long-temps, permet de douter que cet ouvrage fût autre chose qu'un récit. Dans tous les cas, le fait seul de l'impression éloigne toute idée d'un jeu de marionnettes. Dans l'origine, les pièces de ce genre, loin d'être imprimées, n'étaient même pas toujours écrites et surtout ne l'étaient jamais en entier. On remarque plusieurs scènes dans la plupart des textes qui nous sont parvenus, laissées en blanc ou dont le motif seul est indiqué. Ces passages appartiennent ordinairement aux rôles de Hanswurst et de Casperle. Les joueurs les remplissaient à leur fantaisie, ou *à la gusto* (sic), comme il est dit à la marge (1). Les directeurs qui possédaient de ces rares copies les gardaient précieusement et les transmettaient à leurs successeurs. C'est à l'aide d'un de ces vieux manuscrits que Geisselbrecht représentait son *Faust*. Après sa mort ou sa retraite, arrivée en 1817, sa copie devint la propriété du roi de Prusse, et M. le colonel de Below obtint, en 1832 l'autorisation de la faire imprimer à vingt-quatre exemplaires qui furent distribués en présens (2).

Avant cette époque, et dès 1808, M. von der Hagen avait formé, de concert avec quelques amis, le projet de donner au public le texte du fameux *Faust* de Schütz. On fit au directeur la demande de son manuscrit; mais celui-ci, ne voulant s'en dessaisir à aucun prix, feignit de croire que le désir qu'on lui témoignait n'était pas sérieux

---

Angleterre. Ce sujet s'est montré avec succès sur les théâtres de marionnettes de Londres et même de Dublin, comme Swift nous l'apprend dans ses vers contre Timothy. Voyez plus haut, page 246.

(1) On trouve notamment plusieurs scènes en blanc dans le *Faust* des marionnettes d'Augsbourg. Voyez *Das Closter*, t. V, p. 839 et 844.

(2) Von der Hagen, *Das Alte...*, etc. *Das Closter*, t. V, p. 783. Vers la fin de sa vie, Geisselbrecht paraît avoir éprouvé des scrupules sur quelques passages de la pièce de *Faust*, où la religion et les bonnes mœurs lui semblaient offensées. Il avait souligné ces passages dans son manuscrit, pour les passer à la représentation. Une note de sa main nous apprend que, par délicatesse de conscience, il renonça tout-à-fait à donner cette pièce avant de quitter sa profession.

et cachait une mystification. Bref, il refusa obstinément, quoi qu'on pût faire. Il prétendit même qu'il n'avait point de copie et qu'il jouait partie de mémoire, partie à l'impromptu. Alors plusieurs personnes se concertèrent pour écrire la pièce pendant les représentations; mais la confrontation des copies fit remarquer un grand nombre de variantes qui prouvèrent qu'en effet Schütz recourait dans beaucoup de passages à l'improvisation. Toutefois M. von der Hagen rassembla ces matériaux et les combina de manière à en former un texte. Malheureusement il n'a publié que le premier acte, et s'est borné pour les trois autres à une analyse. Ce travail n'a paru que long-temps après, en 1844, dans le recueil intitulé *Germania*, puis dans le *Closter*.

En 1846, M. Charles Simrock, honorablement connu par ses poésies et par son livre sur les légendes du Rhin, profitant de la publication de M. von der Hagen, de quelques études analogues de MM. François Horn et Émile Sommer, et surtout aidé de ses propres et récens souvenirs, fit paraître à Francfort, le texte complet de la pièce populaire sous le titre de « *Doctor Johannes Faust*, pièce de marionnettes, en quatre actes. » M. Simrock avoue de bonne foi que sa rédaction est tirée de plusieurs sources, que le dialogue, auquel il n'a pourtant rien ajouté d'essentiel, lui appartient en partie, et qu'il est seul responsable des vers (1). Dans cette pièce, l'action se passe à Mayence, et non à Wittenberg, séjour de Faust dans tous les livres populaires, d'où quelques critiques ont été induits à dire que cette substitution de lieu avait été généralement admise par les joueurs de marionnettes, qui avaient confondu le Faust de la légende et le célèbre imprimeur associé de Guttemberg. Ce changement de lieu ne se trouve que dans le texte de Ch. Simrock; la scène, dans la pièce de Geisselbrecht, est à Wittenberg, ainsi que dans plusieurs des rédactions dont nous allons parler.

On ne possédait que les deux textes peu satisfaisans de MM. Simrock et von der Hagen, lorsqu'en 1847 M. Scheible, à force de recherches et de dépenses, parvint à retrouver et publia dans le *Closter* cinq autres rédactions de *Faust-marionnette*, à savoir : 1° *le Docteur Jean Faust*, en deux parties de sept actes chacune, appartenant au

(1) Voy. Carl Simrock, *Doctor Johannes Faust; Puppenspiel in wier Aufzügen*; préface.

théâtre des marionnettes d'Ulm (la scène est à Wittenberg); 2° *Jean Faust*, tragédie en trois parties et en neuf actes, du répertoire des marionnettes d'Augsbourg, rédaction très ample et une des plus anciennes, dont la scène est également à Wittenberg; 3° *Jean Faust ou le Docteur mystifié*, comédie mêlée d'ariettes, plus récente, et appartenant au même théâtre; 4° *le Docteur Faust, célèbre dans le monde entier*, pièce en cinq actes, du théâtre des marionnettes de Strasbourg, entremêlé d'un assez bon nombre de phrases françaises; 5° *Faust, histoire du temps passé*, arrangé pour les marionnettes de Cologne par M. Chr. Winters (1). M. Scheible a publié ces pièces comme elles lui sont parvenues, avec leurs lacunes, leurs altérations, leurs incorrections grossières, surtout dans les passages latins, curieux vestiges du XVIe siècle, que les dynasties successives de joueurs de marionnettes ont maintenus, sinon respectés. On peut dire qu'aucune nation en Europe n'a pris autant de soin que l'Allemagne pour reconstituer l'histoire de son théâtre populaire.

Ce n'est pas tout : il a paru encore, en 1850, à Leipzig, un nouveau texte de Faust (*das Puppenspiel vom Faust*) qui affecte de plus hautes prétentions. Le titre déclare que dans cette nouvelle édition l'ancien et véritable *Faust* des marionnettes est publié pour la première fois sous sa forme originale. L'éditeur ne s'est pas nommé, mais sa préface et ses notes sont d'un homme de goût et de savoir. Son texte, s'il faut l'en croire, est d'un siècle au moins antérieur à celui des éditions précédentes; il est vrai que, par un étrange oubli, il ne parle pas des textes publiés par M. Scheible. Il doit le sien ou plutôt il l'a enlevé (Bacchus aidant) à un joueur nommé Bonneschky, qui, à une époque qui n'est indiquée que vaguement, donnait des représentations à Leipzig. Je dirai franchement que, malgré ces assurances accumulées dans la préface, le texte de 1850 est celui dont l'authenticité m'est le moins prouvée. Je crois y voir plutôt un résumé fait avec adresse de tous les matériaux recueillis antérieurement que la transcription pure et simple d'un manuscrit réel. Je ne fais ici qu'énoncer un doute; je pourrais,

---

(1) Ces cinq pièces, outre le travail de M. von der Hagen et le texte de Geisselbrecht, sont réunies dans le *Closter*, t. V, p. 747-922.

au besoin, l'appuyer de plusieurs indices. On voit, en tête de la pièce, deux gravures assez curieuses, représentant Faust et Casperle, tels qu'ils figurent d'ordinaire dans les jeux de marionnettes.

On le voit, grace à tant de précieux documens, la critique peut, enfin, se faire une idée assez juste de ce qu'ont été les représentations du *Docteur Faust* sur les théâtres populaires. Elle peut confronter les rédactions, les rapprocher de la légende, et, si ce n'est pas un trop grand sacrilége, comparer ces *Puppenspiele* avec le *Faust* de Goethe. Je ne me propose pas de traiter tous ces points; mais je crois ne pouvoir mieux terminer mon travail qu'en me posant cette question finale, qui aurait sans doute paru bien impertinente au début : Le *Faust* de Goethe doit-il quelque chose aux marionnettes?

XV.

DES EMPRUNTS QUE LESSING ET GOETHE ONT FAITS AUX THÉATRES DE MARIONNETTES.

Lessing avait, avant Goethe, conçu la pensée de tirer de la légende de Faust et des pièces jouées sur ce sujet dans les foires un grand drame surnaturel et philosophique. Non-seulement il avait vu souvent représenter cette histoire par les marionnettes, mais il avait eu en sa possession la copie d'une de ces anciennes pièces. Lié d'une étroite amitié avec Mme Neuberin, qui avait été long-temps directrice d'un théâtre secondaire et qui possédait une collection précieuse de livres et de manuscrits relatifs à sa profession, il hérita de la bibliothèque de cette dame, dans laquelle se trouvait un ancien manuscrit de *Faust* à l'usage des joueurs de marionnettes ambulans (1). On a avancé que Lessing avait composé deux *Faust*. Il est plus probable qu'il a seulement tracé deux plans, sans en achever aucun. Ayant emporté avec

(1) Voy. Fried. Nicolaï, *Reise*, t. IV, p. 566.

lui en Italie tout ce qu'il avait écrit sur ce sujet, dont il était vivement préoccupé, il eut le malheur de perdre la malle qui contenait ces papiers (1). Il ne subsiste plus que deux fragments de tout ce travail : le premier est une scène complète qu'il a publiée dans une de ses *lettres sur la littérature contemporaine* (2); le second est un brouillon trouvé après sa mort, et contenant l'esquisse des cinq premières scènes d'un autre *Faust*. En outre, un de ses amis, M. J.-J. Engel, qui avait reçu, pendant plusieurs années, ses confidences poétiques, a fait connaître au public ce qu'il avait retenu du plan de cette seconde pièce (3). En rapprochant les souvenirs de M. Engel des indications contenues dans le fragment posthume, on peut entrevoir, non pas tous les incidens du drame, mais au moins le cadre et l'idée principale.

La première scène se passe dans une église gothique. Il est minuit : Béelzébut et sa cour tiennent conseil dans la nef, assis sur les autels, et invisibles. Le spectateur devait seulement entendre résonner sous les voûtes leurs voix rudes et discordantes. Le résultat de la délibération est qu'il faut s'efforcer de faire tomber dans l'enfer le fameux docteur Faust. Pâle et exténué, il est, en ce moment même, courbé devant sa lampe nocturne, agitant les problèmes les plus ardus de la philosophie scolastique. Trop d'amour pour la science peut conduire à bien des fautes. Un démon dresse, sur cet espoir, un redoutable plan d'attaque. Il ne demande que vingt-quatre heures pour l'accomplir; mais l'ange de la Providence, qui planait, invisible, comme les esprits malfaisans, au-dessus de l'assemblée, s'écrie : Non, maudit, tu ne vaincras pas! Ce bon ange devance l'envoyé de l'enfer, plonge Faust dans un profond sommeil et lui substitue un fantôme que le démon a la sottise de prendre pour l'objet de ses attaques. Quant aux ruses que Lessing faisait employer à l'esprit malin pour séduire le docteur, on les ignore; on sait seulement que Faust assiste en rêve à la vaine lutte du démon et de son fantôme; il se réveille pour être témoin de la honte

(1) Une lettre de M. Blankenburg, intitulée *de la perte du Faust de Lessing*, contient des détails sur cet accident. Voy. *Literatur und Völkerkunde*, juillet 1784, t. V.
(2) Lettre 17e.
(3) Ces morceaux ont été rassemblés dans les œuvres complètes de Lessing. Voy. *Theatralischer Nachlass*, § 6, t. XXII, p. 213.

et de la fuite de l'agent infernal. Il remercie avec effusion la Providence de l'avis salutaire qu'elle lui a envoyé au moyen d'un songe si instructif.

Tel était le canevas de cette pièce, ingénieux peut-être, mais bien éloigné de la simplicité et de la gravité de l'histoire populaire. Le rêve qui rend Faust simple spectateur de sa propre tentation est une fiction froide et malheureuse, qui détruit tout le tragique intérêt et toute la portée chrétienne de la légende, pour ne lui laisser que les proportions mesquines d'un puéril apologue.

Le fragment publié du vivant de Lessing est d'un tout autre caractère et ne paraît pas avoir pu appartenir à la pièce dont nous venons d'exposer la marche. C'est la scène de l'évocation des Esprits infernaux (*Geister Scene*). La première fois que je lus ce morceau (1), je fus frappé des éclairs de poésie originale qu'il renferme. Ma surprise fut extrême en retrouvant depuis, dans les pièces de marionnettes, presque toutes les beautés dont j'avais fait honneur à Lessing. Que l'on songe, en lisant cette scène, que les traits les plus énergiques appartiennent aux marionnettes.

FAUST ET LES SEPT ESPRITS.

Faust, qui a signé un pacte avec Satan, veut, en retour, avoir pour serviteur le plus actif des habitants de l'enfer. Il prononce la formule d'évocation. Les démons l'entendent et obéissent : au lieu d'un, il en vient sept (2).

FAUST.

Êtes-vous les esprits les plus agiles de l'enfer?

TOUS LES ESPRITS.

Oui.

FAUST.

Êtes-vous tous également agiles?

TOUS.

Non.

FAUST.

Qui de vous l'est davantage?

(1) Voir les notes du roman intitulé *les Aventures de Faust*, par MM. Saur et de Saint-Geniès, t. 1er, p. 226.

(2) Dans les pièces de marionnettes, le nombre des démons varie. Quelques pièces n'en ont que trois, d'autres en ont huit.

TOUS.

Moi.

FAUST.

O prodige! sur sept diables, il n'y a que six menteurs! Mais je veux vous connaître de plus près.

LE PREMIER ESPRIT.

Cela t'arrivera un jour.

FAUST.

Comment l'entends-tu? Les démons prêchent-ils aussi la pénitence?

L'ESPRIT.

Oui, aux pécheurs désespérés; mais ne nous arrête pas plus long-temps.

FAUST.

Comment t'appelles-tu? Quelle est ta promptitude?

L'ESPRIT.

Il me faudrait moins de temps pour t'en donner la preuve que pour te répondre.

FAUST.

Eh bien! regarde. Que fais-je?

L'ESPRIT.

Tu passes ton doigt à travers la flamme de la bougie.

FAUST.

Et je ne me brûle pas. Va passer sept fois de même dans les flammes de l'enfer sans te brûler... Eh bien! tu demeures; je m'aperçois qu'il y a aussi des fanfarons parmi vous. Il n'y a si petits péchés dont vous voulussiez vous faire faute. — Et toi, comment t'appelles-tu?

LE SECOND ESPRIT.

Chil, ce qui, dans votre langue prolixe et traînante, signifie *les traits de la contagion*.

FAUST.

Quelle est ta vitesse?

L'ESPRIT.

Penses-tu que je porte en vain mon nom? J'ai la rapidité des traits de la peste.

FAUST.

Sers donc un médecin; tu es beaucoup trop lent pour moi. — Et toi, quel est ton nom?

ÉVOCATION DES SEPT ESPRITS INFERNAUX.

LE TROISIÈME ESPRIT.

Dilla, car les ailes du vent me portent.

FAUST.

Et toi?

LE QUATRIÈME ESPRIT.

On me nomme Jutta. Je vole sur les rayons de la lumière.

FAUST.

Vous tous, dont la promptitude peut être exprimée par des nombres finis, vous êtes de pauvres diables.

LE CINQUIÈME ESPRIT.

Ils ne sont pas dignes de ta colère; ils ne sont les messagers de Satan que pour le monde physique. Nous autres, nous sommes ses agens pour le monde immatériel, et tu nous trouveras beaucoup plus prompts.

FAUST.

Et quelle est ta vitesse?

L'ESPRIT.

Celle de la pensée de l'homme (1).

FAUST.

C'est quelque chose!... Mais les pensées de l'homme ne sont pas également promptes dans tous les temps : elles ne le sont guère quand la vérité et la vertu les appellent. Combien elles sont lentes alors! Tu es prompt, il est vrai, quand tu le veux; mais qui m'est garant que tu le voudras toujours? Je ne saurais avoir plus de confiance en toi que je ne puis m'en accorder à moi-même, hélas! — Et toi, quelle est ta promptitude?

LE SIXIÈME ESPRIT.

Celle de la colère du vengeur (2).

FAUST.

De quel vengeur?

---

(1) Cette réponse se trouve, mot pour mot, dans presque toutes les rédactions du *Faust* des marionnettes, notamment dans celles de Schütz, de Geisselbrecht et de Donneschky. M. Ph. de Leitner, citant ce passage, ajoute : « C'est là une belle pensée pour un théâtre de marionnettes. » *Ueber den Faust von Marlow...* (Sur le Faust de Marlow et le Faust des théâtres de marionnettes); *Jahrbücher...* (*Annales dramatiques*, Leipzig, 1837, p. 145-152); — *Das Closter*, t. V, p. 706.

(2) Je ne trouve cette réponse que dans le *Faust* des marionnettes de Strasbourg.

L'ESPRIT.

Du puissant, du terrible, de celui qui s'est réservé la vengeance, parce qu'elle est son plaisir.

FAUST.

Tu blasphèmes, malheureux! tu trembles... Prompt, dis-tu, comme la vengeance de... j'ai failli le nommer... Que son nom ne soit pas prononcé entre nous! Sa vengeance est prompte, sans doute; cependant je suis vivant, et je pèche encore.

L'ESPRIT.

Te laisser pécher, c'est déjà se venger de toi.

FAUST.

Et c'est un démon qui me l'apprend!.. aujourd'hui, il est vrai, pour la première fois... Non, sa vengeance n'est pas rapide, et, si tu ne l'es pas plus qu'elle, va-t'en! — Et toi, quelle est ta vitesse?

LE SEPTIÈME ESPRIT.

Tu seras l'homme du monde le plus difficile à contenter, si la mienne ne te satisfait pas.

FAUST.

Réponds, quelle est-elle?

L'ESPRIT.

Elle est aussi prompte que le passage du bien au mal.

FAUST.

Ah! tu es mon diable (1)! Aussi prompte, dis-tu, que le passage du bien au mal. Oh! rien n'est aussi rapide... Retirez-vous, colimaçons de l'enfer! Rapide comme le passage du bien au mal! Oh! oui, je sais combien il est prompt. J'en ai fait l'épreuve, hélas!

Passons à Goethe.

On a vu qu'il a pris, comme Lessing, l'idée de sa tragédie de *Faust* aux marionnettes. Plus encore que son prédécesseur, il s'est éloigné de la pensée si naïvement chrétienne de la légende; mais avec quelle

(1) Textuel dans la pièce de Strasbourg. Méphistophélès, dans celle d'Augsbourg, répond à Faust : « Aussi prompt que le premier pas du vice au second. » Dans plusieurs pièces, il y a des réponses bouffonnes. « Je suis, dit un démon dans le texte de Strasbourg, aussi rapide que la langue d'une femme qui ne se repose jamais. »

intelligente fidélité, quelle harmonieuse exactitude de couleur, de forme et de proportions n'a-t-il pas su rendre toute la partie extérieure et plastique de son sujet! Les fragmens de Lessing ne donnent aucune idée de cette vivante résurrection du passé. Aussi les deux écrivains ont-ils suivi des procédés de composition tout opposés. Lessing, en critique expert, note avec soin tous les traits vifs, tous les mots frappans qu'il rencontre dans ses modèles populaires, et il les transporte sur sa toile. Goethe, chez qui la poésie de détail coule à pleins bords, dédaigne cette industrie mesquine; il n'emprunte pas une phrase, pas un mot isolé, soit à la légende, soit aux pièces de marionnettes. De simples germes, des motifs en apparence insignifians et sans valeur, c'est là ce dont il devine la portée d'un coup d'œil, c'est là qu'il développe et ce qu'il féconde. Son travail, comme celui de la nature, est tout intérieur et organique. Il est de ceux qui, à l'aspect du gland, devinent le chêne. Nous allons choisir dans le *Faust* de Goethe quatre ou cinq scènes, surtout celles où brille la plus poétique et la plus incontestable originalité, et nous serons surpris de trouver dans nos petites pièces de marionnettes les racines et, si je puis ainsi parler, les molécules élémentaires dont ces vigoureuses productions se sont formées.

Le Prologue dans le ciel. — Goethe, en faisant précéder sa tragédie de *Faust* d'un prologue surnaturel, a obéi à une délicate convenance du sujet que la plupart des joueurs de marionnettes avaient également pressentie. Seulement, à la différence du *Prologue dans le ciel*, l'avant-jeu des marionnettes se passe ordinairement en enfer devant le trône de Satan ou de Pluton (1).

Le Monologue. — L'idée d'ouvrir par un monologue ce drame où les angoisses de la pensée solitaire tiennent une si grande place, remonte aux anciennes pièces de marionnettes. Sans doute, le monologue de Goethe est d'une profondeur et d'une richesse d'aperçus incomparables. Cependant il n'est pas moins intéressant de voir dans les théâtres de marionnettes Faust, au lever du rideau, seul, entouré de

(1) Voyez le *Faust* des marionnettes d'Ulm. Dans le grand *Faust* des marionnettes d'Augsbourg, pendant tout le premier acte, la scène est en enfer.

livres, de compas, de sphères et d'instrumens cabalistiques, sonder le redoutable problème de la certitude, et flotter entre la théologie, qui est la science divine, la philosophie, qui n'est que la science humaine, et la magie, ou la science infernale.

Scène de l'écolier. — Cette scène, si justement admirée, où Méphistophélès, sous la robe de Faust, mystifie et persifle si diaboliquement son candide interlocuteur, se trouve en germe, si je ne me trompe, dans la pièce des marionnettes d'Augsbourg. Entre autres conditions que Méphistophélès a insérées dans le pacte qu'il engage Faust à signer, il y a celle de ne pas remonter dans sa chaire de théologie. « Mais, s'écrie Faust, que dira-t-on de moi dans le public? — Oh! que cela ne t'inquiète pas, répond Méphistophélès; je prendrai ta place, et, crois-moi, j'augmenterai beaucoup la gloire que tu t'es acquise dans les discussions bibliques (1). »

Scène de la taverne. — Vous vous rappelez la taverne d'Auerbach à Leipzig, où Méphistophélès conduit Faust, et où il joue plus d'un tour de son métier. Il y a aussi dans la pièce des marionnettes de Cologne une scène de cabaret qui me semble avoir pu faire naître dans l'esprit de Goethe la première idée de la sienne. Qu'on en juge. Des étudians et des villageois sont attablés auprès de Faust et de son compagnon. Ils content des histoires plus merveilleuses les unes que les autres. Faust lui-même, dont la réputation de magicien commençait à se répandre, est mis par eux sur le tapis. « Quel homme! dit un étudiant. Il passait dernièrement près d'un marché; un charretier s'avisa de lui barrer la route. Vous croyez peut-être que Faust lui donna un soufflet? Pas du tout. Que fit-il donc? Il avala le paysan, les chevaux, la charrette et le foin (2). » Chacun de se récrier, et l'imprudent conteur d'ajouter : « Que le diable m'emporte, si je mens ! » Puis, sans défiance, il trinqua avec Méphistophélès, qui lui tend son verre, en faisant remarquer que

(1) Voyez la pièce du théâtre des marionnettes d'Augsbourg; 1re part., act. III, sc. 2, *das Closter*, t. v, p. 828.

(2) Luther raconte très sérieusement une histoire toute semblable, attribuée à un magicien du temps nommé Wildefer. Voyez les *Propos de table*, traduits par M. Gustave Brunet, p. 33.

ce vin *a du feu*. L'étudiant prend le verre et le porte à ses lèvres; aussitôt une flamme sort du vase avec fracas. Le jeune homme tombe évanoui, et ses compagnons s'enfuient épouvantés. « Ce chien de menteur! dit froidement Méphistophélès; il n'a que ce qu'il a mérité (1). »

Scène du sabbat. — L'idée de la réunion au Blocksberg et de la chevauchée du sabbat se trouve dans plusieurs pièces de marionnettes. Méphistophélès, dans celle du théâtre de Strasbourg, promet à Hanswurst une monture avec laquelle il galopera dans les airs; mais, au lieu d'un cheval ailé que le sot attendait, il lui envoie un bouc, avec une lumière sous la queue (2). Dans une autre pièce, Hanswurst, pour rejoindre son maître chez le comte de Parme, monte sur la nuque du diable qui s'offre à lui comme étant la sœur de Méphistophélès (3). Cette idée d'un Méphistophélès femelle est remarquable.

Faust a la cour de l'empereur. — Les états de Parme, trop étroits pour le plan de Goethe, deviennent, dans la seconde partie de *Faust*, la cour impériale. Oreste, le conseiller du comte de Parme, ne laisse pas que de ressembler quelque peu au maréchal et au chambellan de l'empereur (4). Faust, sur le théâtre des marionnettes, comme dans la pièce de Goethe, fournit au digne souverain, mieux intentionné qu'inventif, toutes sortes de panacées pour la prospérité du peuple et la santé du royaume. Dans les deux cours, Faust, à la demande de ses hôtes, évoque, à l'aide de la nécromancie, un grand nombre de fantômes, rois, généraux, femmes renommées pour leur beauté, et la plus belle entre les belles, Hélène, la Troyenne, qu'il montre bien à la compagnie, mais dont il se réserve la possession. C'est, en effet, par la sensualité que, dans toutes les pièces de marionnettes, Faust se damne. Une des maximes de Méphistophélès est que : *Quod diabolus non potest, mulier evincit* (5).

Marguerite. — La tendre et simple Marguerite appartient tout en-

(1) Pièce du théâtre des marionnettes de Cologne, act. II; *das Closter*, t. V, p. 810.
(2) Pièce du répertoire des marionnettes de Strasbourg, act. IV, sc. 6. *Das Closter*, ibid., p. 876.
(3) Pièce du théâtre d'Augsbourg, 1re partie, act. I, sc. 3; *das Closter*, ibid., p. 832.
(4) *Das Puppenspiel vom doctor Faust*, Leipzig, 1850.
(5) *Das Closter*, t. V, p. 844. Le texte porte : *Quid diabolus non potest, mulier evidi*. Cela peut servir comme échantillon du latin de toutes ces pièces.

tière à Goethe, et le germe même n'en apparaît dans aucune pièce de marionnettes. C'est à peine si, dans une seule, celle des marionnettes de Cologne, dont quelques parties sont assez récentes, la jeune Bärbel, maîtresse du valet de Faust, présente quelques lointaines ressemblances avec l'angélique création de Goethe. Bärbel, comme Marguerite, ressent pour Méphistophélès une répulsion instinctive. — « Quels sont ces deux vilains hommes noirs? A leur vue j'ai failli mourir de terreur. Ces hommes ne doivent pas reparaître devant mes yeux... » — Je m'arrête; ces courts rapprochemens suffisent pour démontrer à quel point le génie de Goethe possédait la faculté de féconder, en se les assimilant, les pensées, les incidens, les images qui entraient dans le cercle de son activité et de ses conceptions.

Je regrettais tout à l'heure que ce grand génie n'eût pas appliqué à la partie intérieure, à la fibre spirituelle, à l'âme en quelque sorte, si naïvement chrétienne de la légende de Faust, la puissance de développement sympathique qu'il a appliquée avec tant d'éclat à la forme extérieure. Comment n'a-t-il tiré aucun parti de ces deux anges, bon et mauvais conseillers, qui, dans toutes les pièces de marionnettes, se tiennent aux côtés de Faust, soit sous leur forme naturelle, soit sous la forme symbolique de colombe et de corbeau (1)? Comment surtout n'a-t-il pas conservé ces *voix* formidables, qui, à chaque pas qui rapproche le docteur de l'abîme, lui apportent un salutaire et terrible avertissement : *Fauste, Fauste! præpara te ad mortem!* — *Fauste! accusatus es!* — *Fauste, Fauste! in æternum damnatus es?* Encore s'il s'était tenu fermement dans une opinion unique, et grande au moins par cette unité; mais non : il flotte entre des systèmes qui ne sont même pas à lui. Sceptique dans son *premier Faust* comme le xviiie siècle, il semble chercher dans le *second Faust* à poétiser la formule du panthéisme hégélien. Sans doute, ce beau génie a usé de ses droits de poète en imprimant souverainement à son œuvre le cachet de sa personnalité et celui de son temps, et il l'a fait avec un art et une grandeur infinis. Toutefois il reste encore après lui un *Faust* possible à créer, un *Faust*

(1) Marlow, plus rapproché de la tradition, a, dans sa tragédie, placé Faust entre ces deux anges.

chrétien où l'artiste aurait à faire énergiquement valoir les belles parties de la légende et des *Puppenspiele* que Goethe a volontairement sacrifiées...

Au moment où j'exprimais ces pensées, il m'est arrivé à l'improviste un vaillant auxiliaire, je veux parler d'un intéressante communication que M. Henri Heine a adressée à la *Revue des Deux Mondes* (1). Non-seulement, dans ce beau travail, le grand poète nous fait presque assister au merveilleux ballet de *Méphistophéla* qu'il avait préparé, à la demande de M. Lumley, pour l'Opéra de Londres; mais l'habile critique interprète le mythe de *Faust* avec une sagacité toute magistrale. Lui aussi est convaincu que Goethe n'a pas épuisé toute la sève et toutes les beautés du sujet, et qu'on peut encore demander un *Faust* à la vieille souche légendaire. Je n'examine pas, en ce moment, si le cadre chorégraphique où il a dû s'enfermer permettait au poète de réaliser complétement cette sévère et heureuse idée; mais toujours est-il que M. Heine n'hésite pas à déclarer que, pour réussir dans une tâche aussi difficile, l'inspiration doit se retremper aux sources populaires de la légende et des marionnettes. Je suis heureux de pouvoir, en terminant, prendre acte d'une telle opinion, sortie d'une plume si fine, si judicieuse et si compétente.

Et à présent, messieurs, que ma tâche est achevée, et que la pièce est finie; à présent que vous avez vu passer et repasser sous vos yeux tous nos petits personnages; à présent que vous savez toute leur histoire et tous les efforts dont ils sont capables pour vous plaire, permettez que le directeur sollicite en leur faveur votre indulgence. Oui, jetez, mesdames, jetez vos bouquets à la gracieuse Fantasia, la jolie fée, l'espiègle muse des marionnettes! Et vous, messieurs, applaudissez! Voyez quel cortége de beaux génies se presse autour d'elle! Remarquez dans ce groupe (c'est celui des célébrités qu'elle a délassées et charmées) Jérôme Cardan, Leone Allacci, Bayle, Charles Perrault, la duchesse du Maine, Addison, Swift, Mme de Graffigny, Euler, le docteur John-

(1) Numéro du 15 février 1852. L'écrit de M. Heine a aussi paru en allemand: *Der Doktor Faust; ein Tanzpoem*; Hambourg, 1851.

on, Henri de Latouche, Charles Nodier, Hazlitt et votre ami Henri Heine. Dans cet autre groupe (celui des écrivains éminens qui ont taillé leur plume exprès pour elle ou qui lui ont prêté leur voix), remarquez Malézieu, Lesage, Piron, Favart, Fielding, Voltaire, John Curran, Byron, Goethe, et, leur égal dans un autre art, Haydn. Et ne me reprochez pas de parler presque uniquement du passé! Aujourd'hui même, les journaux et les revues anglaises annoncent à grand bruit l'ouverture d'un nouveau, que dis-je? d'un *royal* théâtre de marionnettes (*Royal Marionette Theatre*). Punch a retrouvé à Londres sa langue affilée, sa *pratique* et son bâton. Il a déjà, dans un piquant prologue, bravement croisé bois contre bois sur le dos de M. Wood. Bravo! Punch! — Et chez nous, ne serait-il pas à propos de réveiller un peu Polichinelle? N'aurait-il plus rien à nous apprendre, ce petit Ésope en belle humeur, lui qui, par son babil, et même par son silence, apprenait tant de choses à M. Français de Nantes? Surtout ne dites point qu'il est mort. Polichinelle ne meurt pas. — Vous en doutez? Vous ne savez donc point ce que c'est que Polichinelle? C'est le bon sens populaire, c'est la saillie alerte, c'est le rire incompressible. Oui, Polichinelle rira, chantera, sifflera, tant qu'il y aura par le monde des vices, de la folie, des ridicules. — Vous le voyez bien, Polichinelle n'est pas près de mourir... Polichinelle est immortel!

FIN.

POST-SCRIPTUM.

On a pu remarquer dans l'étude qui précède un parti bien arrêté, de notre part, de ne pas franchir les frontières de l'Europe. A peine, en effet, avons-nous dit quelques mots, en passant, des marionnettes orientales. Il ne faudrait pas conclure de ce silence que le génie, le climat et la civilisation de l'Orient répugnent à ce genre de spectacle en plein air, auquel l'imagination prend une part si considérable. Loin de là. L'Orient, cette odalisque indolente, dont la couche est ouverte aux souffles de tous les rêves, l'Orient qui a créé tant d'allégories, tant de fictions, tant de symboles, a dû se prêter plus aisément qu'aucune autre contrée du monde à ce divertissement qui fait circuler partout sans fatigue la gaieté, l'intérêt et le merveilleux. Ce dont il faudrait s'étonner, ce serait de ne point rencontrer ce hochet séculaire au fond de l'antique berceau du genre humain. Mais il n'en est pas ainsi. Les idoles mobiles de l'Inde rappellent les grands mannequins de nos anciennes processions religieuses et municipales. De plus, tous les récits des voyageurs abondent en documents sur les marionnettes chinoises, javanaises, siamoises, tartares, persanes, turques. Aussi ai-je été vivement tenté de compléter mon travail en coordonnant ces témoignages, dont l'ensemble présenterait, à n'en pas douter, les résultats les plus curieux; mais j'ai senti bientôt que je ne possédais pas, pour bien remplir cette tâche, une suffisante connaissance des institutions, des origines et des mythologies orientales. Je n'ai pas osé suivre les destinées de ce petit ectacle (qui est presque tout le théâtre de l'Orient) à travers les méandres de tant de ces, de tant de religions, de tant de langues, et j'ai cru plus sage de remettre la plume une main mieux préparée. Puisse donc un des habiles successeurs de Galand ou d'Abel émusat répondre à mon appel et ne pas dédaigner d'ajouter ce piquant chapitre à histoire des mœurs et des littératures asiatiques! Pour moi, je ne me risquerais à sayer d'interpréter tant de mythes étranges et de personnages légendaires qu'autant u'il ne se présenterait aucun orientaliste disposé à approfondir le sens et l'origine de ces zarres créations, à commencer par l'incomparable Karagousse (le Polichinelle oriental), ont on ne nous a exhibé jusqu'ici que la monstrueuse et extravagante silhouette.

15 mai 1852.

ADDITIONS.

Page 81, ligne 30. « Massimino Romanini... » Ajoutez en note : (2) Ou *Romanino*. Don Giacinto Amati, qui a consacré aux *burattini* un des chapitres de son livre intitulé : *Ricerche sulle origini, scoperte*, etc. Milano, 1829, t. III, p. 329, nous fournit quèlques détails sur ce célèbre directeur de marionnettes, oui avait long-temps habité à Rome.

Page 121, note 1. Ajoutez à la fin de cette note : On a joué, cette année même (1851) sur le grand théâtre mécanique de Montpellier, *la Représentation de la naissance de Notre-Seigneur Jésus-Christ et l'Adoration des bergers*; avec des noëls, par A. Bartro. Cette pièce est imprimée.

Page 124, ligne 16. .... « et portant ce nom » Ajoutez : Le mécanisme de ces petits acteurs fut de bonne heure très-perfectionné. Dans *Epicœne*, comédie jouée à Londres en 1609, Ben Jonson compare la contenance embarrassée d'une jeune innocente à un *French puppet*, dont on fait mouvoir les yeux au moyen d'un fil d'archal. Un autre célèbre et spirituel étranger, le chevalier Marini, dans une lettre du 26 avril 1615, où il rend compte au père Lorenzo de son séjour à Paris, laisse voir que les marionnettes avaient fait une im-

ADDITIONS.

pression très-vive sur son imagination : « Préparez-moi, dit-il, une belle grande cage à Turin, avec des échelons dedans; vous pourrez me mettre à la fenêtre en guise de perroquet, ou mieux encore, vous m'exposerez sur la place comme une marionnette propre à amuser les enfans. » Seulement il ne paraît pas que l'on vit alors sur ces petits théâtres les personnages, etc....

Page 166, ligne 18. ... « aux grands éclats de rire de l'assemblée. » Ajoutez en note : (2) Cette polissonnerie de Polichinelle a eu lieu, suivant Collé, en 1750, aux premières représentations de la tragédie d'*Oreste*. Voy. le *Journal historique*, t. I, p. 154.

Page 168, entre les lignes 24 et 25, ajoutez : C'est ici le lieu de signaler une manie singulière qui éclata vers cette époque et qui n'est pas sans quelques rapports avec le sujet qui nous occupe. Je veux parler de la mode des pantins. Il fut tout à coup du bon ton de porter avec soi dans les promenades, dans les spectacles et dans les salons de ces joujoux bizarres. « Les pantins, dit D'Alembert dans l'*Encyclopédie*, sont de petites figures peintes sur du carton, qui, par le moyen de petits fils que l'on tire, font de petites contorsions propres à amuser les enfans. » Et il ajoute : « La postérité aura peine à croire qu'en France des personnes d'un âge mûr aient pu, dans un accès de vertige assez long, s'occuper de ces jouets et les rechercher avec un empressement que, dans d'autres pays, on pardonnerait à peine à l'âge le plus tendre. » Sous la date de janvier 1747, l'avocat Barbier nous donne, dans son *Journal du Règne de Louis XV*, des détails assez étendus sur cette manie : « Dans le courant de l'année dernière, dit-il, on a imaginé à Paris des joujoux qu'on appelle *pantins*... Ces petites figures représentent Arlequin, Scaramouche... ou bien des mitrons, des bergers, des bergères... Il y en a même eu de peintes par de bons peintres, entre autres par Boucher, un des plus fameux de l'Académie, et qui se vendaient cher. Il y en avait qui offraient des postures lascives. Ces fadaises ont occupé et amusé tout Paris, de manière qu'on ne peut aller dans aucune maison sans en trouver de pendues à toutes les cheminées. On en fait présent à toutes les femmes et filles, et la fureur en est au point qu'au commencement de cette année, toutes les boutiques en sont remplies pour les étrennes. Cette invention n'est pas nouvelle, elle est seulement renouvelée, comme bien d'autres choses : il y a vingt ans que cela était de même à la mode. On a composé une chanson de caractère exprès pour ce jeu :

> Que Pantin serait content,
> S'il avait l'art de vous plaire !
> Que Pantin serait content,
> S'il vous plaisait en dansant !
>
> C'est un garçon complaisant,
> Gaillard et divertissant,
> Et qui, pour vous satisfaire,
> Se met tout en mouvement.
>
> Que Pantin, etc.

« Cette sottise, dit encore l'avocat Barbier, a passé de Paris dans les provinces; il n'y avait pas de maisons de bon air où il n'y eût des pantins de Paris. Les plus communes de ces bagatelles se vendaient d'abord vingt-quatre sols... La duchesse de Chartres en a payé une peinte par Boucher quinze cents livres » (Et en note : (1) *Journal historique et anecdotique du règne de Louis XV* de E.-J.-T. Barbier, publié pour la Société de l'Histoire de France, par M. de la Villegille, t. III, p. r-3.) Le poète forain Laffichard a composé, à l'occasion de ce goût puéril, une petite pièce intitulée : *Pantins et pantines, ou les Amusemens spirituels des frivoles.* Je ne sais si c'est dans cette pièce que se trouvent les vers suivans :

> D'un peuple frivole et volage
> Que Pantin soit la divinité :
> Faut-il donc s'étonner qu'il choisisse une image
> Dont il est la réalité?

Page 183, entre les lignes 12 et 13, ajoutez : Tallemant des Réaux, dans une historiette qui paraît se rapporter à l'année 1650, raconte, comme une chose tout ordinaire, que le duc de Guise, petit-fils du Balafré, fit venir, une après-midi, des marionnettes à Meudon, pour égayer une collation qu'il donnait à Mlle de Pons, sa maîtresse. Et, en note : (1) Voyez Tallemant, 2ᵉ édition, t. VII, p. 119.

Page 185, ligne 29. Ajoutez : Au carnaval de 1713, les victoires du maréchal de Villars, qui, depuis quelques mois à peine, venait de sauver la France, en forçant les lignes du prince Eugène à Denain, et en reprenant Landrecies, Douai et le Quesnoy, parurent aux marionnettes un sujet fort convenable d'épigrammes et de railleries, et cela parut très-amusant à Versailles. Mme de Maintenon nous apprend, du ton de la plus parfaite indifférence, cette inconcevable ingratitude du frivole entourage du vieux monarque. Voici ce qu'on lit dans une de ses lettres adressée à Mme la princesse des Ursins, alors à Madrid :

Marly, le 27 février 1713.

« ... Mme la duchesse du Maine contribue fort aux plaisirs de Paris par les comédies, les bals et les mascarades qu'elle donne ces jours-ci, avec une grande magnificence. Les marionnettes représentent le siége de Douai, les fanfaronnades de M. de Villars, et nomment tous les officiers par leurs noms. Tout le monde les veut voir. Le maréchal de Villars lui-même y a été, entendant fort bien la raillerie. Mme la duchesse de Berry les a fait venir à Versailles. »

Allons, ferme, poussez, mes bons amis de cours (2) !
Et en note : (2) *Lettres inédites* de Mme de Maintenon et de Mme la princesse des Ursins; t. II, p. 358.

Page 189, ligne 28. ... « c'est à lui qu'on attribue l'anecdote. » Ajoutez : et son protégé était le jeune Henri de Latouche... Et en note : (1) M. de Latouche a raconté agréablement lui-même cette anecdote dans la *Biographie pittoresque des députés;* Paris, 1820, p. 126, à l'article de Français de Nantes.

Page 245, ligne 5. Ajoutez : Les *Puppet-shows* étaient alors un des plaisirs à la mode (*modish diversion of the town*), suivant l'expression de Smolett, qui, dans un de ses romans, place les marionnettes au nombre des plaisirs élégans que son héros procure à sa maîtresse. Et en note : (2) Voy. *Roderick Randon,* cap. XLIX.

SOMMAIRE.

	Page.
Coup d'œil général	1

PREMIÈRE ÉPOQUE.
ANTIQUITÉ.

	Page.
I. Marionnettes primitives. — Sculpture mobile. — Trois familles de marionnettes.	7
II. Marionnettes hiératiques,	
— chez les Égyptiens	11
— chez les Grecs	13
— chez les Romains	15
III. Marionnettes aristocratiques et populaires en Égypte,	
— dans les festins	17
— Jouets mobiles déposés dans les tombeaux d'enfans	18
— Belle marionnette d'ivoire trouvée à Gourna	19
IV. Marionnettes aristocratiques et populaires en Grèce.	
— Statues mobiles	21
— Colombe volante d'Archytas	22
— Poupées déposées dans des tombeaux d'enfans	23
— Automates et marionnettes d'Antiochus de Cyzique	24
— Névroplastes ou joueurs de marionnettes à Athènes	25
V. Marionnettes aristocratiques et populaires chez les Romains.	
— Statuettes mobiles trouvées dans les tombeaux d'enfans	27
— Marionnettes dans les festins à Rome	29
— Marc-Aurèle met les jeux du cirque et du théâtre sur le même rang que les marionnettes	30
VI. Structure des marionnettes antiques	31
VII. Perfection mécanique des marionnettes grecques et romaines.	
— Témoignage d'Aristote	34
— — d'Apulée	Ibid.
— — de Galien	35
— Marionnettes prises pour emblèmes par Platon	36
VIII. Forme des théâtres de marionnettes dans l'antiquité.	
— Ressemblance avec les grands théâtres antiques	38
— Témoignage de Platon	Ibid.
IX. Costumes et caractères des marionnettes.	
— en Grèce	41
— dans l'empire romain	43

	Page.		Page.
X. Marionnettes parlantes et marionnettes pantomimes.		— Témoignage de Jérôme Cardan.	75
— L'usage de la *pratique* emprunté de la bouche d'airain des anciens masques scéniques.	46	— Ancien nom des marionnettes italiennes.	77
— Les *cantica* des pantomimes adoptés par les marionnettes anciennes.	47	— Automates hydrauliques.	78
XI. Indulgence des pères de l'église pour les marionnettes.	49	— Le poète-mathématicien Baldi déplore, à la fin du XVIe siècle, la décadence des marionnettes italiennes.	79

SECONDE ÉPOQUE.
MOYEN-ÂGE.

		II. Marionnettes en plein air.	
I. L'art nouveau. — Dédale et saint Luc.		— *Burattini* sur la place Navone à Rome.	80
— Le symbolisme, principe de l'art chrétien.	53	— Passion de Leone Allacci, bibliothécaire de la Vaticane, pour les marionnettes.	81
— Deux écoles inégalement favorables à la culture des arts.	55	III. Théâtres de marionnettes dans les grandes villes d'Italie.	
II. Statuaire mobile dans les églises.		— *Teatro delle vigne* à Gênes.	84
— Crucifix et madones mus par des fils.	56	— *Teatro de Fiando* à Milan.	85
III. Opposition d'une partie du clergé à l'emploi de la statuaire mobile.		IV. Anciens et nouveaux personnages des théâtres de marionnettes.	
— Sculpteurs-mécaniciens accusés de magie.	60	— Burattino.	86
IV. Marionnettes demi-religieuses et demi-populaires au moyen-âge.		— Pulcinella. — Scaramuccia.	87
— Mannequins de géants, de dragons, de *papoires*, etc., dans les fêtes ecclésiastiques et municipales.	62	— Girolamo à Milan.	*Ibid.*
		— Gianduja à Turin.	*Ibid.*
— La procession des *Marie di legno* à Venise.	63	— Cassandrino à Rome.	88
V. Marionnettes populaires au moyen-âge.		— Répertoire des marionnettes du palais Fiano.	90
— Pantomimes. — Cantiques explicatifs.	64	— Chanson de Pulcinella à Rome.	91
— Témoignage de Synesius au VIe siècle.	66	— Les opéras de Rossini joués et chantés par les marionnettes.	92
— d'Eustathe au XIIe.	67	V. Marionnettes satiriques et politiques chez les particuliers,	
VI. Miniature d'un manuscrit du XIIe siècle représentant un jeu de marionnettes.	68	— à Florence.	93
— Symbole de la vanité humaine.	69	— à Naples.	94

II.
MARIONNETTES EN ESPAGNE ET EN PORTUGAL.

TROISIÈME ÉPOQUE.
TEMPS MODERNES.

I.
MARIONNETTES EN ITALIE.

I. Marionnettes perfectionnées par des géomètres italiens au XVIe siècle.		
		I. Influence italienne.
		— Charles-Quint et Gianello Torriani au monastère de Saint-Just.	97
		II. Marionnettes religieuses en Espagne.
		— Procession dans la ville de Saint-Sébastien, le jour de la Fête-Dieu.	100
		III. Marionnettes populaires dans les provinces d'Espagne et de Portugal.
		— Une représentation de marionnettes décrite par Cervantes.	103
		— Romances en action.	*Ibid.*
		IV. Théâtres de marionnettes dans les grandes villes d'Espagne et de Portugal.

SOMMAIRE.

	Page.
— à Séville	104
— Disposition scénique. — *La plotica*	105
— Une représentation à Valence	106

V. Personnages et répertoire des marionnettes espagnoles.
— Don Cristoval Pulichinela, — chevaliers, mores, géans, ermites, conquérans des deux Indes. **107**
— Combats de taureaux représentés en Espagne sur les théâtres de marionnettes. **108**

III.
MARIONNETTES EN FRANCE.

I. Origine du mot marionnette.
— Diminutif de Marion. **113**
— Chant-marionnette. **115**
— Marionnettes des sorciers. **116**

II. Marionnettes religieuses en France.
— Les Mitouries de Dieppe. **117**
— Marionnettes du couvent des Théatins à Paris. **119**
— La Crèche et la Passion jouées par les marionnettes sur le pont de l'Hôtel-Dieu, rue de la Bûcherie. **120**
— Crèches de Marseille. **121**
— La Tentation de saint Antoine jouée par les marionnettes dans le pays chartrain. **122**

III. Anciens acteurs des marionnettes françaises.
— Tabary. **124**
— Franc-à-Tripes. *Ibid.*
— Jean des Vignes. **125**

IV. Polichinelle. **126**
— Type français. *Ibid.*
— Contemporain d'Henri IV. **127**
— Une mazarinade de 1649 signée de Polichinelle. **128**
— Chanson de *Mignolet*. **129**

V. Dame Gigogne.
— Type créé sur le théâtre des Halles, en 1602, par les Enfans-sans-souci. **131**
— passe au théâtre de l'Hôtel-d'Argent. **132**
— au Théâtre de l'Hôtel de Bourgogne. *Ibid.*
— avait paru dès 1607 dans un ballet au Louvre, sous un autre nom. **133**

VI. Premiers joueurs de marionnettes en France.
— Jean Brioché ou Briocci, établi à la porte de Nesle. **135**

	Page.
— au château Gaillard, au bas du Pont-Neuf	136
— Duel du singe Fagotin et de Cyrano de Bergerac.	*Ibid.*
— Brioché joue, pendant trois mois, devant les enfans de France.	137
— François Daitelin, maître de marionnettes à la foire Saint-Germain, en 1657.	138
— joue, pendant un mois, en 1669, devant le dauphin et sa petite cour.	*Ibid.*
— Bossuet et les marionnettes du diocèse de Meaux.	*Ibid.*
— Gaillardises innocentes des marionnettes.	139
— Témoignage du comte Antoine Hamilton.	*Ibid.*
— Vers laudatifs de Charles Perrault.	140
— Brioché arrêté à Soleure comme sorcier.	*Ibid.*
— François Brioché immortalisé par Boileau.	141
— protégé par Colbert.	142

VII. Figures de Benoît. — Pygmées et Bamboches.
— Liste des rivaux de Brioché. **143**
— Marionnettes de Benoît du Cercle citées par La Bruyère. *Ibid.*
— Mot de Mᵐᵉ de Sévigné. **144**
— Théâtre des Bamboches du sieur de La Grille. *Ibid.*

VIII. Premiers joueurs de marionnettes établis aux foires Saint-Germain et Saint-Laurent.
— Origine des deux foires. **147**
— Stances de Scarron. **148**
— Vers de Lorière et de M. Arnault. **149**
— Le procureur-général Achille de Harlay et les marionnettes de la foire Saint-Germain, qui jouaient la mésaventure des protestans, après la révocation de l'édit de Nantes. **150**

IX. Chronique des foires Saint-Germain et Saint-Laurent, de 1701 à 1793.
— Début de Fuzelier au théâtre des marionnettes d'Alexandre Bertrand. **152**
— Loge de Tiquet et Gillot. **153**
— Recueil des petites pièces de Polichinelle. *Ibid.*
— Allard, Maurice, Octave, Francisque, etc., joueurs de marionnettes. **154**
— Pièces à *la muette* mêlées de *jargon*. *Ibid.*
— Pièces à *écriteaux*. *Ibid.*

SOMMAIRE.

— Début de Carolet au théâtre d'Alexandre Bertrand. 154
— Bienfait, gendre de Bertrand, lui succède. 155
— Le duc de La Force et Mme de Saint-Sulpice, joués par les marionnettes en 1740. . . . Ibid.
— Lesage, d'Orneval et Fuzelier, entrepreneurs de marionnettes et associés de La Place. . 156
— Un plaidoyer de Polichinelle. 157
— Piron écrit pour les marionnettes de Francisque. 158
— Lesage, d'Orneval et Fuzelier travaillent pour les marionnettes de Riner. 160
— Harangue de Polichinelle au public, composée par Lesage, d'Orneval et Fuzelier. 160
— Les petits comédiens du sieur Pontau. 162
— Début de Favart aux marionnettes par la parodie du *Glorieux*. . . . . Ibid.
— Crébillon censeur des marionnettes. 163
— Fourré et Nicolet (pères), joueurs de marionnettes. . . . Ibid.
— Parodie de *Mérope*. — Une polissonnerie de Polichinelle. . 166
— Parodie d'*Oreste*. — *Additions*. 334
— Pièces de marionnettes à grand spectacle. 167
— Les comédiens praticiens de Levasseur. 168
— Décadence des foires Saint-Germain et Saint-Laurent. . . 169
— Marionnettes de Prévost, rue de la Lingerie. . . . . . . Ibid.
— Les comédiens artificiels de Passy. . . . . Ibid.

X. Foire permanente des boulevards.
— Théâtre mécanique de Fourré fils. 171
— Marionnettes de Nicolet cadet. . . . . Ibid.
— Marionnettes d'Audinot. . . 172
— Foires Saint-Clair et Saint-Ovide. 173
— *Fantoccini* italiens. . . . . Ibid.
— *Fantoccini* français, appelés aussi *Porenquins*. 174
— Le Théâtre des Pantagoniens. Ibid.

XI. Marionnettes et ombres chinoises au Palais-Royal.
— Les petits comédiens de M. le comte de Beaujolais. . . 175
— *Puppi Napolitani* de Mme de Montansier. 176

— Nouveau théâtre des Pygmées ou les *Fantoccini* du sieur Caron. 176
— Ombres chinoises. — Peinture mobile. 177
— Théâtre des récréations de la Chine du sieur Ambroise. . . 178
— Ombres chinoises de Dominique Séraphin. 179
— Guillemain et la chasse aux canards. 180
— Marionnettes pendant la révolution. — *La Démonseigneurisation*. 181
— Polichinelle guillotiné. — Citation de Camille Desmoulins. Ibid.
— Marionnettes sous le consulat. — L'abbé Capperonnier. . 182
— Répertoire actuel. . . . . . Ibid.

XII. Marionnettes reçues chez les princes et dans le monde élégant. 183
— Marionnettes au château de Meudon chez le duc de Guise (1650). — *Additions*. 335
— A Versailles, chez Mme la duchesse de Berry (1713). — Ibid. 336
— Polichinelle à Versailles, chez Mme la duchesse du Maine. 184
— Marionnettes chez la même, à Sceaux, en 1705. . . . . . Ibid.
— Marionnettes de Malézieu, à l'hôtel de Trèmes. 185
— Requête de Polichinelle à *nosseigneurs de l'Académie française*. 186
— Marionnettes du comte d'Eu. Ibid.
— Compliment de Polichinelle improvisé par Voltaire à Sceaux. Ibid.
— Passion de Mlle Pélicier pour Polichinelle. 187
— Théâtre de marionnettes à Circy. 188
— M. Français de Nantes et Henri de Latouche, amateurs de marionnettes sous l'empire. . 189

IV.

MARIONNETTES EN ANGLETERRE.

I. Accueil fait aux marionnettes dans les pays septentrionaux. . 193
II. Emploi de la statuaire mobile dans les églises d'Angleterre avant la réforme. 196
— A Saint-Paul de Londres. . 197
— A Witney. 198
— Dévastation des images par les presbytériens d'Angleterre et d'Écosse. . . . . Ibid.
III. Statuaire mobile employée dans

les *miracle-plays* et dans les *pageants*.
— Les géans Goĝmagog et Corinœus... 201
— Les héros des ballades nationales acteurs dans le *may-poles*. *Ibid.*
— Cavalcade des *hobby-horses*. 202
— Témoignages de Shakspeare et de Ben Jonson......... *Ibid.*
— *Hobby-manie* au xix⁰ siècle. 203

IV. Divers noms des marionnettes en Angleterre........... 205

V. Marionnettes théâtrales depuis le xiv⁰ siècle jusqu'à l'établissement du théâtre régulier (1562).
— Les marionnettes reproduisent les *miracle-plays*, les *maypoles*, les *hobby-horses* et les *moral-plays*............ 210
— *The Old Vice*, principal comique des *moral-plays*, passe sur les théâtres de marionnettes avec son *partner*, maître *Devil* (le diable).............. 211

VI. Marionnettes depuis 1562 jusqu'à la fin du règne de Charles Iᵉʳ.
— Double répertoire des joueurs de marionnettes anglais, l'un profane, l'autre religieux...... 214
— Vogue des *chronicle-plays* tirées de l'histoire nationale. .. 215
— Tragédies des théâtres réguliers jouées par les marionnettes, et mauvaise humeur des comédiens.............. 216
— Ben Jonson parodie les marionnettes............ 218
— Salles permanentes de marionnettes à Londres et dans les comtés.............. 219
— Divers modes de représentation............... 220
— Souvenirs de quelques anciens joueurs de marionnettes. . 222

VII. Hostilité des puritains contre le théâtre.
— Dissentiment entre les puritains et les anglicans sur la question du théâtre........
— Drames religieux composés et recommandés par le clergé anglican............. 224
— Les jeux du théâtre proscrits par les lois de Genève.... *Ibid.*
— Pamphlets contre le théâtre répandus par les presbytériens des trois royaumes....... 225
— Représailles des auteurs dramatiques contre les *Bamburymen* et les *New-gospellers*... 226
— Ben Jonson met en scène un théologien vaincu par une marionnette........... 227
— Les *puppet-shows* attaquées par quelques *precisians*; — épargnées par le plus grand nombre. 228

VIII. Marionnettes anglaises pendant la suppression des spectacles et après leur réouverture jusqu'à la révolution de 1688.
— Allusion de Milton au sujet du *Paradis perdu* joué par les marionnettes............ 229
— Plainte des comédiens de Drury-Lane et du duc d'York contre le voisinage des marionnettes.............. 231

IX. Marionnettes en Angleterre depuis 1688 jusqu'à nos jours.
— Arrivée de Punch en Angleterre et abdication de *the Old Vice*.............. 232
— Innocence primitive de Punch............... 233
— Vers latins d'Addison à la louange des *puppet-shows*.... *Ibid.*
— Répertoire des marionnettes du temps de la reine Anne. . 235
— Powell, joueur de marionnettes, prôné par Steele et par Addison............ 236
— Pièces de son répertoire... 238
— Satire contre Robert Walpole sous le pseudonyme de Robert Powell.......... 240
— Strophes sarcastiques de Swift sur le spectacle des marionnettes............ 241
— Marionnettes vertueuses et sentimentales au xviii⁰ siècle. . 243
— Un chapitre de *Tom Jones*. 244
— Charlotte Charke, directrice de marionnettes....... 245
— Marionnettes de *Southwark fair* dessinées par Hogarth.... *Ibid.*
— Marionnettes de village décrites par Gay........ *Ibid.*
— Punch se déprave. — Témoignage de Swift........ 246
— Drame populaire de *Punch and Judy*........... 248
— Les fredaines de Punch, ballade............ 249
— *Le Diable est un âne*, comédie de Ben Jonson, origine du drame de *Punch et Judy*.... 252
— Sonnet de lord Byron à la louange de Punch........ 253
— Punch candidat à Guzzledown.
— Le docteur Johnson jaloux des marionnettes....... 255
— Visite électorale de sir Francis Burdett à mistress Punch. . *Ibid.*

— Sir John Curran et les marionnettes de New-Market.... 256
— Marionnettes bibliques à Londres au XIX⁰ siècle...... 257
— Un paradoxe de Samuel Johnson................. 258
— Macbeth joué par les marionnettes de Henry Rowe.... 259

V.
MARIONNETTES EN ALLEMAGNE ET DANS LES CONTRÉES DU NORD.

I. Dernière excursion.
— L'Allemagne et le Nord... 263
II. Goût naturel des Allemands pour la sculpture mobile.
— Maître Martin et ses apprentis................. 265
— Olympia, l'idéal de la marionnette............... 266
III. Anciennes marionnettes germaniques.
— Les Kobolde et les Hampelmænner........... 269
— Jeux de marionnettes au XIII⁰ siècle, cités par quelques *Minnesinger*............ Ibid.
— Marionnettes prises pour emblème............. 270
IV. Répertoire des anciennes marionnettes allemandes.
— Aventures des Niebelungen. 271
— Légendes populaires et chevaleresques........... 272
— Exploits de Jeanne d'Arc. . Ibid.
— Histoire épouvantable du docteur Faust............ 273
V. Des anciens et des nouveaux bouffons des marionnettes allemandes et hollandaises.
— Maître Hemmerlein. — Hanswurst. Témoignage de Luther. — Pickelhæring. — Jan Claassen. — Casperle.......... 274
VI. Sculpture mobile dans les églises allemandes, polonaises et russes.
— Traces subsistantes de l'usage de la statuaire à ressorts dans les cérémonies ecclésiastiques... 277
— Jeu de la *Szopka*, ou représentation mécanique de la crèche, conservé jusqu'au XVIII⁰ siècle dans les églises de Pologne.. 278
— Violences exercées par les réformateurs contre les images. 279
— Maintien des rites dramatiques dans les églises de l'Autriche, de la Pologne et des Pays-Bas................. Ibid.
— Purgatoire représenté dans l'église des dominicains d'Anvers. 280
— La *Szopka*, sortie des églises, reste populaire en Pologne, en Lithuanie et dans l'Ukraine. 281
VII. Drames religieux représentés hors des églises.
— Mystères joués par des confréries d'artisans, — approuvés par Luther............ 283
— Représentés sur les théâtres de marionnettes.......... 284
VIII. Le Doolhof, ou labyrinthe d'Amsterdam, collection d'anciennes statues à ressorts religieuses et historiques....... 285
— Description en vers du Doolhof, par Le Jolle......... 286
IX. Marionnettes depuis l'établissement des théâtres réguliers (1600) jusqu'à la querelle des comédiens et des consistoires (1680-1691).
— Progrès de l'art dramatique arrêtés en Allemagne par les désastres de la guerre de trente ans. 289
— La paix de Munster ouvre l'Allemagne aux théâtres étrangers, même aux théâtres de marionnettes............ Ibid.
— Marionnettes italiennes chez les Cosaques du Don....... 290
— Querelle des comédiens et des consistoires......... Ibid.
— Les marionnettes bannies de quelques villes de Hollande, conservées dans le plus grand nombre............. 291
— Bayle et les marionnettes de Rotterdam............ Ibid.
— Plainte portée par le clergé de Berlin contre les marionnettes. 292
X. Marionnettes allemandes depuis 1690 jusqu'au milieu du XVIII⁰ siècle.
— Les comédiens persécutés cèdent la place aux marionnettes. 293
— Troupes ambulantes mi-parties d'acteurs et de marionnettes. 294
— Définition des *Haupt-und Staatsactionen*.......... Ibid.
— Directeurs et répertoire des théâtres de marionnettes..... 295
— Pièces de Corneille et de Molière représentées par les marionnettes allemandes...... 296
— La mort de Charles XII et la disgrâce de Menzicoff jouées sur les théâtres de marionnettes. 299

	Page.
XI. Marionnettes populaires et aristocratiques, depuis les premiers écrits de Gottsched jusqu'à la fin du XVIIIᵉ siècle.	
— Rajeunissement du répertoire des marionnettes. — L'opéra de don Juan, Abellino. . .	302
— Goethe enfant et les marionnettes.	303
— *Les Fêtes de la foire de Plundersweilern*, pièce de marionnettes composée par Goethe.	304
— Marionnnettes à la cour de Weimar.	305
XII. Théâtre de marionnettes des princes Esterhazy à Eisenstadt.	
— Cinq *operette* composées par Haydn pour les marionnettes d'Eisenstadt.	307
— *Fiera dei fanciulli*, symphonie de Haydn.	308
XIII. Marionnettes allemandes depuis le *Faust* de Goethe jusqu'à nos jours.	
— L'idée de *Faust* inspirée à Goethe par les marionnettes.	310
— Reprise du *Faust* populaire par les *Puppenspieler* du XIXᵉ siècle.	311
— Répertoire de Dreher et Schütz.	*Ibid.*
— de Geisselbrecht.	313
XIV. Textes imprimés du *Faust* des marionnettes.	
— Origine allemande de la légende de Faust.	314
— Anciens textes improvisés.	315
— Impression du manuscrit de Geisselbrecht.	*Ibid.*

	Page.
— Texte de Schütz.	316
— Cinq rédactions récemment recueillies et publiées par M. Scheible.	317
— Texte de Bonneschky imprimé à Leipzig.	*Ibid.*
XV. Des emprunts que Lessing et Goethe ont faits aux *Faust* des marionnettes.	
— Deux plans d'une tragédie de *Faust* ébauchés par Lessing.	319
— Scène de l'évocation des esprits infernaux imitée par Lessing des pièces de marionnettes.	321
— Différence des procédés d'imitation de Goethe et de Lessing.	325
— Comparaison de plusieurs scènes du *Faust* de Goethe avec les scènes correspondantes du *Faust* des marionnettes.	*Ibid.*
— Pensée intime de la légende de Faust écartée par Goethe.	
— Un nouveau *Faust* est possible.	328
— *Méphistophéla*, ballet par M. Henri Heine. (1851).	329
— Rentrée de Punch à Londres (1852).	330
— Immortalité de Polichinelle.	*Ibid.*

POST-SCRIPTUM. — Sur les marionnettes orientales. 331
ADDITIONS. 333
Errata. 345

ERRATA.

Page 24, ligne 2, « ... que d'ordinaire et devant... » effacez : que d'ordinaire, — et lisez : que devant.

Page 56, ligne dernière, « ... Lombarde... » lisez : Lambarde.

Page 67, ligne 8, « ... entre le vi^e et le xive siècle... » lisez : entre le vi^e et le xiiie siècle.

Page 84, ligne 20, « ... théâtre *Fiando*... » lisez : théâtre de *Fiando*, ainsi appelé du nom de son propriétaire. — Et en note : Voy. don Giacinto Amati, *Ricerche sulle origini, scoperte*, etc., t. III, pag. 329.

Page 85, ligne 12, « ... théâtre *Fiando*... » lisez : théâtre de *Fiando*.

Page 87, ligne dernière, « ... jusqu'aux fêtes de Noël... » lisez : jusqu'aux fêtes de Pâques.

Page 99, ligne 19, « ... et tous les champs de foire... » lisez : et sur tous les champs de foire.

Page 113, note 1, ligne dernière, « ... le véritable mot germain... » lisez : le mot généralement usité.

Page 119, ligne 15, « ... qu'ils en conservèrent les machines en magasin... » lisez : que les machines furent mises en magasin et conservées.

Page 126, ligne 4, « ... Calabrais... » lisez : Calabrois.

Page 184, ligne 10, « ... il était l'ame... » lisez : il devint quelques années plus tard l'ame.

346 ERRATA.

Page 225, ligne 18, « ... qui n'ait introduit dans presque tous ses ouvrages... » lisez : qui n'ait introduit dans ses ouvrages.

Même page, ligne 20, « ... sur lesquelles la verve des auteurs répandait... » lisez : sur lesquelles il répandait.

Page 236, ligne 23, « . . dans la saison des bains... » lisez : pendant la saison des bains.

Page 240, note 3, ligne 2, « ... Walpole porta aussi... » supprimez toute cette phrase, qui porte sur une erreur.

Page 250, ligne 19, « ... ordonna seulement, en 1739, aux... lisez : « ordonna, seulement en 1739, aux.

Page 288, lignes 4 et 5, « ... jusque-là on n'avait... » lisez : jusqu'à cette époque.

Page 313, lignes 1 et 2 : « ... un drame romanesque et probablement féerique... » lisez : un drame romanesque intitulé...

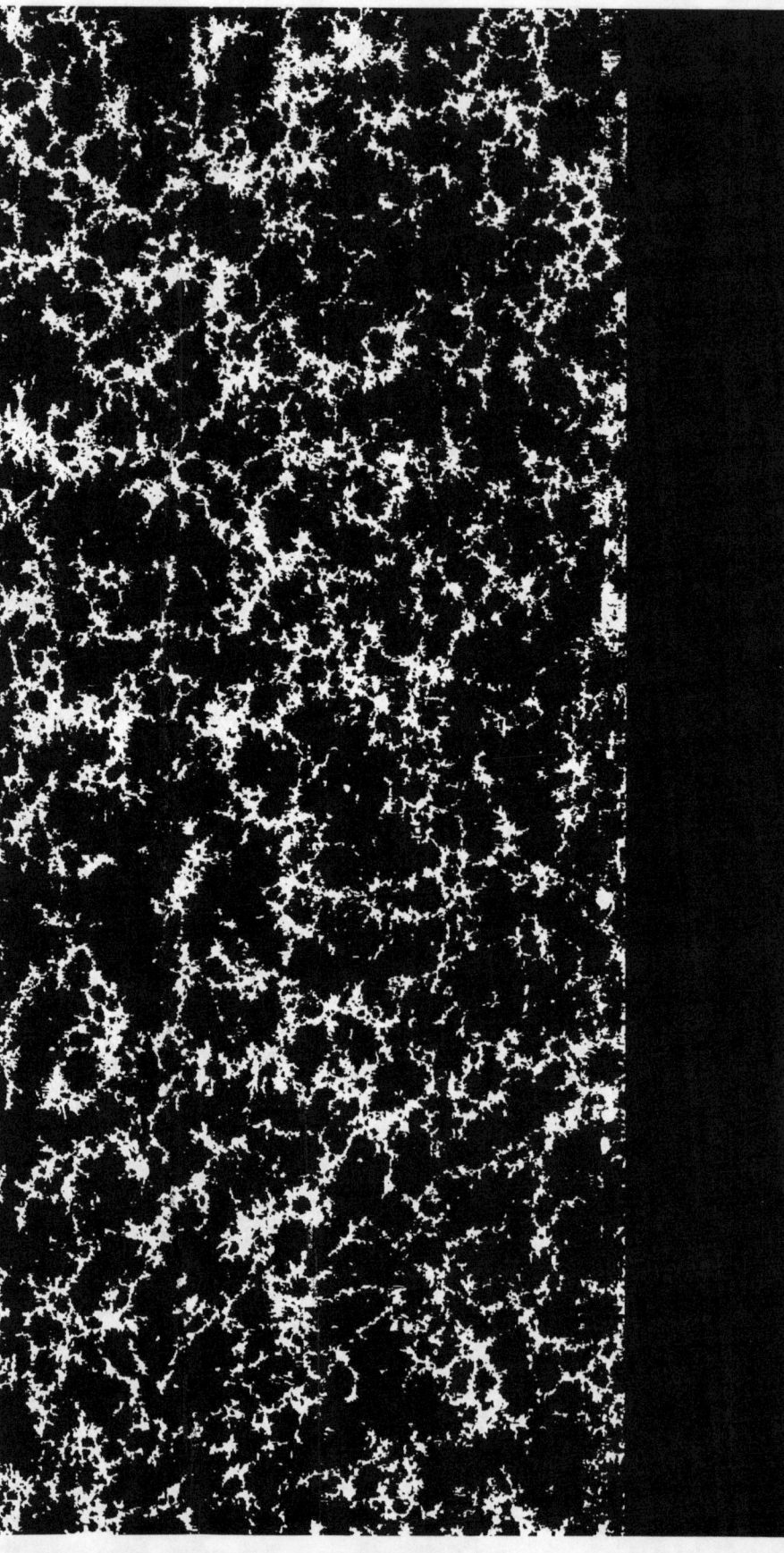

www.ingramcontent.com/pod-product-compliance
Lightning Source LLC
Chambersburg PA
CBHW060055190426
43202CB00030B/1725